土地利用规划的理论与实践研究丛书
主编 吴延龙　副主编 路红 张凤和

土地利用规划的
经济学分析

袁浩正　赵　霞　著

南开大学出版社
天　津

图书在版编目(CIP)数据

土地利用规划的经济学分析 / 袁浩正,赵霞著. —天津：
南开大学出版社,2012.5
土地利用规划的理论与实践研究丛书
ISBN 978-7-310-03838-1

Ⅰ.①土⋯ Ⅱ.①袁⋯ ②赵⋯ Ⅲ.①土地规划－经
济分析－研究－中国 Ⅳ.①F321.1

中国版本图书馆 CIP 数据核字(2012)第 079273 号

南开大学出版社出版发行
出版人:孙克强
地址:天津市南开区卫津路 94 号　　邮政编码:300071
营销部电话:(022)23508339　23500755
营销部传真:(022)23508542　　邮购部电话:(022)23502200
*
天津泰宇印务有限公司印刷
全国各地新华书店经销
*
2012 年 5 月第 1 版　　2012 年 5 月第 1 次印刷
787×960 毫米　16 开本　17 印张　2 插页　238 千字
定价:34.00 元

如遇图书印装质量问题,请与本社营销部联系调换,电话:(022)23507125

土地利用规划的理论与实践研究丛书

编委会名单

序

　　土地利用总体规划是指导土地管理的纲领性文件,是落实土地宏观调控和土地用途管制、规划城乡建设的重要依据。2004 年 6 月天津市着手开展土地利用总体规划修编前期工作,2007 年 9 月正式开展土地利用总体规划修编工作,2010 年 7 月 3 日国务院正式批复《天津市土地利用总体规划(2006－2020 年)》,使之成为天津市土地资源开发、利用、保护工作的重要依据。

　　在规划编制工程中,天津市国土资源和房屋管理研究中心组织力量,对土地利用规划相关的理论与实践问题开展了全面系统的研究,本套丛书就是天津市土地利用总体规划编制中的成果总结。

　　该丛书以可持续发展观为出发点,以经济学分析为新视角,以土地节约集约利用为重点,以城乡统筹为切入点,对天津市土地利用总体规划的目标和原则、方法和内容、特征和问题进行了深入系统的分析和论述。丛书由五本相互联系而又自成体系的著作构成,其中《土地利用规划的理论与实践——基于可持续发展理念》是丛书的总纲,《土地利用规划的经济学分析》、《城市化快速发展过程中土地的节约集约利用问题研究》、《城乡统筹下的土地利用规划创新研究》、《城乡建设用地增减挂钩的理论与实证》则从土地利用总体规划涉及的各个方面开展专项研究,其中《城乡建设用地增减挂钩的理论与实证》作为丛书的组成部分单独成书,体现了天津市土地利用规划的特色,也体现了丛书研究单位敢为人先的勇气。

　　《土地利用规划的理论与实践研究——基于可持续发展理念》一书,在阐述可持续发展理念与土地利用规划二者之间的关系,对我国前两轮土地利用规划进行深刻反思的基础上,结合天津土地利用规划实践,对土地承载力和潜力评价、土地利用生态优先、耕地保护、建设用地节约集约利用、土地利用分区、土地利用规划的环境影响评价、土地利用规划的实施保障等问题进行了深入研究。本轮规划注重优化各类用地结构和布局,提出了"两城优化调整,滨海重点发展,西部协同发展,南北适度拓展,北端生态保育"的土地利用空间战略,构建了"一轴两带、三区九廊道、十五基本农田重点保护区域"的土地利用总体格局,主导指向性的土地利用概念分区,引导了各类用地的流动与集聚,合理指导了区域经济的良性发展。

该书的主要创新表现在:(1)明确了可持续发展理念与土地利用规划二者之间的关系;(2)尝试建立了前两轮土地利用规划与本轮土地利用规划的统一分析模式;(3)从理论分析与实证研究相结合的视角,构建了基于可持续发展理念的土地利用规划的研究框架。

《土地利用规划的经济学分析》一书,立足于当前土地利用总体规划编制的经济背景,从土地资源配置机理、土地利用规划的经济调控机制、用地需求预测和空间布局、土地利用规划路径、土地利用规划主体关系、土地利用规划与相关规划的区别与联系等方面展开了深入研究。

该书的主要创新表现在:(1)从土地生产要素和空间载体两个属性探索了土地利用规划与宏观经济的关系;(2)提出了基于土地竞争力的区域新增建设用地指标分解方法;(3)总结了土地利用规划的三条路径;(4)构建了土地利用规划相关主体的博弈关系模型。

《城市化快速发展过程中土地的节约集约利用问题研究》一书从土地节约集约利用水平评价、土地节约集约利用的市场机制和政府行为,以及土地利用规划的引导作用等多个方面,对城市化快速发展这一大背景下的土地节约集约利用进行全面和系统的分析阐述。

该书的主要创新表现在:(1)详细阐述了土地利用过程中土地规划的指导作用,补充和完善了现有的相关理论研究;(2)对天津市土地节约集约利用总体水平的时域变化特征进行纵向考察,又关注不同区县的横向比较,为最终的评价结果提供了翔实可靠的证据。

《城乡统筹下的土地利用规划创新研究》一书借鉴国外城乡一体化的土地利用规划实践,基于我国土地利用规划的现实背景,系统探讨了我国城乡统筹下的土地利用规划制度变革的路径和政策含义,并在此基础上系统总结了天津市本轮土地利用规划的理念、体系、管理机制和体制、实施制度等方面的创新实践经验。

该书的主要创新表现在：(1)以不同学科视角下的城乡关系理论为前提，以相关理念、范式和理论为基础，尝试探寻统筹城乡的土地利用规划赖以依存的理论基石；(2)在理论与实践融合的基础上，提出了城乡统筹下的土地利用规划创新制度体系，进而从相关理论出发探讨了统筹城乡下的土地利用规划的制度创新机制；(3)以形成的理论框架为依托，系统地总结和提炼了天津市本轮土地利用规划制度创新实践经验。

《城乡建设用地增减挂钩的理论与实证》一书系统分析了城乡建设用地增减挂钩的相关理论和政策措施，将理论研究与天津市实践相结合，阐述了天津市城乡建设用地增减挂钩的实施背景、实施历程、实施特点、组织安排、运作模式、实施过程和实施内容，对天津市城乡建设用地增减挂钩试点项目进行了实施评价，归纳了天津市城乡建设用地增减挂钩实施的经验，提出了实施城乡建设用地增减挂钩的对策建议和实施评价体系，在整体上具有创新性。

总之，天津市国土资源和房屋管理研究中心组织编撰的土地利用规划的理论与实践研究丛书以实践为基础，结合我国当前发展所面临的诸多问题，探索、研究了土地利用规划的相关理论，具有重要的意义。衷心希望该套丛书的出版能够吸引更多专业人士投入到土地利用规划的理论与实践研究中来，在全国范围内涌现出更多的优秀成果。

陈百明

中国科学院地理科学与资源研究所研究员、博士生导师
全国土地利用总体规划纲要修编工作专家顾问组成员

2011 年 12 月 14 日

目　录

第1章　绪论

1.1　问题提出及研究思路

1.1.1　研究背景和研究意义

1.研究背景

(1)产业结构正处于变化和转型阶段

产业分工更细,新兴产业的出现,对用地的需求与过去不同,如何在现有产业基础之上优化产业结构,促进区域的快速、持续发展,不仅是一个产业选择的问题,也是土地利用规划中各类土地供应量的重要研究内容。

(2)产业区位选址理论新发展

土地规划的重要内容之一就是各产业用地在空间上的合理布置。近些年来,随着产业类型的多样和升级,产业区位选址理论也得到了很大的发展,例如产业集群理论的发展、新经济地理理论和模型的发展等为土地利用规划提供了更多基础理论和分析方法,特别是对于高新技术产业、生产性服务业等目前我们大多数经济较发达城市规划中非常重视并作为新经济增长点的行业的布局规律,有着重要的指导意义。但如何将土地利用规划与这些理论有机结合,并充分考虑我国的国情背景,则是需要我们大力研究的问题。

（3）土地规划相关主体关系的新变化

人多地少，资源稀缺与经济快速发展的矛盾加剧是我国当前的基本国情，资源短缺已经成为制约我国城市化和现代化进程的约束条件。一系列市场化改革催生了多样化的利益主体，也使土地资源的经济属性得以呈现。目前围绕城市发展所产生的农地征用、旧城拆迁改造、耕地保护、生态环境和历史文化环境保护等问题成为社会关注的热点。中央政府和地方政府、土地开发主体、公众及其他利益主体围绕土地与房产所开展的利益争夺与冲突已经成为各方关切的社会问题，成为各方利益关切的焦点。

无论是市场化改革的推进、国土资源部门与相关部门关系的变化、国土资源内部管理体制的不断改革和完善，还是土地出让金收支路径变化、土地相关税费改革等，都使得土地利用规划的相关利益主体关系发生了一些改变，这些改变必然影响着土地利用规划的编制、实施和后期管理等问题。

2. 研究意义

本书对土地利用规划进行经济学分析，具有较强的理论意义和实践意义。理论意义主要是从经济学视角补充和完善土地利用规划的基础理论，由于土地利用规划与当前我国经济发展的关系更加密切，特别是我国已提出运用土地政策参与宏观调控，而土地利用规划是其中一个重要工具，通过经济学分析，可以更深入地了解土地规划所引起的各种生产要素的流动特点，更清楚地看到土地利用规划中市场机制与政府干预的结合机理。实践意义在于为我国的土地利用规划提供参考依据，有助于土地利用规划更好地发挥作用。

1.1.2 研究内容、研究方法和技术路线

1. 研究内容

土地利用规划的主要目的和任务就是促进土地资源的优化配置和土地所承载的各种产业的协调发展，促进经济结构更合理的发展。这首先就要求我们必须了解土地资源配置的基本规律，认识土地利用规划中如何实现市场机制和政府干预的有效结合。

土地利用规划要发挥好调控作用,必须符合土地利用规划内在调控机理,因此探索这一内在机理,研究土地利用规划在促进国民经济增长、实现空间结构和产业机构的协调等方面的作用也是本书的重要内容。

如何把握各种产业用地需求和供给的经济规律,科学规划各种用地规模,在不同层次规划间合理的分解用地指标,以及空间的选址,也是进行土地利用规划经济学理论分析并与实践充分结合的重要研究内容。

由于市场机制和政府干预机制在规划中的运用不同,目前土地利用规划可分为三条路径:自上而下、自下而上以及上下结合、多元调控的路径。本书也试图对这三条路径背后的经济支撑理论进行分析和评价。

研究土地利用规划中的相关经济主体,包括中央政府、地方政府、公众等的行为特征及其相互之间存在博弈问题,是进一步理解土地利用规划,完善土地利用规划绩效的必要内容。

最后,比较土地利用规划和相关规划的联系与差异,也是符合我国国情,更好地发挥土地利用规划经济调控作用的重要内容。

2. 研究方法和技术路线

本书利用主流经济学、制度经济学、博弈论、区域经济学等学科的理论知识,采用比较研究、理论分析与实证研究相结合、定性与定量相结合、系统分析等研究方法展开研究。

技术路线如图 1.1 所示。

4 土地利用规划的经济学分析

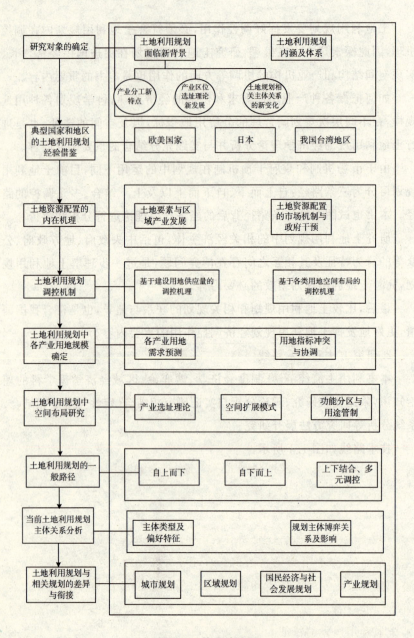

图 1.1　技术路线图

1.2 相关概念和基础理论

1.2.1 土地利用规划的概念、特征及研究对象

1.土地利用规划的概念

一般认为,土地利用规划是对一定区域未来土地利用超前性的计划和安排,是依据区域社会经济发展和土地的自然历史特性在时空上进行土地资源合理分配和土地利用协调组织的综合措施(王万茂,2004;严金明,2001)。该定义包括以下几层含义:土地利用规划针对的是未来的土地利用,而不是过去或者现在的土地利用;土地利用规划是对土地利用的一种计划和安排;土地利用规划既涉及土地资源的配置,也涉及土地利用的协调组织;土地利用规划既要考虑土地的自然历史特性,又要考虑社会经济发展因素。

从人与土地的关系来看,土地利用规划可以理解为人们为了优化土地利用结构和布局,提高土地利用效率,根据社会发展要求和当地自然、经济、社会条件,对规划区域内的土地利用进行空间上的优化组合并在时间上予以实现的统筹安排。它既具有战略性,亦兼有近期实施的可操作性;既有助于调整产业结构,合理安排生产力,保障人民生活基本需求和促进国民经济发展的需求,也是编制年度土地利用计划及审批各项用地的重要依据。它是对土地利用管理系统发展战略的总体谋划,是在众多的抉择中经过合理的评估和选择确定组合目标的过程。

总的来说,土地利用规划是人们在一定条件下,为实现社会、经济、环境、资源系统所确定的长远目标,而对城市土地利用活动和过程提出未来系统空间发展的战略,并借助合法权威通过对系统行为及其变化的控制,来调整和解决系统发展中特定问题的职业性活动过程,它是土地利用管理的基本职能之一。

2.土地利用规划的特征

土地利用规划具有以下特性:

（1）公共利益性

土地利用规划与土地使用者自身制定的利用规划不同，土地使用者的土地利用目标是要从土地的使用中获取最大的收益或效用。而土地利用规划服务于社会整体利益和公共利益，是公共管理的一种形式，也是政府保护公众利益和社会长远利益的强制性手段。

土地利用规划控制的任务是通过规划对规划范围内的全部土地利用进行合理和有效的控制，使得土地利用符合经济效益、社会效益、环境效益的最优化组合，既能实现城市建设的近期要求，又能保障城市发展的长远利益，既能充分发挥每宗用地的价值和效能，又能满足土地整体的发展要求，进而带动周边土地的开发价值，从而实现预期的规划目标。

（2）整体性和层次性

土地利用规划对象是规划区域内的全部土地利用活动，一般以行政区域为界，包括城市和农村用地，因此要将整个规划区域的土地资源作为一个整体来看待，规划要考虑整个土地利用系统的整体功能最佳。土地利用规划的各层次、各编制阶段应相互衔接，城市规划各编制阶段应相互衔接，上阶段是下阶段的前提和基础，下阶段应尽量深化和完善上阶段内容，并进行合理的反馈，体现规划目标、方法、措施的连贯性和统一性，各阶段规划控制条件在定性、定量、定位和定序等方面也要体现整体一致性的要求。

同时，土地利用规划控制涉及每一项目用地的具体空间，因此土地利用的规划也是分层次的，不同的层次，其规划控制的目标、内容、方式等各不相同。

（3）权威性

土地利用规划作为一种政府行为和公共干预手段，规划控制通过立法而生效，规划控制的内容一经通过审批，即具有法律效力，成为指导土地利用的法律规定，对所有的土地使用者都具有同等的法律效力，所有土地使用者在利用土地的过程中都要受到土地利用规划的约束。

3.土地利用规划的任务和研究对象

土地利用规划作为国民经济与社会发展的一项重要措施，其主要任务是根据国民经济与社会发展规划的需要,为国民经济与社会发展提供土地供给的保障;依据区域内的自然、经济、社会条件,选择能使区域土地利用取得经济效益、社会效益、生态效益的最佳组合,优化土地利用结构和布局;组织协调、合理配置各部门用地,促进各项社会事业的顺利发展,保障人类社会的不断进步。

南京农业大学王万茂教授在《土地规划学的研究对象和任务》一文中称:"土地利用规划是对一定区域未来土地利用超前性的计划和安排,是依据区域经济发展和土地资源历史特性在时空上进行土地资源分配和合理组织土地利用的综合技术经济措施。"在土地利用研究领域内,土地规划学不单研究制约土地利用的生产力因素,也不单研究土地利用的全部内容,而是着重研究土地资源合理分配和土地利用合理组织这一特殊矛盾,这就构成了土地规划学的研究对象。这说明土地利用规划的重点是研究土地利用的合理组织和合理配置。合理组织就是协调各部门的用地,建立土地利用的优化结构;合理配置就是从空间布局上进行科学的安排。目的是通过编制土地利用规划,达到对土地的充分、合理、有效科学的利用。

董祚继在《中国现代土地利用规划——理论、方法与实践》中认为:对土地利用规划的研究对象一直存在较大争议。归纳起来,主要有三个方面:[①]

一是"问题之争",即究竟研究什么问题。主要观点包括:①土地利用规划应当解决土地利用及其有关的全部问题,持这种观点者认为,土地利用规划实质上是一个地区或一个土地使用单位的全面的经济社会规划。②土地利用规划应当解决有关土地利用的全部问题,持这种观点者认为,土地利用规划是既含宏观土地利用又含微观土地利用的土地综合规划。③土地利用规划要解决在空间上合理组织土地利用的问题,持这种观点者认为,土地利用规划不可能解决土地利用及其相关的全部问题,仅为研究在空间上合理组织以土地利用为中心的一项规划。

二是"方向之争",即从什么方向或角度进行研究。主要观点包括:①

[①]　董祚继,吴运娟. 中国现代土地利用规划——理论、方法与实践. 大地出版社,2008:39

以土地质量为基础,从土地学和地学的角度提出土地评价与规划,强调的是土地(土壤)的质量和因地制宜利用土地。②从地理学和景观生态学角度提出景观评价和规划,强调的是景观生态要素(景观生态系统)之间的相互作用及各种景观生态系统的适应性特征。③从系统生态学和生态经济学角度提出生态规划,强调生态系统的良性循环和土地的生态功能。④从经济学和管理学角度,强调土地资源合理配置和最优化问题。⑤从社会学和政策学角度,强调土地利用规划是社会各利益团体妥协的结果。⑥以 GIS 为支持的土地利用规划研究。

三是"设计与政策之争",即是提出土地利用政策还是进行物质形体(土地利用)设计。这已成为规划对象争论的核心问题。持"设计论"的代表性观点认为,土地利用规划应是表明工业、批发、供应和中转功能的开发分布和强度,零售中心和有关行业的开发分布和强度,与休闲用地、交通系统和其他功能相连的住宅区的开发分布和强度。持"政策论"(或"控制论")的代表性学者常对控制土地利用过程中合法的策略进行描述,并指出土地利用规划可以被看作一个高度综合的过程,一个相关活动不断积累的过程。

从目前的研究来看,土地利用规划的研究对象广泛,但基本目的和重点应该是土地资源的合理配置和利用。

1.2.2 土地利用规划的经济理论基础

1.土地的供需理论

(1)土地的供给理论

土地供给是指地球上所能提供给人类进行各类生产和生活利用的土地的数量。土地的供给可分为自然供给和经济供给两大类。

①土地的自然供给及其制约因素

第一,土地的自然供给。

土地的自然供给是指实际存在于自然界的各种土地数量。这个数量包括了已经利用的土地资源和潜在可利用的土地资源。地球的表面积约为5.1亿平方公里,其中陆地占29.2%,合1.49亿平方公里,但陆地上适于人类利用的或可利用的土地只有约7529万平方公里,这就是全世界的土地自然供给。全世界的土地数量是相对固定的,既非人力所能创造,也不会随价格和其他社会经济因素的变化而增减。虽然人类可以通过例如围海造田等方法增加一些土地的供给,但相对于土地供给总量来说,是微乎其微的。因此,土地的自然供给总量相对稳定,土地的自然供给呈现出无弹性和刚性的特点。目前世界人口已超过 50 亿,随着人口的不断增加,土地的绝对稀缺性已日臻明显,引起全球性的人口、资源、环境、粮食等一系列问题。

第二,土地自然供给的制约因素。

土地的自然供给除了受到供给总量固定性的制约外,还受到下列因素的制约:一是适宜于人类生产生活的气候条件;二是适宜于植物生长的土壤和气候条件;三是具有可以利用的淡水资源;四是具有可供人类利用的生产资源;五是具有一定的交通条件。这些因素的制约,使有些土地的用途和使用限度受到一定程度的限制。例如在盐碱化严重的土地上是不适宜耕种的,矿产地只能在有矿藏的地方等。

②土地的经济供给及其影响因素

第一,土地的经济供给。

由于土地用途的多样性,有些土地可以用于多种目的,可以作为多种用途的供给,于是各种土地利用之间经常互相竞争和相互替代,当某种用途的需求增加,该用途的收益提高时,原供其他用途的土地必有一部分会转作该用途,使其土地的供给量增多,但不会超过其自然供给。这种在土地的自然供给范围内,各种土地的实际利用数量中,可供某一用途使用的土地数量称为土地的经济供给。

土地的经济供给是有弹性的供给,一方面某种用途的土地的供给总量会产生增减,另一方面一定面积土地上的产量也会有所变化。

第二,土地经济供给的影响因素。

在土地自然供给的范围内,影响土地经济供给的因素是很多的,其中重要的有以下几方面:一是土地的需求和价格。土地需求越大,需求价格越上升,促使供给增加;反之,需求小,从而需求价格下降,促使供给减少。二是土地的自然供给量。土地的经济供给只能在自然供给限度内变动。

三是人们生产、生活需要的变化。人们生产、生活需要的变化会影响土地利用方向的变化,从而影响各类用途土地的供给量。四是科学技术的发展。当土地利用的科学技术发展到一定程度时,原来不能利用的土地变得可以利用,或原来利用成本太高的土地可以降低利用成本,从而使土地经济供给增大了扩展的可能性。此外,科学技术的发展不断创造出可以取代土地产品的新材料,如化学纤维代替棉花,则该项土地产品会退出(或减少)土地利用,从而增加了其他用途的土地经济供给。五是政府土地利用政策。政府通过法律、法规、土地及城市规划以及有区别的税收、投资、信贷和价格政策,可以促进或抑制土地的经济供给。六是土地利用的集约度。土地利用的集约度越强,土地的供给价格越高,土地经济供给也就随之增加。七是市场预期。市场对土地价格的变化预期会影响土地持有者的供给决策,从而影响各类土地的供给量。

　　第三,土地的自然供给和经济供给的关系。

　　土地的自然供给和经济供给既有联系,又有区别,它们之间的关系可用图1.2来说明。

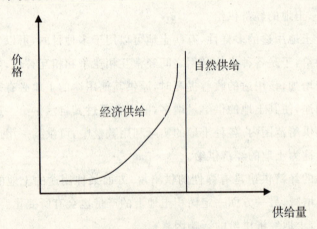

图 1.2　土地的自然供给曲线与经济供给曲线关系图

　　从图1.2中可以看出土地的自然供给是一条无弹性的直线,它是经济供给的基础,经济供给量不会超过自然供给量。经济供给曲线在不同价格水平下的弹性是不一样的,在远离土地自然供给极限时,土地经济供给的弹性较大,供给价格的轻微变化就会引起供给量的较大变化。随着供给量的增加,优等土地不断投入使用,所余土地的质量越来越差,开发新土地的成本越来越高,土地经济供给越来越接近自然供给极限。这样,供给弹性越来越小,即供给价格越来越高而供给量的增加越来越少,当达到土地自然供给极限时,土地的经济供给也就毫无弹性了,这时供给价格再有大幅度的提高也不能增加供给量。

此外,土地经济供给弹性的大小在不同土地利用上也是有差异的,农业用地和矿业用地由于受到土地的自然条件限制,其经济供给的弹性比较小,而对土地自然条件要求不严格的用地,其经济供给弹性较大。

(2)土地需求理论

土地需求是人类为了生存和发展利用土地进行各种生产和消费活动的需求。根据用地类型,土地的需求可以分为农业用地需求和非农业用地需求;根据需求目的,土地需求又可分为土地利用需求和土地投资需求。

①农业用地需求与非农业用地需求

农业用地需求主要是指人们需要农业土地为人类提供食物、衣料、畜产品及其他原料。人类需要农业用地,就是需要农业土地的光、热、水、动植物及土壤等为人类提供食物、衣料及其他原料。

非农业用地需求包括工业、仓储、市政公用设施、道路广场、住宅、绿化等各项建设用地的需求,即具体表现为各种土地用途的需求。城市土地需求是非农业土地需求的重要方面。城市土地需求包括两个方面:一是经济增长和人口的积聚引起土地需求总量的扩大;二是经济、社会发展以及产业结构变化导致土地需求结构的变化。城市用地需求将随着城市化水平的提高而增加,也会随着社会、经济发展发生需求结构的变化。

②土地利用需求与土地投资需求

土地利用需求是指直接应用土地资源或利用土地空间进行生产、生活的需求。与一般产品需求不同,土地利用需求是一种引致需求或派生需求。土地可以用作工业、商业、居住等多种用途。对某种用途土地的需求取决于其提供的产品或服务所能产生的净收益。

土地的投资需求是指利用土地的资产特性而获取收益的需求。由于土地资源的有限性和保值增值性,土地具有资产的特性。土地的投资需求包括土地投机性需求和为防止土地价格上涨而套购土地的需求。

③土地需求的影响因素

影响土地需求的因素有很多,包括社会、经济、政治等多个方面。

第一,社会影响因素。

影响土地需求的社会因素主要包括以下几方面:

一是人口增长对土地需求的影响。土地需求的本质是人口增长对土地的需求。人口的增加会导致住宅、交通、公共设施、农业用地等各种用地需求量的增加。

二是社会演化趋势对土地需求的影响。在经济高速增长的同时,相应带来一系列的社会演化,主要表现为人口老龄化、家庭核心化和生活闲暇化的趋势。这些变化会对土地需求结构产生影响。例如,家庭核心化带来平均每户人口指标数的下降,在人均居住面积指标一定的情况下,由于每户住宅都要配置一定的共用设施,便需要更多的住宅建筑面积,导致住宅用地需求的增加。

三是城市化对土地需求的影响。城市化使人口不断从农村向城市集聚,引起农业人口的减少和城市人口的增加,这会导致对城市建设用地需求的持续增加。

第二,经济影响因素。

影响土地需求的经济因素主要包括:

一是经济发展对土地需求的影响。经济发展包括经济规模的扩大和产业结构的变化,前者将引起土地需求总量的增加,后者则将导致土地需求结构的变化。经济发展使各种生产、商务活动增强,引起用地需求的增加。第三产业的发展,需要城市中心区的大片土地,引起土地需求结构的变化。

二是土地承租者或购买者的收入变化。当地价和其他因素不变时,土地承租者或购买者的收入增加,会引起对土地需求量的增加;反之,土地承租者或购买者的收入下降时就会降低对土地的需求。

三是生产要素或其他物品价格的相对变化。在地价和其他因素不变时,生产要素和其他物品价格的变动,会引起土地购买者或承租者对土地需求量的增减。例如,当房屋建筑造价相对于土地价格下降时,土地变得相对昂贵,房屋建造者会增加建筑容积率,而相应减少土地的使用。

四是土地价格涨落的预期。如果预计未来一定时期土地价格将会上涨,现实的土地购买量或承租量就会增加,以获得土地价格上涨所带来的额外收益。当人们预期土地价格会下降,就会减少土地的购买量或承租量。

第三,政策影响因素。

影响土地需求的政策因素主要包括:土地供应政策、土地利用及规划政策、产业政策、住宅政策、土地投资政策和相关税收、法律、法规等。这些政策会影响各类土地的用地规模、用地结构、各类用途土地的数量、具体的空间区位、土地用途转换、土地开发强度、土地需求导向等方面。

(3)土地的供求平衡

①土地的供求均衡曲线

第一,短期均衡曲线。

由于土地利用的建设周期比较长、土地利用方向受到土地政策等因素的制约,土地利用用途在短期内很难改变。因此,在短期内,土地的经济供给量是无弹性的,即土地的供给量固定,土地价格完全由需求决定。土地的供求均衡曲线如图1.3所示。

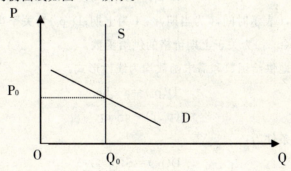

图 1.3　短期土地供求均衡曲线

第二,长期均衡曲线。

从长期来看,土地的经济供给具有弹性。土地的价格是由供给和需求共同决定的,其供求均衡曲线如图1.4所示。

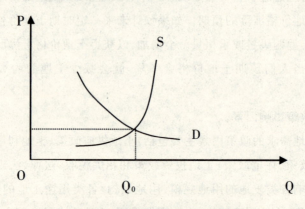

图 1.4　长期土地供求均衡曲线

②土地市场的动态均衡

在土地市场的实际运行中,时间是影响供给的一个关键因素。由于土地开发的建设周期较长,土地资产缺乏流动性,使土地供给存在时间滞后性。这种供给调节的滞后就形成了"蛛网模型"。

最简单的蛛网模型假设,需求取决于现期的土地价格,供给则取决于上期的土地价格。当市场均衡时有:

$$D(p_t) = S(p_{t-1})$$

其中,t 表示时间,t 为当期,t−1 为上期;$D(p_t)$ 为关于当期价格的需求函数;$S(p_{t-1})$ 为关于上期价格的供给函数。

设土地供给函数和需求函数均为线性形式:

$$D(p_t) = a - bp_t$$
$$S(p_{t-1}) = c + dp_{t-1}$$

均衡条件为:

$$D(p_t) = S(p_{t-1})$$

有:

$$p_t = (a-c)/b - dp_{t-1}/b$$

按差分方程,得:

$$p_t=(a-c)/(b+d)+[p_0-(a-c)/(b+d)](-d/b)$$

对该式作如下讨论:

第一,d>b,即土地供给曲线的斜率小于需求曲线的斜率,土地供给曲线比需求曲线更平坦,则 d/b>1,蛛网为发散型,市场均衡不存在。如图 1.5 所示。

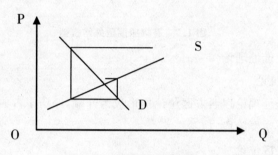

图 1.5　发散型蛛网模型

第二,d<b,即土地供给曲线的斜率大于需求曲线的斜率,土地供给曲线比需求曲线更陡直,则 d/b<1,蛛网为收敛型,市场均衡点为:

$$E(p_0,q_0),p_0=(a+c)/(b+d),q_0=(ad-bc)/(b+d)$$

如图 1.6 所示。

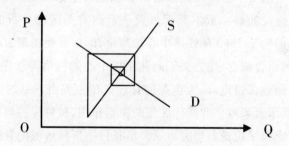

图 1.6　收敛型蛛网模型

第三,d=b,即土地供给曲线的斜率等于需求曲线的斜率,土地供给曲线与需求曲线倾斜程度相同,则蛛网围绕点 $E(p_0,q_0)$ 等幅振荡,此时蛛网为等幅振荡型。如图 1.7 所示。

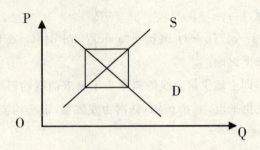

图 1.7 等幅振荡型蛛网模型

2.产业选址理论

（1）区位论

产业选址理论以西方区位论的形成为开端,经历了古典区位论、现代区位论两个主要阶段。

①古典区位论

古典区位论主要是指从 19 世纪 20 年代到第二次世界大战之前产生的各种区位论。德国杜能最早提出农业区位论,该理论认为在一个围绕城市的均质平原上,农业生产的合理布局取决于地租大小,而地租则由生产成本、农产品价格和运费共同决定,农业生产空间的合理布局取决于农产品生产地与消费中心距离的远近。德国经济学家韦伯于 19 世纪初提出决定工业区位的最小成本原理以及一系列有关区位分析的概念和工具。克里斯塔勒于 1933 年提出中心地理论,即以商业集聚中心为研究对象,引入空间组合概念,建立关于商业集聚中心的网络等级序列。[①]廖什于同期提出企业区位论,认为企业的合理区位主要由产品的需求量大小决定,突出需求要素对企业最优区位的决定作用,被称为古典区位论中的市场学派。古典区位论为研究市场经济条件下资源区域配置提供了重要的理论基础,特别是国土资源规划存在土地资源分配不均匀的问题,如何在土地规划中合理配置其各种用地分配,就可以依据古典区位学理论。同时,古典区位论在土地规划中的应用还体现在空间结构形态方面。例

---

① 李炯光.古典区位论:区域经济研究的重要理论基础.求索,2004(1):14～16

如,杜能的农业区位论中提出农业生产围绕城市成环状分布的结构模式等。因此,在具体土地规划中涉及农业用地和工业用地的选址就可以参考农业区位论和工业区位论。

②现代区位论

现代区位论主要是指二战后特别是 20 世纪 60 年代以来产业布局理论的发展。其中包括成本—市场学派、行为学派、社会学派、历史学派和计量学派,其中与土地规划密切相关的有成本—市场学派、历史学派和计量学派的相关理论。

其中,成本—市场学派主要考虑成本与市场的相依关系,以最大利润原则为确定区位的基本条件。胡佛提出以生产成本最低准则来确定产业的最优区位,弗农提出的产业寿命周期理论,克鲁格曼、波特等人提出以产业集群理论从竞争经济学的角度去研究产业布局问题,也是目前运用较多的理论。历史学派的理论核心是空间区位发展的阶段性,认为区域经济的发展以一定时期生产力发展水平为基础,具有很明显的时空结构,而计量学派则强调构建区域经济数学模型,借助计算机等科学技术工具进行大批量数据处理和统计分析。此后还大力发展增长极理论、点轴理论和地理二元经济理论。

(2)增长极理论

法国经济学家佩鲁于 20 世纪 50 年代提出增长极理论。他认为在经济增长过程中,某些主导部门、具有创新力的企业或行业会在特定的区域或者城市聚集,形成一种资本和技术高度集中、增长迅速并且对邻近地区经济发展有强大辐射作用的"增长极"。也就是说,增长并非同时出现在所有地方,而是以不同的强度出现在一些增长极上,再以不同的渠道向外扩散,以至对整个区域经济产生不同形式的影响。增长极是具有推动性的主导产业及其关联产业在地理空间上集聚而形成的经济中心,它通过与周围地区的经济技术联系产生扩散效应,从而使之与周围地区逐渐融合,带动整个区域经济发展水平的提高。布代维尔将地理学的"增长中心"这一地理空间概念引入佩鲁增长极,将其内涵扩大到地理空间上,并提出"区域增长极"的概念;同时将经济空间分为同一或均质区域、极化区域、计划区域;经济空间不仅包括与一定地理范围相联系的经济变量之间的结构关系,还包括经济现象的地域结构关系。赫希曼(1958)提出不平衡增长理论,其主要思想为经济进步不会在所有地区同时出现,一旦出现,强有力的因素必然使经济增长集中于地点附近地域,引入新的名词"极化效应"、"涓滴效应"。缪尔达尔提出经济发展在地域上并非同时产生和均匀扩散,而是通过回波效应和扩散效应以平衡的形式实现。而弗里德曼(1987)则将增长极理论向动态化、系统化发展,提出了核心-边缘理论。

增长极理论作为一种基础理论,大力推动了新区域理论的发展,很多科学家都对其进行了延伸。在其基础上延伸出内生增长理论、新经济空间(场)理论、地域集群理论、核心-外围理论、点轴理论;同时也朝着新产业空间理论进行扩展,提出创新中心理论和粘胶理论。创新中心理论又叫孵化器理论,强调新企业尤其是小企业的崛起和繁衍是新兴区域发展的重要标志,政府应通过各种措施和优惠政策创造良好的孵化环境和生长机制;粘胶效应则是防止新兴增长极或增长中心资金、企业和人才外流的"空洞化"和"空壳化"。增长极理论在许多地区区域发展与规划中取得明显的效果,取得较大成功的国家是巴西和马来西亚。在我国增长极理论应用最成功的就是上海浦东的开发开放。目前整个长江流域已经形成中国经济新的"增长带"。[①]

(3)集群理论

产业集群理论是增长极理论的演进,也是增长极理论的前沿形态。产业集群是指一定数量企业共同组成的产业群在一定范围内的集中,以实现聚集效益的一种现象。产业集群是一种产业的组织形态,具有独特的产业组织特征,是在某一特定领域内的公司及其相关机构,因共有性和互补性而形成的在地理上接近的相互联系的产业群体。该理论是基于韦伯提出的"经济聚集"的概念加以拓展的。任何一个产业聚集都要经历诞生、雏形、成长、成熟、衰退、消亡六个阶段。其中集聚机制主要是由经济

---

① 徐洁昕,牛利民.增长极理论述评.科技咨询导报,2007(14):171

活动区位指向、经济活动的内在联系、经济活动对聚集经济的追求共同决定。[①] 波特(1998)提出产业集群的核心内容是其竞争力的形成和竞争优势的发挥,这是产业集群在市场经济中生存和发展的根本保障。克鲁格曼提出产业集群完全是市场自发形成的,而且集群空间结构的形成有很大的偶然性,即在哪里形成样的产业集群都是偶然的,很少受非市场因素的影响,即产业集群是规模报酬递增带来的外部经济的产物。协同效应是集群的一大优势,群内企业和相关机构通过水平和纵向的协作可以大大增强集群的活力,提高对外来危机的应对能力。

目前大量的研究将产业集聚和产业集群交替使用,其实二者是有显著差异的。产业集聚强调产业的集中与集聚的过程,或者是尚未形成正式群体的一种集群早期状态。空间聚集是人类在区位选择中一个极为重要的空间经济活动原则,不仅能够使距离的成本和费用降到最低,满足人的社会需要,促进物质和信息的交流,还能够增加生产和分配的效率;同时能够带来基础设施共享的外部经济,产生高的生产效率和经济效益。产业集群是经过较长时间的产业集聚过程,在产业集群的发展中,也同时受到集聚和离散的双重作用。而我国运用产业集群理论主要集中在对中小企业集群的研究、从知识溢出角度分析聚集现象、产业集群与区域竞争力关系、产业集群核心竞争力评价以及对产业集群的社会服务机制研究等方面,但实证研究相对较少。

(4)产业生态学理论

1989 年 Robert Frosch 和 Nicolas Gallopolos 在《可持续工业发展战略》一文中提出"产业生态学"的概念。1997 年耶鲁大学和麻省理工学院联合出版的《产业生态学》标志产业生态学作为一门新兴学科被学术界接受。产业生态学主要研究产业系统和自然生态系统的相互作用,通过重新设计产业活动,减少人类活动对生态环境的破坏,以实现自然、社会与经济的可持续发展。产业生态学是在假定经济、文化和技术持续发展的

[①] 李贤金,谢红彬.从产业集聚理论看旅游宾馆的(微观)选址策略.财经视角,2006(6):75~77

情况下,人类利用谨慎合理的途径将系统维持在其期望承载力之内的学问。它要求不应将产业系统与其周围环境割裂开来认识,而应将其视为一个系统。也有学者将产业生态学定义为一门工业活动与消费活动中的物流与能流及其对环境的影响,以及经济因素、政治因素、法规因素和社会因素对资源的流动、利用与转化影响的学问,更好地理解人们怎样才能在经济活动中统筹兼顾环境问题。[①] 产业生态学的基本思路是将产业系统与自然生态系统进行类比,按照自然系统的规律去指导产业系统的运行,建立生产者—消费者—分解者的生态链网体系,使现代产业系统向三级生态系统转换,使线性经济向闭合的生产、消费系统转化,从而增强产业系统的可持续发展能力。

产业生态学主要的研究领域为面向环境的设计、企业层面上的产业生态学以及系统层面上的产业生态学,相对应的研究内容为:产业系统与自然系统的关系、产业生态系统结构分析与功能模拟、产业生态系统的低物质化、工业代谢过程的模拟与改进、产品生态评价与生态设计、产业生态学教育问题的研究等。产业生态学的研究方法主要集中于生命周期评价(LCA)、物质流和能量流分析、面向环境的设计、生态效率、生产者责任延伸制、产业导向环境政策等,主要运用于生态工业园、生态农业园的规划与建设以及企业层面上的生产效率研究。借助产业生态学研究能为可持续发展提供科学依据。

3. 博弈理论

博弈理论及其分析方法是当前经济学领域的重要理论和分析方法。由于土地利用规划涉及多个主体,在土地利用规划的编制和实施中都存在诸多的博弈问题。因此,在土地利用规划的经济学分析中必须进行博弈分析。

博弈论的思想和行为起源于古代,我国古代的田忌赛马就是一个典型的例子,但博弈真正成为一种理论则是在20世纪30年代。它是研究决策主体的行为发生直接相互作用时的决策以及这种决策的均衡问题,

① Atkinson. 建筑物中的生命周期体现能源与 CO_2 排放量. 产业与环境,1997(2):29~31

其基本观点是一个决策主体的选择受到其他决策主体选择的影响,反过来也影响到其他决策主体的选择。即个人(集体)选择的效用函数不仅依赖于自己的选择,而且依赖于他人的选择,个人(集体)的最优选择是其他人(其他集体)选择的函数(张维迎,2004)。博弈论可以划分为合作博弈和非合作博弈,它们之间的区别主要在于人们的行为相互作用时,当事人能否达成一个具有约束力的协议,如果有,就是合作博弈;反之,则是非合作博弈。合作博弈强调的是团体理性,是效率、公正、公平,整体最优,即博弈给双方都能带来最好的效果;非合作博弈强调的是个人理性,个人最优决策,其结果可能是有效率的,也可能是无效率的,即个人理性行为导致集体的非理性而非整体最优。

根据参与人行动的先后顺序,博弈可划分为静态博弈和动态博弈。静态博弈是指博弈中参与人同时选择行动,或虽非同时但后行动者并不知道前行动者采取了什么具体行动;动态博弈是指参与人的行动有先后顺序,且后行动者能够观察到先行动者所选择的行动。同时,根据参与人对有关其他参与人(对手)的特征、战略空间及支付函数的知识,博弈还可分为完全信息博弈和不完全信息博弈。完全信息博弈是指每一个参与人对所有其他参与人(对手)的特征、战略空间及支付函数有准确的知识,否则就是不完全信息博弈。在市场经济条件下,不确定性因素增多,由于决策主体对信息的掌握总是有限的,一般不可能完全正确地了解博弈对手的情况及其战略选择,所以不完全信息博弈大量发生。在博弈中存在合作和竞争两个方面的可能性。如果博弈各方能够达成合作,这将是博弈的理想结果,因为合作的达成毕竟是博弈各方都实现了自己的最优选择。但是由于决策主体价值观的分歧和多元化,博弈并不都能达到人们理想的结果。通常情况下,博弈可能产生 3 种不同结果:(1)正和博弈,即博弈的结果达到了博弈各方所追求的目标,都认为自己所做出的选择是最优决策,在博弈论通常所说的"纳什均衡"状态。在这种均衡条件下,所有参与人都选择各自的最优策略,没有任何人会选择其他策略,也就是说这种战略组合是由所有参与人的最优战略组成的,可见这种均衡的结果不仅达到了集体理性,也达到了个体理性,这是决策的理想效果。(2)零和博弈,博弈的结果对博弈各方来说,就是一方(或者一部分)实现了最优选择,但另一方(或者另一部分)没有达到最优选择。(3)负和博弈,博弈的结果往往是个人理性得到满足,但集体理性却受到了损害。

4.政府间竞争理论

政府竞争,源于布雷顿(Breton,1996)原先强调的"竞争性政府"概念。冯兴元(2001)给出了政府竞争的具体概念,"所谓政府间竞争,是指政府之间围绕有形和无形资源竞争,包括直接竞争和间接竞争、横向竞争和纵向竞争。政府间竞争在很大程度上表现为制度竞争或体制竞争"。在联邦制国家中政府间关系总体来看是竞争性的,政府之间、政府内部部门之间迫于选民和市场主体的压力,必须供给合意的非市场供给的产品和服务,以满足当地居民和组织的要求。在居民和资源都可以自由流动的前提下,只有那些提供了最优非市场供给产品和服务的政府才能够吸引并稳固居民和资源在当地扎根。类似于企业之间的竞争,政府之间、政府内部部门之间为了提高自身的吸引力,就会围绕居民和资源相互竞争。当宪法充分保障居民的自由迁徙权利时,这些政府间的竞争只能围绕技术和制度供给展开,通过基础设施建设、技术平台准备、面向服务的制度体系的构建以及实施各种税收优惠和营销策略等,不仅能够吸引居民和资源流入当地或本部门,而且还能够使之稳定下来,融入当地的社会网络中。

政府竞争不仅体现在地方政府之间,而且也反映在政府各职能部门之间;不仅同级地方政府以及政府各部门相互之间展开横向竞争,而且上下级之间还展开纵向竞争。无论是哪种竞争,目标都是为了吸引实现所辖区域经济增长所需的生产要素,不过,在纵向竞争中,突出表现为财政转移支付、财权的分割以及政治权力的配置等交易。而竞争的源泉则来自选民和市场主体的压力,选民和市场主体需要公共产品和某种政府政策资源,辖区政府为了满足这些需求,必须提供相应的技术和制度平台。竞争的结果是辖区政府获得所需的权力和利益,而当地居民和市场主体获得所需的非市场供给产品和服务。

地方政府竞争理论也被称为管辖权竞争理论,主要分析分权背景下不同地方政府间的财政相互作用,更偏重于研究地方财政之间的横向关系,并通过对这种关系的分析为财政分权提供依据。地方政府竞争理论的基本模型是从蒂布特(Tiebout,1956)提出"用脚投票"的理论开始的,其后被奥茨(Oates,1972)等继承并模型化。他们认为自由流动的居民将迁移到那些财政收入—支出结构令自己满意的地区,为了避免本地有税收创造能力的居民的流失,地方政府将提高财政的运行效率并提高公共物品的满意程度,地方政府之间的竞争促进公共物品的提供效率。

也有对地方政府竞争持否定态度的研究。上述蒂布特和奥茨的模型假定地方政府的目标函数是辖区内居民的福利最大化,事实上政府官员可能根据自己的利益而偏离选民的目标函数。地方政府间的竞争可能导致本来应由市场机制引导的资源配置发生变异和扭曲,特别是"同归于尽式"竞争也使得地方反而无力提供本应提供的公共产品,这种现象甚至引起人们对财政分权和地方政府竞争的质疑。以 Zoudrow 和 Mieszkowski (1986)及 Wilson(1986)的资本税竞争模型为代表的税收竞争类的模型认为,由于存在对资本征税和提供公共物品支出之间的矛盾,均衡条件下本区域将会产生低于有效水平的税率和公共品供应。布莱克(1967)指出美国的政府间竞争带来的负面影响:"州和地方政府为企业入驻本辖区,相互之间进行的日益激烈的竞争有时产生了很多问题。地方官员一点也不敢让本地税率超过邻近或与其自然条件相同的辖区……积极的税收竞争通常削弱了州和地方的税收努力,也使得州和地方税收结构带有强烈的累退因素。"可见,参与竞争的地方政府都陷入了某种"囚徒困境":因担心失去本地的企业和就业机会,导致地方公共物品的提供不足。不仅如此,如地方自然或人文资源的保护,需要地方规章加以保障,但在吸引资源的竞争压力下,这些可能提高企业进入成本的管制标准常常被降低乃至废弃,卡姆伯兰德(1979)把存在于美国州和地方政府间的这种现象称为"破坏性地方竞争"。

随着全球化进程的不断推进,大规模的流动性公共选择时有发生,地方政府间追逐资源、利益的需求日益白热化,地方政府必须使出浑身解数来应对这种挑战。地方政府作为具有相对独立利益和较大经济决策权的特殊经济主体,总是尽可能多地吸引包括资本在内的各种生产要素,以促进本地区的经济发展。但是这些生产要素的总量又是有限的,为了在有限的资源范围内实现本地发展的最大化,势必引起地方政府间的竞争。

5.生态经济学理论

生态经济学产生于 20 世纪 80 年代末,它的出现是由于生态非资源化和经济逆生态化以及生态与经济对抗问题的存在而产生的。其中生态非资源化主要是将生态资源当做自由物品的观念,没有使生态资源的价格表现出其稀缺性。经济的逆生态化是机械主义的表现,主要是人类活动过程中忽视自然环境的供给、支撑能力,造成了人口暴涨、生态灾难、环境退化等一系列生态问题。生态与经济的对抗主要表现在生态保护的好坏与经济增长的快慢之间的关系处理问题。基于对生态问题的分析,生态经济学则是把经济学、生态学、热动力学、伦理学,以及一系列其他自然科学和社会元素融合起来,以一种全面、生物物理的视角来看待资源、环境与经济的互动,对解决资源环境问题有一个结构性途径。① 生态经济学的基本理论包括:社会经济发展同自然资源和生态环境的关系,人类的生存发展条件与生态需求、生态价值理论、生态经济效益、生态经济协同发展等,生态经济学模式的主要相关因子表现为社会福利、国民生产增值、非市场性有利条件、为减少污染所付出的劳动和费用等。生态经济学是对传统经济学的继承和拓展,生态经济学将生态和经济作为一个不可分割的有机整体,改变传统经济学的研究思路;通过对经济系统与生态系统相互作用所形成的复合系统的研究,揭示生态经济复合系统的发展和运动规律,寻求人类经济发展同自然生态系统发展之间的平衡点,解决环境资源问题。生态经济学的研究方法主要应用系统分析方法和类比方法。其中,系统分析方法以生态经济复合系统的整体观看待问题;类比方法的应用使人们能够从生态系统自身协调规律中找到克服人类困境的出路。生态经济学旨在解决生态系统与经济系统之间的矛盾,运用生态的理论来完善经济系统。由于研究的不断深入,逐渐出现产业生态经济学、

① 沈满洪.生态经济学的定义、范畴与规律[J].生态经济,2009(1):42~47,182

农业生态经济学等具有特定研究目标的生态经济学,用于研究生态经济系统中存在的一系列问题,在可持续发展、产业布局、生态补偿方面得到广泛的应用与推广。[①]

宋超英(2008)等人认为由于资源耗费型发展所引发的环境危机已成为城市可持续发展的"瓶颈",因此从生态经济学的角度出发分析兰州市可持续发展中存在的生态环境问题与成因,提出大力发展循环经济、提高公民环保意识、优化产业结构、大力发展生态经济的相关对策,实现生态、经济效益的统一。[②] 吴泽宁(2007)等人指出以传统经济学为基础的水资源优化配置的缺陷,运用生态经济学理论提出水质水量统一优化配置的生态经济学概念,以生态经济效益最大为目标,建立了区域水质水量统一优化配置方案生成模型。[③] 生态经济学原理也被广泛应用于国土研究上,文冰(2007)等人就以生态经济学的观点分析了云南省退耕还林工程,研究发现退耕还林实际上是在一个特定生态系统中实施的工程,对国家和农户而言,最大的利益就是生态环境的改善以及在此基础上的经济稳定与持续发展。在市场经济条件下实现利益最大化的途径是按照"生态建设产业化,产业发展生态化"的思路行事。[④] 孔正红(2005)等人也采用生态经济学原理分析黄土高原丘陵沟壑区小城镇建设,认为退耕还林(草)政策的实施,为小城镇建设与发展提供充足的物质基础和丰富的人力资源。[⑤] 从国内外学者研究可以看出,生态经济学强调的就是把经济系统与生态系统的多种组成要素联系起来进行综合考察与实施,使经济社会与生态发展全面协调,达到生态经济最优目标。

[①] 方大春,张敏新.生态经济学对传统经济学的挑战、继承与定位[J].经济问题,2009(9):4~7

[②] 宋超英,朱院利.基于生态经济学的兰州市可持续发展对策研究[J].改革与战略,2008,4(24):96~99

[③] 吴泽宁,索丽生,曹茜.基于生态经济学的区域水质水量统一优化配置模型[J].灌溉排水学报,2007,26(2):1~6

[④] 文冰,支玲,梁建忠等.退耕还林工程中的生态经济学问题研究[J].中国林业经济,2007(1):34~37

[⑤] 孔正红,张新时,张科利等.黄土高原丘陵沟壑区小城镇建设的生态经济学意义及其特点[J].农村生态环境,2005,21(1):75~79

6.地租地价理论

马克思的地租地价理论是对古典政治经济学地租地价理论批判继承上的创新。其观点主要认为地租是土地所有权在经济上的实现,分为绝对地租和级差地租。在商品经济条件下,土地是可以买卖的对象,具有价格;但是土地价格不同于一般商品价格,土地价格是资本化的地租,也就是说地租地价是土地经济价值的表现和实现形式。地租地价理论在土地利用上运用较多。

刘和东(2008)深入分析了地租地价关系、地租地价变化规律及其对土地合理利用的影响。其研究认为地租地价及其变动揭示土地利用价值规律,在城市中表现为城市中心到城市边缘,地租地价由高向低逐渐递减的变化规律;地租地价是引导土地合理和有效利用的重要经济杠杆,不仅为土地供给、需求者和管理者提供土地区位指示,也为土地供求双方以及管理方建立利用效益或强度评价指标;针对我国地租地价上所存在的问题,提出明晰地租税费、建立多元化土地价格体系的相关对策。① 仵妍燕(2007)等人运用马克思地租地价理论分析了当前我国土地资源配置中的主要问题,发现由于绝对地租本应归土地所有者所有,但政府使用协议出让的方式批租土地导致本应上交国家的大量绝对地租被开发商独占,带来土地收益不公;开发商的"圈地运动"占有由于社会经济发展带来的级差地租和绝对地租Ⅱ,以及从土地日益稀缺所引起的供需不平衡带来的价格上涨中获利;针对存在的问题,提出了将税收作为调节土地资源配置的重要渠道。② 于洋(2009)等人研究了地租地价理论与城市功能分区布局之间的关系,发现地租是城市地价确定的主体和基础依据,而级差地租又决定了城市不同地段地价的差异;而城市功能分区的布局往往受地价的影响,一般大城市的中心地带是商业区或中心商务区,城市边缘则是若干片工业区,两者之间为商业区和工业区相联系的不同级别的住宅区,分

---

① 刘和东.地租地价与土地的合理利用分析[J].无锡商业职业技术学院学报,2008,8(2):27~29

② 仵妍燕,袁彦磊.马克思地租地价理论与土地资源的合理配置[J].现代商业,2007(7):272

区的差异主要受付租能力的影响。通过分析地租地价对布局的影响,指导政府合理布局土地资源。[①] 总体看来,地租地价的本质是由土地所有权的性质决定的,它们是土地所有权借以实现的经济形式。土地有偿使用实质上是土地所有权在经济上实现的一种形式,是取得土地使用权的经济条件,也是土地价格的一种具体形式。

① 于洋,张贵山.马克思地租理论与城市功能分区布局[J].现代商业,2009(21):81

第 2 章 土地资源配置中的市场失灵
与政府干预

2.1 土地资源配置的特点

2.1.1 土地资源的特性

1. 作为生产要素的特性

作为一种生产要素,土地具有生产性、质量差异性和面积有限性三大特征。

生产性主要是强调土地生产功能,例如植物生产功能,这种生产性表现为有条件的永久性,一块土地只要使用得当,土地利用方式不对土地造成破坏,则当代人可以使用,后代人也可使用。

质量差异性是指由于组成土地的各种因素不同量的不同组合,形成相互区别各有特色的土地,表现为土地质量的不同等级,这种质量的差异性在一定的时间和技术条件下,会使得土地的投资生产率产生差异。

面积有限性是指地球上的土地总量具有不可再生性,即土地的自然供给缺乏弹性。人类可以改良土地,改变土地形态,提高土地质量,以及在沿海地区填海造地,但一般不能无限扩大土地面积。

2. 作为空间载体的特性

作为人类社会生活生产的空间载体,土地具有位置固定性和永久使用性的特征。其中位置的固定性表现为每块土地都有特定的三维空间(可由经度、纬度、高程反映),不能移动,它只能在所处地域内加以利用。

土地与其他生产要素不同,在空间上是不可贸易的,不同区域土地的差异往往会引起发展的不平衡。

永久使用性是指土地的存在是永续的,因此一般土地的承载功能是永久的(除非出现巨大的地质变化),尽管可能承载的产业会不一样。

2.1.2　土地要素配置与产业发展

土地要素为产业的发展提供生产资源和生产空间,同时产业发展水平和产业结构决定着土地利用方式与结构。土地利用结构调整优化必须以产业结构优化为前提,要按照产业发展序列调整土地资源在国民经济各部门中的配置,提高土地利用率和利用效率。

产业结构优化往往需要土地配置从两方面进行调整:一是产业的用地规模,二是产业的用地布局。

2.2　土地资源配置的市场机制和市场失灵

2.2.1　市场机制及市场失灵

1.市场机制配置资源的一般机理

无论是西方主流经济学,还是马克思的政治经济学,市场都是资源配置的基本机制之一。

在西方经济学中,从亚当·斯密的"看不见的手",到"萨伊定律",再到马歇尔的"一般均衡论",市场机制几乎成为无所不能的"主宰",尽管后来的发展引入了政府的作用,但市场仍然被视为资源配置的最主要机制。市场机制的作用主要包括:市场中的经济人一般按照市场法则行事;市场机制或者价格机制能传递充分的信息,提供刺激,形成合理的分配格局;由于市场机制的作用,资源得到合理配置。自由市场经济的忠实维护者弗里德曼认为市场机制能够协调无数个交易者的活动,既给产品生产者或技术供给者以指导机制,成为生产者不断扩散、创新技术的内在动力;又能给产品购买者或消费者以指导机制,实现合理的消费结构。

在马克思的政治经济学中,尽管马克思没有使用过"市场经济"这一概念,但是在《资本论》中对市场机制与资本主义社会资源配置的论述却是十分丰富和深刻的。

在《资本论》第 1 卷中,马克思对于市场机制配置资源的实现过程,指出"不同的生产领域经常力求保持平衡,一方面因为,每个商品生产者都必须生产一种使用价值,即满足一种特殊的社会需要,而这种需要的范围在量上是不同的,一种内在联系把各种不同的需要量连结成一个自然的体系;另一方面因为,商品的价值规律决定社会在它所支配的全部劳动时间中能够用多少时间去生产每一种特殊商品。但是不同生产领域的这种保持平衡的经常趋势,只不过是对这种平衡经常遭到破坏的一种反作用。在工场内部的分工中预先地、有计划地起作用的规则,在社会内部的分工中只是在事后作为一种内在的、无声的自然必然性起作用,这种自然必然性可以在市场价格的晴雨表的变动中觉察出来,并克服着商品生产者的无规则的任意行动"。① 价格变动影响着商品的供求,商品的供求反过来又影响着商品价格变动。马克思在《资本论》第 3 卷中深刻地论述了价格变动与供求关系这种相互影响、自发地调节着资本主义社会资源的优化配置过程。"供求调节着市场价格,或者确切地说,调节着市场价格同市场价值的偏离"。② "如果供求决定市场价格,那么另一方面,市场价格,并且进一步分析也就是市场价值,又决定供求"。③ "供求可以在极不相同的形式上消除由供求不平衡所产生的影响。例如,如果需求减少,因而市场价格降低,结果,资本就会被抽走,这样,供给就会减少"。④

不过市场机制并不是万能的,马克思在《资本论》第 3 卷就深刻地分析了市场有效资源配置的市场条件,他强调,只有具备发达的资本市场和劳动力市场,资本和劳动等生产要素能够自由流动情况下,价格、供求和竞争等市场机制作用才能充分地发挥。"资本有更大的活动性,也就是说,更容易从一个部门和一个地点转移到另一个部门和地点"。⑤ "劳动

———————————

① 资本论(第 1 卷)[M].北京:人民出版社,1975:394
② 资本论(第 3 卷)[M].北京:人民出版社,1975:202
③ 资本论(第 3 卷)[M].北京:人民出版社,1975:213
④ 资本论(第 3 卷)[M].北京:人民出版社,1975:213
⑤ 资本论(第 3 卷)[M].北京:人民出版社,1975:219

力更迅速地从一个部门转移到另一个部门,从一个生产地点转移到另一个生产地点"。①

2.市场失灵的一般类型及其成因

市场不是万能的,这意味着市场机制在资源配置和经济调节中还存在重大缺陷。这一缺陷主要产生于两个方面:一是由市场经济机制所决定的经济决策不能兼顾长期与短期、生产与生态、效率与道德、经济与政治等类目标;二是在需要政治、文化等决策的经济问题面前,市场机制是无能为力的。包括萨缪尔森在内的许多西方经济学家认识到,关于完全竞争的假定条件太苛刻了,而关于"市场万能"的种种"神话"却正好是建立在这些苛刻条件之上的。

"市场失灵"主要体现在以下几方面:

(1)外部性。在经济活动产生了"外在需求"的地方,无论是受益还是受损,由生产者来满足这种需求都是不恰当的,如果政府不通过补偿或刺激的办法进行干预,市场将会失灵。这种外部性是市场失灵的理论基础。具体地说,市场经济典型的失灵(如环境污染、公害泛滥、城市膨胀和生态失衡等)都可造成外部不经济。例如,当人们驾驶没有控制污染装置的汽车时,就必然降低了空气的质量,这实际上是这些用车的人在向他人强加一定的成本。

(2)无公共产品市场。市场有其不完全性,在市场力量的作用下,国民经济运行难于达到某些社会公共目标。如不能提供国防安全体系、科学教育、公共交通、水利等大型基础设施,就无公共产品市场。信息市场也是残缺的,只能提供短期的、局部的信息,使得市场经济难以保证满足众多的社会目标。公共产品的消费具有非竞争性和非排他性。例如,国防是典型的纯公共产品。社会的每个成员都能同等地享受国家的防务体系的保护,排斥别人的消费是不可能的,也是不必要的;航海中的灯塔也是一个经常被引用的公共产品的例子。显然,出于自身利益的考虑,人人都希望由别人来提供公共物品自己免费使用(如同免费搭乘)。但如果不

---

① 资本论(第3卷)[M].北京:人民出版社,1975:219

能回收成本,赚取利润,市场经济中的追求利润极大化的生产者则不会提供这类产品。因此,市场本身无力解决公共产品的有效提供问题,而这些公共产品对消费者往往又是不可缺少的。

(3)市场行为的短期性和滞后性。由于市场多元化主体追求短期利益,导致对同一产品重复投资,造成资源浪费,具有短期性;市场既不能很好安排资源的区域(空间)配置,更无法安排资源在现今和未来(时间)的合理配置。因此,市场调节产业结构的过程相对较长,具有滞后性。在《资本论》中,马克思认为价格变动对资源配置是通过事后自发地调节来进行的,由此会导致整个社会生产的无政府状态。"在商品生产者及其生产资料在社会不同劳动部门的分配上,偶然性和任意性发挥着自己的杂乱无章的作用"。① 如果仅仅依靠市场机制来配置资源,必然要以无数次的市场波动和不平衡为代价,甚至要通过周期性经济危机来调节。

(4)市场不能避免投机行为的产生。资本的自由流动就蕴含着投机性,特别是以钻空子、欺诈性的买空卖空为特征的投机行为,对经济和社会有害无利。即使是技术性、专业性很强的,通过承担价格变动风险而获利的期货市场的投机行为,也会加剧市场波动,导致经济不稳定的负效应。

(5)市场不能实现社会收入分配的平等。市场经济按各个人提供的生产要素进行的分配,使收入过于悬殊,产生贫富两极分化。因为在现实社会中,要素和财富的初始分配恰恰是不公平的,人们进入竞争的条件、实力、能力不同,这往往受家庭出身、家庭结构、遗产继承、性别等许多个人不能左右的因素影响,这样经过竞争得到的最终分配结果往往更加不公平,富者愈富,贫者愈贫。

(6)市场无力阻止垄断。由于自由竞争引起生产集中,必然导致垄断。当权力集团和垄断势力入侵市场,就会形成集团的无政府状态,加重经济失衡和不稳定,引发危机,使资源得不到充分利用。在自然垄断的情况下(如电信、供电、供水等行业),垄断者凭借自身的垄断优势,往往使产

---

① 资本论(第1卷)[M].北京:人民出版社,1975:394

品的价格和产出水平偏离社会资源最优配置的要求,从而影响市场机制自发调节经济的作用,降低了资源的配置效率。

(7)市场在对外贸易中的缺陷。不能仅仅依靠市场机制发展对外贸易。在经济越来越国际化、全球化的今天,各个国家与国际市场的联系越来越紧密,甚至成为国际市场不可分割的一部分。在这种情况下,各个国家就必须努力保持国内经济的平衡及其与国际经济的平衡。但在这方面,单靠市场调节是不灵的,设置关税、限额、进出口许可证和其他一些壁垒,对发展对外贸易是十分重要的。不论是发展中国家,还是发达国家,当本国的利益受到损害或威胁时都会实行必要的贸易保护。

(8)市场在科学技术研究、开发方面的失效

技术是重要的生产要素,科技研究与开发是提高资源利用效率的重要手段,但市场机制在这一方面存在失灵。科技研究与开发有两个方面的特点:第一,科技研究与开发的成果在消费时具有非对抗性,因而若不能对研究成果进行保护,这些成果就可能被广泛传播和应用,无法保证发明者独占其成果所产生的收益,这种状况会导致无人愿意从事科学研究与技术开发的活动。如盗版软件的问题就非常不利于我国软件产业的发展。第二,在一些科学研究与技术开发的过程中,需要耗费大量的财力、物力和时间,而且开发者要承担较大的风险,在没有保证的情况下,私人资本不愿意投向这些研究部门,但这些研究具有广泛和深远的社会价值,如基础研究等。

2.2.2　土地资源配置中的市场失灵

土地资源的配置主要靠市场机制进行,但由于市场机制本身存在不完善的现象,会导致市场失灵,如增加宏观经济的不稳定性、公共设施配置滞后、影响资源配置的公平性等问题,因此土地资源配置往往需要另一只手——政府的干预。

1.容易造成土地开发的盲目性,增加宏观经济的不稳定性

现实中由于信息的不完全性,生产者容易在利益的驱动下盲目进入一些生产领域,特别是在房地产市场的快速发展背景下,土地开发利润高,大量资本向土地和房地产市场聚集,从宏观层面上看,就会导致国民

经济运行的不稳定性。

例如 20 世纪 90 年代中期,在信息残缺和利益机制共同作用下,房地产企业盲目投资,商品房空置面积急剧上升,1994 年底为 4208 万平方米,1997 年为 7038 万平方米,1998 年突破 8000 万平方米。当时全国的 4210 个各级各类开发区,闲置土地 4 万多平方公里,积压资金约合 1800 亿元。我国五大国有商业银行约 2000 亿美元呆账坏账中,相当一部分是房地产贷款(徐巨洲,1998)。由于房地产开发结构不合理,供需总量失衡,由房地产存量引发金融潜在危机的可能性加大。

2. 城市公益设施和城市基础设施建设滞后,城市经济社会协调发展的目标难以实现

与企业从事的房地产开发总量过剩形成鲜明对照的是,由于受到信息导向不明、决策支持系统乏力等外部条件的限制以及市场机制特有缺陷制约,政府在城市基础设施和公共设施建设方面的投资和土地供应严重不足。某些城市和开发区城市人口增长幅度较大而城市基础设施和公共设施建设投资严重不足,城市房地产开发、基础设施建设和公共设施建设规模和内在结构不能遵循按比例协调发展的客观规律,城市建设投资的有效性大大降低。

而跨行政区域的大型基础设施的建设,由于涉及利益主体多,产品本身具有公共物品性质,而土地的行政管理权分属不同地区,仅靠市场机制更是难以实现。

3. 土地资源配置的不公平问题

市场主体以追求经济利润为目的,会导致土地资源配置的不公平现象,这种不公平主要表现在以下两方面:

(1)造成土地生态失衡,影响可持续发展

由于存在经济活动的外部性和许多资源提供服务的公共物品性(如清洁的空气、干净的水、生物多样性等,在消费上往往表现出非竞争性、非排他性),往往会出现在土地经济产出增长的同时伴随着土地生态系统的失衡现象,影响了整个区域的可持续发展。

例如上游伐木造成洪水泛滥和水土流失,对下游的种植、灌溉、运输

和工业产生不利影响。在城市建设中,部分开发商在经济利益驱动下,在开工建设过程中不按规划要求进行建设,或在建成后擅自改变建筑物使用性质,客观上造成了大量违法建设。违法建设行为对其他城市建设项目及城市居民的公共利益产生了具有强制性特征的外部性,破坏了城市环境,损害了城市长远利益,造成了城市建设资源配置的无效。

(2)缺乏社会价值判断

市场机制完全建立在价格体系基础上,缺乏社会价值判断。例如,城市更新中,城市历史文脉和特色风貌的社会价值是无法简单地以货币衡量的,因为它们是属于整个社会范畴的价值。但是在经济利益的驱动下,一些项目建设会不顾对历史文脉和特色风貌带来的破坏。

2.3 土地资源配置中的政府干预与政府失灵

2.3.1 政府干预的一般机理

为了保证资源的合理利用,促进区域经济可持续发展,经济与社会发展目标的实现,政府有责任对市场机制的运行进行一定的干预,即通过政府这只"看得见的手",来纠正与弥补市场这只"看不见的手"的种种缺陷与不足。

针对上述所列的市场失灵现象,可知政府的经济作用主要有以下方面:

1.利用利率、国债、汇率、税收、预算等以财政和货币手段为主的经济调控工具来"熨平"经济周期,使宏观经济处于持续稳定的发展。凯恩斯的国家干预理论使西方世界走出了 20 世纪 30 年代经济"大萧条"的梦魇;1998 年以来我国政府的积极财政政策和稳健的货币政策支撑我国顺利走过了亚洲金融危机的岁月,自 2002 年以来一直保持 9% 以上的 GDP 的增长率,在世界经济中"一枝独秀"。政府的财政政策和货币政策以国家的宏观目标和总体要求为主要依据,发挥财政政策的功能,促进经济增长、优化结构、调节收入;发挥货币政策的作用,保持币值稳定、货币供求总量的平衡。

2.建立良好的政治、经济、法律等制度和具体的运行体制,为经济的发展创造良好的"软件条件"。特别是对于市场机制尚不完善的发展中国家来说,市场机制的发育需要政府提供基础性的法律环境,如通过法律尽量消除一些人为设置的市场进入障碍、政企不分等非公平竞争因素。制度或体制是一个国家的经济正常运行的基本保障,诺贝尔经济学奖获得者诺斯甚至将制度的变迁视为经济增长的原因。从我国经济发展的现状来说,当务之急是完善财产制度和市场经济制度。

3.提供公共物品,搞好基础设施建设以保证整个国民经济有良好的"硬件条件"。同时,政府还要承担起那些投资规模大、资金回收期长、对经济发展起重大影响作用的项目,如国防建设、教育、医疗卫生、南水北调、西电东送、西气东输、三峡工程等。这样就有助于解决市场不能提供公共物品的有效供给问题,保证国民经济正常运行;同时,政府投资还可以解决相当一部分失业问题,也可以带动其他相关产业的投资和生产,从而推动整个经济的繁荣。如近些年来我国政府连年发行国债以专门促进基础设施建设,收到了良好的效果。

一些带有行政垄断性质的经营性行业,政企不分、以行政权力阻止商业竞争对手进入其市场垄断范围。其高经济收益的取得是与行业的行政垄断地位联系在一起的,含有大量的非公平竞争因素。长此以往,诸如此类的市场失灵现象就会严重阻碍市场经济的运行和市场化改革的推进。对于经济发展中的垄断问题和其他不正当竞争问题,政府要站在仲裁者的立场,通过建立健全各项法律法规并严格执法加以解决。

4.要通过产业政策、收入政策、税收政策和其他相关政策,努力缩小地区之间的差异、城乡之间的差距、居民收入水平的差距。

要加强对区域发展的协调和指导,充分发挥地区综合优势,对处于不同发展阶段的地区制定科学的战略,促进其协调发展。例如20世纪90年代末,我国政府做出的西部大开发战略其背景就是考虑到东部、中部与西部经济发展的差距拉大引发了问题以及缩小差距所能带来的收益前景,在世纪之交的历史机遇面前,分阶段推进西部地区的人口、资源、环境与经济社会的协调发展。不久后我国政府再次作出振兴东北老工业基地的战略决策,也是在看到东北地区制度滞后、技术落后、下岗人数众多等情况之后,抓住重工业化时代的到来的机遇而作出的决策。在收入分配方面,政府要进行效率与公平兼顾的导向,通过政策的倾斜,对不同地区和社会成员之间进行公平与否的评价和调整。通过转移支付、完善税收制度、建立健全社会保障制度以扶持弱势群体,调节公众的心理平衡,达到维护经济稳定发展的目的。

5.推动科学技术研究与开发。政府可采取许多措施,如制定专利法,在一定程度上使研究与开发者能够独享其收益;以某种方式给予资助或提供担保,促进基础研究等长远效应好,但短期成本较高、风险大的研究的进行;对于私人部门开发的一些耗资巨大、规模效益显著的科技成果,政府可通过适当的政策诱发或创造较多的需求,使这些成果得到广泛的推广和应用,发挥明显的效果等。

2.3.2　政府失灵的一般表现

综合产权学派的首创者罗纳德·科斯和公共选择学派代表人物詹姆斯·布坎南等的思想,所谓政府失灵(Government Failure)是指政府在力图弥补市场缺陷的过程中,又不可避免地产生另外一种缺陷,即政府活动的非市场缺陷,或称之为政府失灵。也就是说,政府为克服市场功能缺陷所采取的立法、行政管理以及各种经济政策手段,在实施过程中往往会出现各种事与愿违的结果和问题,最终导致政府干预经济的效率低下和社会福利损失。

总的说来,政府失灵的主要表现及原因有以下几个方面:

1.公共选择失误

公共选择实际上就是政府决策,其特点是以集体为决策主体,以公共物品为决策对象,通过有一定政治秩序的政治市场以投票方式来实现的。政府干预经济生活的基本手段是制定和实施公共政策,因而一旦公共选择失误,不仅起不到补充市场机制的作用,反而可能加剧市场失灵造成的不良后果,导致资源严重浪费甚至带来社会灾难。公共选择失误的原因大致有四个:(1)现有的决策体制和决策方式存在缺陷,难以做出最优或理想的决策;(2)决策信息的获取是困难且需要成本的,拥有信息的不完全性容易导致失误的决策;(3)政治家们出于自身利益的考虑可能迎合选民的短见或部分利益集团的需要;(4)即便政府以社会公共利益作为决策的唯一依据,但由于能力所限达不到既定的施政目标,使政府出于良好愿望的调节行为以无效甚至负效应告终,如英国曾实施免费医疗政策,原意是要让最贫困阶层也能享受医疗保健,但结果却是低收入者死亡率不断上升。在英国国家卫生局建立以后的 13 年里,不仅没有新建一所医院,而且医院拥有床位反而减少了。

2.政府机构官僚作用和低效率

在市场经济中,政府干预经济的有效性要求政府机构必须是高效率的。然而,现实中由于政府部门提供的是特殊的劳务,其他机构难以替代这些部门的工作,因而无法判断它们的成本,政府机构往往是高成本低效率。这种低效率的原因归结起来主要有以下四个方面:(1)缺乏竞争;(2)缺乏降低成本的动力,政府部门活动不以盈利为目的,加上公共服务成本收益难以测定,使得政府部门实际运转费用超过理论上社会应该支付的费用,增加了社会负担;(3)监督信息不完备,监督者所需信息往往由被监督者(政府部门)提供,且监督者对政府工作质量可能缺乏知识和经验并受到被监督者的实际操纵,使得监督失效;(4)政府官员追求个人威信或政绩,使得政府部门具有提供过剩公共服务的倾向,甚至做一些表面文章,以此扩大自身权势和影响,强化地位和声望,增加薪俸和享受,同时总是避开风险问题,采取推托和敷衍的态度,明哲保身。

3.政府机构扩张

政府机构扩张是造成政府官僚主义和低效率的重要原因之一,这将导致社会资源浪费,资源配置低效,社会福利减少。此外,政府开支增长的结果可能导致财政赤字,成为诱发通货膨胀的重要因素。对政府机构扩张原因的解释有以下几种:(1)由政府职能扩张引起的,如政府执行供给公共物品、消除外在效应职能导致扩张,政府作为宏观经济稳定的调控者引起扩张等。(2)由于特殊利益团体的存在导致了扩张。政府是社会中的政府,政府官员也是社会中的官员,为了得到社会力量的支持,政府不得不为支持它的社会力量服务。(3)官僚主义产生和存在反过来加剧了政府扩张。正如英国著名的历史学家帕金森揭示的帕金森定律表明，无论政府工作增加还是减少，或根本没有变化，政府机构人员数目会按同一速度递增，具有自我扩张的本性。

4.寻租活动

所谓寻租，就是寻求人为稀缺资源的租金。而租金就是稀缺资源的使用转让费。资源的稀缺有些是天然的，有些是人为造成的，市场经济下，天然稀缺资源存在租金可以促进稀缺资源优化配置，而人为稀缺资源存在租金则往往会人为提高非生产性成本。常见的可能导致寻租的政府行为有四种：(1)政府定价。政府对价格实施行政管制，就会使受管制的资源出现人为短缺，于是对稀缺资源的倒卖转入地下形成黑市，不法分子通过向政府工作人员行贿，可能出现政府默许的黑市交易，从而出现行政定价通过腐败和黑市转化为市场定价的现象，市场定价和行政定价之差就是不法分子和腐败分子可能得到的租金。(2)政府特许权，如政府对某类商品发放特别生产许可权或特别销售许可权。(3)政府关税和进出口配额。(4)政府定货。在一切由于行政权力干预市场经济活动造成不平等竞争而产生收入的寻租过程中，政府官员未必都是被动角色，而可以充当主动者，这就是"政治创租"。寻租活动一方面导致了资源扭曲配置或低效配置。另一方面，寻租不增加任何社会财富，只不过改变财富分配，使更大一部分国民收入落入少数私人腰包，更为严重的是，导致不同政府部门官员争权夺利和官员腐败，影响了政府的声誉，增加了廉政成本。

2.3.3　土地资源配置中的政府失灵表现

为了保证土地资源的合理利用，促进区域经济可持续发展，经济与社会发展目标的实现，政府有责任对市场机制的运行进行一定的干预，其中主要的措施包括土地利用规划、公共产品提供、土地收益转移支付(例如对生态薄弱地区的保护、土地整理、土地修复等)。不过在政府的干预中也会出现一些新的问题，包括政府公共决策的可能失误，政府本身官僚结构和效率的问题等，其中主要是地方政府行为负的外部性。

地方政府行为负的外部性是指，地方政府从自己的利益出发采取一些经济行为，使得其他经济主体承担了一定成本，或者说地方政府行为的自身成本小于社会成本。

在影响区域资源的合理配置和区域分工的过程中,地方政府行为造成负的外部性是一个十分突出的问题。地方政府的干预和垄断往往妨碍了生产要素的空间流动,造成企业各自为战的分散格局和大量重复建设,我国从1958年的大炼钢铁,到20世纪90年代初的"开发区热"和一些地方不顾条件的"筑巢引凤",布局过于分散等问题屡禁不止。20世纪90年代末,又出现了"硅谷"在我国"遍地开花"的现象,不同的部门和地方的各级投资主体分别在各自的管辖地域内盲目建立科学园区,以吸引企业的个体,造成了地方之间与企业之间的恶性竞争,国土资源配置效率低下。

1. 土地低价供给与地方政府竞争

目前低价土地供给成为了地方政府吸引外资的一个重要手段,许多地方政府为了达到引资的目的,不惜以低于成本甚至象征性的价格向外商出售土地,导致了土地资源的低效配置与滥用。例如,据2004年9月20日《经济观察报》报道,加入WTO以后,广东省招商引资不惜抛出了"蚀本价",而同一省的江门、中山等城市甚至已经开始通过"零地价"来吸引佛山的企业迁移。根据经济学理论,土地这类供给弹性较小的商品,其价格的降低会带来土地所有者收益的减少,下面用几何方法简单说明这一结论。

如图2.1,假定地方政府供给两种物品:土地 X_1 及公共物品 X_2。对于外部资本的所有者而言,这两种物品具有一定的互补性,消费者的效用函数 $U=\min(aX_1,bX_2)$,只有将二者按照适当的比例加以组合,才能实现资本收益最大化。如图2.1所示,横坐标代表对土地的需求 X_1,纵坐标为对公共物品的需求 X_2。假设公共物品的价格为1,土地的相对价格为P,初始的无差异曲线及预算线交点 $M(X_1^0,X_2^0)$ 为外部资本所有者的最优消费选择,政府土地收益为 PX_1^0。考虑当政府降低土地价格时的情况。设地价由P降为P′,此时资本所有者的最优消费选择为 $N(X_1^1,X_2^1)$,政府土地收益变为 $P'X_1^1$,收入补偿线为DE,假定资本所有者的收入水平既定,则 $P \times OB = P' \times OC$,所以 $\dfrac{P}{P'} = \dfrac{OC}{OB}$。我们的目的是要比较 PX_1^0 与

$P'X_1^1$ 的大小,可以通过计算两者的比值得出结论。$\dfrac{PX_1^0}{P'X_1^1} = \dfrac{OC}{OB} \times \dfrac{X_1^0}{X_1^1} = \dfrac{OC}{OB}$

$\times \dfrac{OM}{ON} = \dfrac{OC}{OB} \times \dfrac{OE}{OC} = \dfrac{OE}{OB} > 1$。于是,我们得出 $PX_1^0 > P'X_1^1$,因此,降低地

价后政府的土地收益实际上下降了。

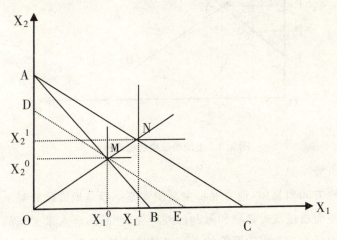

图 2.1　土地价格降低的效应分析图

另外,我们通过经济学中"剩余"的概念,可以看到这种人为的对商品索取低于市场出让价格的价格时,往往会产生过度需求,将产品配置给那些低效利用的消费者,会造成资源的浪费。

如图 2.2 所示,土地市场中土地的供需曲线遵从标准形态,均衡价格和数量分别是 P^*、Q^*,经济中总剩余为三角形 AMB 的面积。现实中政府索取价格 $P_g < P^*$,这时需求大于供给,消费者实际获得需求量为 Q_g,总剩余变为梯形 ADCB 的面积,则图中三角形 CDM 部分的面积即为价格低于均衡时福利的净损失。

不可否认,外资对于带动一个城市的发展起着重要的作用,但如果各地为了吸引外资,而仅仅把土地作为手段,不惜压低地价进行恶性竞争,那造成的结果必然是土地资源的大量浪费和低效利用,以及土地所有者

权益的流失。近年来我国宏观经济的"过热",很大程度上就是由于地方政府实行"低地价"推动的低成本工业化道路。

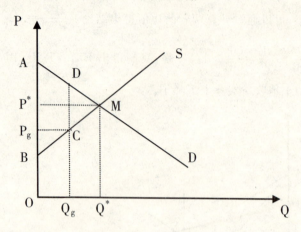

图 2.2　土地市场中的福利分析

2.市场限制

在地方间贸易中,地方保护主义的实施一般是地方政府基于本辖区本位利益而通过政府管制和限制区外产业、产品的进入来实现的。其结果是除对新生工业实施保护的经济必要性之外,也带来一系列的消极后果。地方政府管制虽然为新生工业企业设置了市场保护网及必要的扶植,但它既可能有利于新生企业的成长,也可能导致新生企业的惰性,以至丧失创新冲动和扩张动力,甚至容易引起企业的寻租冲动,从事非生产性盈利活动。倘若企图运用设置进入壁垒来保护辖区内新生产业,一方面容易导致其他地方以相应措施进行报复,影响区域内其他产业的对外扩展;另一方面,从纯经济的角度看,也是弊多利少,这可以用一个简单的模型加以阐明。

图 2.3 中所代表的某地区辖区内某产业的产品只是价格的接受者,S、D 分别是该产品在该辖区的供给曲线和需求曲线,其交点 E 所对应的 P_0Q_0 分别为封闭条件下的均衡价格和均衡产量。在地区间贸易自由化的条件下,地区外同质产品进入该地区,并以低于该地区均衡价格 P_0 的价格 P_1 投入市场,由于该地区为价格接受者,则该地区产品价格降为

P_1，且在 P_1 的条件下该产品具有供给无限弹性，该产品供给曲线变为与横轴平行的曲线 S_1。S_1 与 D 的交点 E_1 为新的均衡点。此时该地区的这种产品的消费量扩大至 Q_2，而该地区的供给量则降低为 Q_1，减少了 Q_1Q_0。为了挽回该地区产品的损失，地方政府设置进入壁垒阻止并减少外地产品的进入，从而使供给总量减少，价格上升，设进入后的价格为 P_2，供给曲线上移至 S_2，E_2 成为新的均衡点。市场交易量为 Q_3，其辖区内的供给量上升至 Q_4。假如壁垒的设置的确起到了保护本辖区的作用。但进一步的分析将得出结论，这种作用往往是得不偿失的，即使撇开报复的一方面不谈，单就经济角度而言，也是不明智的。

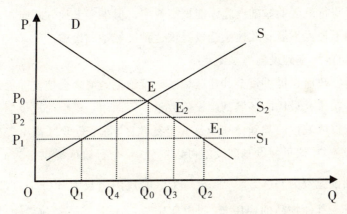

图 2.3　进入障碍的均衡分析

　　进入壁垒的设置致使贸易量减少，交易量从 Q_2 降至 Q_3，共减少 Q_3Q_2。贸易量的减少意味着消费量的减少，从而经济福利减少；在供给弹性小于需求弹性的情形下，生产增加引致的收益增加量总是小于需求减少即消费量减少而带来的收益减少量。如果该产品具有上述弹性性质，则进入壁垒总是不经济的；进入壁垒必然带来消费者剩余的减少。消费者剩余是指消费者愿意付出的价格与实际支出价格之差，愿意支付的价格越是高于实际支出价格，则消费者剩余越大，从而消费者获得的效用越大。由图中可知进入壁垒后，$S_{P_1 E_1 E_2 P_2}$ 为消费者剩余之损失。

　　由此可见，类似设置进入壁垒之类的地方保护并不是理想选择，往往是不经济的。积极保护应通过地区优势与投入倾斜相结合,发展新生的产业。当然,作为产业成长的代价,在新兴产业成长的幼稚阶段,适当地进行政府干预式的扶植乃至行业消极保护在一定阶段是必要的,但决非长久之计。作为地方积极保护的外在条件,必须采取一系列的经济甚至非经济的手段,引导生产要素向新生工业行业集聚,包括引导(有时)甚至是强制资金、技术、劳动力、管理及管理人才的定向流动,创建宽舒的经济环境,如制定各种优惠政策和措施,围绕产业成长建立基础设施等。

3.跨行政区基础设施问题难以协调

随着经济的发展,各种要素会出现集聚和扩散的流动,而这些流动常常需要跨行政区的基础设施才能提高效率。但事实上地方政府在自身利益驱动下往往不能有效地配合以提供这种区域基础设施。

(1)区域基础设施提供不足

地方政府在提供资金共建区域基础设施上的博弈会使实际提供的数量小于帕累托最优的区域基础设施数量。下面用一模型简要说明。

假设区域性的基础设施涉及 n 个行政区,每个行政区都出资或提供其他服务,在这里假设基础设施可以细分,每个行政区提供量为 g_i,则总的基础设施量为 $G = \sum_{i=1}^{n} g_i$。假定每个区的效用函数为 $u_i(x_i, G)$,这里 x_i 为投资于其他物品的使用量,同时假定 $\partial u_i / \partial x_i > 0$,$\partial u_i / \partial G > 0$,且其他物品和基础设施之间的边际替代率是递减的。令 p_x 为其他物品的价格,p_G 为基础设施的价格,M_i 为每个行政区的总预算。那么每个行政区面临的问题就是给定其他行政区的选择的情况下,选择自己的最优战略 (x_i, g_i) 以最大化下列目标函数:

$$L_i = u_i(x_i, G) + \lambda(M_i - p_x x_i - p_G g_i)$$

这里,λ 是拉格朗日乘数。

最优化的一阶条件为:

$$\frac{\partial u_i}{\partial G} - \lambda p_G = 0$$

$$\frac{\partial u_i}{\partial x_i} - \lambda p_x = 0$$

因此，

$$\frac{\partial u_i/\partial G}{\partial u_i/\partial x_i}=\frac{p_G}{p_x},i=1,2,\cdots,n$$

n 个均衡条件决定了基础设施供给的纳什均衡：

$$g^*=(g_1^*,\cdots,g_i^*,\cdots,g_n^*),G^*=\sum_{i=1}^{n}g_i^*$$

下面考虑帕累托最优解。假定社会整体福利函数采取下列形式：

$$W=y_1u_1+\cdots+y_iu_i+\cdots+y_nu_n,y_i\geqslant0$$

总预算约束为：

$$\sum_{i=1}^{n}M_i=p_x\sum_{i=1}^{n}x_i+p_GG$$

帕累托最优的一阶条件是：

$$\sum_{i=1}^{n}y_i\frac{\partial u_i}{\partial G}-\lambda p_G=0$$

$$y_i\frac{\partial u_i}{\partial x_i}-\lambda p_x=0,i=1,2,\cdots,n$$

使用 n 个等式消除 γ_i，可得到均衡条件：

$$\sum\frac{\partial u_i/\partial G}{\partial u_i/\partial x_i}=\frac{p_G}{p_x}$$

即

$$\frac{\partial u_i/\partial G}{\partial u_i/\partial x_i}=\frac{p_G}{p_x}-\sum_{i\neq j}\frac{\partial u_i/\partial G}{\partial u_i/\partial x_i}$$

这就意味着纳什均衡的基础设施供给量要小于帕累托最优的基础设施供给量。

（2）各行政区内重复建设

有时候，由于相邻行政区恶性竞争，造成了高效跨区基础设施的缺乏，取代的是各自为政、低效重复建设。例如，有两个相邻城市 a 和 b，为了与某个中心城市 c 进行更多的要素流动，需要修建与 c 的联系公路，现在发现如果修建一条跨两个行政区的公路，使这两个城市的发展都能获益，但这笔资金需要由这两个地方政府提供，就可能会存在这样一个问题。

在这个决策过程中，根据支付成本和收益状况，假定不同战略组合下的支付矩阵如表 2.1 所示。

表 2.1 基础设施供给博弈

b 城市

		出资	不出资
a 城市	出资	3，3	2，4
	不出资	4，2	1，1

在这个博弈中，有两个纳什均衡：（出资，不出资）和（不出资，出资），当然如果这两个城市能协商，共同出资是整体最优选择，但可能由于双方为了竞争，为了超过对方，就会采取不合作的态度。因此，如果这条公路要建成，就会是一个城市出资，而另一城市"搭便车"的现象，但更可能的情况就是这条公路建不成，两个城市另取路径，直接与 c 联系，这样从整体资源配置来说就是一种低效使用、重复建设。

以上这两种现象在我国的发展中并不鲜见。近年来，我国区域性大型设施重复建设难以遏制，一些地区正在为机场、港口的重复建设付出昂贵的学费；港口、机场等区域性基础设施缺乏合理的组织，重复建设、功能趋同、效益低下。珠江三角洲、胶东半岛、辽东半岛机场设置过密，不仅机场本身的建设造成土地和投资的浪费，造成运营亏损，而且近年来大规模的公路和铁路建设的效益也没有得到充分的发挥。由于区域性基础设施重复建设难以遏制，建设项目投资效益低下，这也破坏了城市财政和金融运行的良性循环。

2.4 土地利用规划的需求——市场与政府的有机结合

土地利用规划是政府避免市场失灵而干预土地资源配置的重要手段，规划不同于政府的指令，主要是发挥引导作用，包括激励引导和约束引导。

由于土地资源配置中既存在市场失灵，也存在政府失灵，因此土地利用规划作为政府干预的重要手段,必须充分体现市场机制和政府干预的有机结合,既充分发挥两者的优势,同时也避免失灵的出现。

在过去的实践中,土地利用规划出现很多问题,最为突出的就是规划指标的突破。国土资源部土地管理局土地利用规划司副司长郑振源在《土地利用总体规划的改革》一文中,在对 1997~2010 年土地利用总体规划的实施评价中写道:规划 2010 年耕地保有量 1.28 亿公顷(已经考虑了生态退耕量)。实施结果是规划批准实施才 1 年,到 2000 年底就有 19 个省市自治区的耕地少于 2010 年保有量,提前 10 年完成规划指标。在规划指标严重脱离实际的情况下,国土资源部连续出台了许多补救政策。1999 年底出台一项政策,允许在基本农田里种植花木茶桑,允许将基本农田调整为一般耕地然后种果养鱼,所减少的耕地不作为减少耕地考核。2000 年底,出台了"置换指标"、"折抵指标"、"周转指标"等名目来增加地方建设用地指标的政策。2001 年 6 月全国耕地保护工作会议修改规划,把 2010 年耕地保有量 1.28 亿公顷的目标提前作为 2005 年目标。然而,到 2001 年底全国有 22 个省市自治区耕地保有量就跌破了这个指标;2002 年跌得更多,只剩 1.26 亿公顷。建设用地总量,规划 2010 年为0.37亿公顷(按旧分类)。但是到 2000 年便已有 14 个省市自治区突破了 2000 年的规划指标,其中 5 个省市突破了 2010 年的规划指标。到 2002 年全国建设用地总量达到 0.39 亿公顷,也提前 8 年完成了 2010 年的规划指标。

因此,我们必须在土地利用规划中充分把握市场运行规律,科学合理地预测未来经济发展的特点、趋势及对土地供需的影响,而不能仅凭主观意识,特别是长官意识,利用政府的强势地位去编制规划。

必须正视目前规划中存在的问题和政府失灵的存在,不断完善甚至改革现有的规划。目前我国已初步构建了主要由土地利用总体规划和土地利用专项规划所构成的土地利用规划体系,各有侧重,其中土地利用总体规划是基础,也是内容全面、给予经济发展定量指标的主要依据。因此,有效配置土地资源,充分发挥市场和政府两种配置机制的优势,避免失灵现象的出现,我们必须重点在土地利用总体规划上得到体现,同时专项规划必须遵循总体规划的理念和具体要求进行。

2.4.1 对土地利用总体规划的要求

土地利用总体规划是在一定区域内,根据国家社会经济可持续发展的要求和当地自然、经济、社会条件,对土地的开发、利用、整治、保护在空间上、时间上所作的总体安排和布局。通过土地利用总体规划,国家将土地资源在各产业部门进行合理配置。其核心是确定或调整土地利用结构和用地布局,它的作用是宏观调控和均衡各业用地。目前按行政区划范围已形成了全国、省级、地市级、县级和乡镇五级土地利用总体规划体系。各级土地利用规划之间存在相互联系和相互补充的错综关系。

土地利用总体规划是土地利用规划体系中的重要组成部分,它是土地利用管理的龙头,在我国土地管理事业中具有极其重要的作用,编制土地利用总体规划是各级政府的一项紧迫任务。

由于不同层级政府的职能不同,地域空间尺度不同,各级政府负责编制和实施本级土地利用总体规划的内容也不尽相同。总的来看,国家、省、市、县、乡五级规划体系中,从上至下,规划任务和内容由宏观逐渐向中观,进而向微观转变。其中,全国土地利用总体规划纲要是指国家和省级土地利用总体规划,属于高层次的政策性规划,主要起宏观调控作用;省级土地利用总体规划是以全国土地利用总体规划纲要作为省级规划的依据;地区(市)级规划是由省级规划向县级规划过渡的中间层次,其中,市域土地利用总体规划仍属于政策性规划的范畴,中心城区土地利用总体规划则属于管理型规划;地(市)级土地利用总体规划的主要内容包括:根据省级土地利用总体规划的要求,结合地区土地资源及社会经济发展的情况,确定土地利用目标和方向;根据本地区土地利用的自然、社会、经济条件和经济布局进行地域分区,确定各地域土地利用方向和管理措施;研究分析土地的供需情况,综合研究进行土地利用结构与布局调整;确定本地区与周边地区在中心城市职能、产业结构、重大基础设施项目建设上的分工与协作关系,确定中心城市建设用地规模和范围,处理好土地开发、利用、保护、整治的关系,确定基本农田保护、土地开发整理和生态环境保护建设的重点地区,确定重点建设项目及土地开发、整治和保护的重点地区,并将耕地等重要土地资源的控制指标分解到县级政府;制定实施规划的政策措施(县乡级土地利用总体规划略)。

结合上文政府失灵的诸多表现,土地利用总体规划应该强化以下几方面:

1. 重视土地利用总体规划的宏观研究

国民经济与社会发展规划是确定土地利用战略目标,进行土地利用结构和布局调整的基本依据。国民经济和社会发展计划是确定重点建设用地规模和布局、土地资源开发整治项目与布局的基本依据。这就应了解社会经济发展计划规定的战略目标,以及对土地利用规划的要求。我国未来一定时期内社会经济发展的战略目标是:我国建成发达的国家是一个长期的历史阶段,大致经过 50~70 年的时间,2000 年前后为实现初步发达阶段,要求在 20 世纪末中国将达到小康社会,到 21 世纪上叶,将走上中等发达阶段;到 21 世纪中叶,可望进入发达阶段。目前我国处于实现小康社会的阶段,应当明确小康的内涵和量化标准,弄清将其作为土地利用规划的预期目标和重要依据。

2. 加强土地利用战略研究

在土地利用现状分析的基础上,针对土地利用中存在的主要问题,按照国民经济与社会发展总体目标的要求,合理地确定土地利用的战略目标和基本方针,是规划中首先要加以解决的问题。确定土地利用的战略目标和基本方针必须要考虑到多方面的因素,一般主要依据有:区域土地及其相关资源状况;社会经济发展对土地的需要;国家宏观经济政策及区域生产力的布局;保障人民生活与社会安定的需要等。其主要内容包括:明确规划要解决的问题;分析土地供需基本状况;确定土地利用的战略目标;确定土地利用基本方针。

3. 开展综合的土地质量评价

土地质量是土地相对于某种特定用途表现出效果的优良程度。土地质量评价需要通过对土地的自然、经济和社会属性的综合鉴定,将土地按质量差异划分为若干相对等级或类别,以表明在一定的科学技术水平下,被评土地对于某种特定用途的生产能力和价值大小。土地质量评价按其目标可分为土地适宜性评价、土地生产潜力评价、土地人口承载力和土地经济评价等。土地质量评价需要收集大量的有关土地的自然属性资料和社会经济属性资料。评价资料包括：土壤、地貌、水文、植被、气候、农作物生物学特性、自然资源等自然属性资料，以及区位、资源、人口、劳动力、基础设施、投入产出水平和经济收益水平等社会经济属性资料。资料可以从有关文献、年鉴等资料中查出，有的可进行实地调查。

4. 深入分析土地利用现状

土地利用现状分析是在土地利用现状调查的基础上进行的，通过土地资源系统的数量与质量、结构与分布、利用现状与开发潜力等方面的分析，明确规划区域的土地资源的整体优势与劣势，揭示各种土地资源在地域组合上、结构上和配置上合理与不合理、匹配与不匹配的关系，明确土地资源开发利用的方向与重点。土地利用现状分析的内容包括土地资源数量分析、质量分析、开发利用程度分析等。

5. 科学进行土地需求量预测

土地需求量预测是指对于一定规划期限内规划地区（或单位）各业用地规模所进行的预先测算和估计，以其作为协调土地供需和编制用地规划的重要依据。土地需求量预测包括农业用地和建设用地需求量预测。农业用地需求量预测具体包括耕地、园地、林地、牧草地和水产用地需求量预测；建设用地需求量预测具体包括各类建设用地。土地需求量与人口规模、消费水平、经济发展水平、城市化水平和作物产量等项因素有着密切的联系。因此，在具体进行土地需求量预测之前先应对上述相关因素进行观测。

6. 明确土地利用优化方向

这包括拟定供选方案和方案的选优。其中拟定供选方案的依据包括：有关政策法律方面的依据、有关计划规划方面的依据、有关土地利用需求方面的依据。土地利用规划方案的选优方法分常规方法和数学方法。常规方法是在单项用地计算的基础上采取逐项逼近，借以达到土地面积综合平衡，即达到面积数量平衡和空间布局平衡；数学方法是依据调查提供的基础资料，建立数学模型，反映土地利用活动与其他经济因素之间的相互关系，借助计算机技术求解，获得多个可供选择的解式，揭示土地利用活动对各项政策措施的反应,从而得到数个供选方案。数学方法主要包括线性规划模型、多目标规划模型、模糊线性规划、灰色线性规划模型等。

7.合理进行土地利用空间布局

土地利用结构一经确定之后,应当进一步在土地上加以布局,以达到全面实施土地资源的合理配置。土地利用空间布局重点在地域分区。地域分区需要结合地域的自然资源、区位条件、产业基础等,在研究不同产业用地规律的基础上,指出地域内的土地利用方向,结构与布局,确定用地控制区域以及保护与发展的途径。地域分区应遵循综合分析与主导因素相结合的原则、土地质量差异原则、土地适宜利用原则和保持行政区划界线完整性原则。具体可分为种植业用地区、园业用地区、林业用地区、牧业用地区、建设用地区(再分为城镇规划区、村镇规划区、独立工矿用地区、开发区、工业小区等),把建成区和规划区加以区别。在此基础上,按土地利用用地分区分别统计汇总各式各类用地面积,对规划区域土地利用结构和用地指标进行区域分解,把宏观控制与微观规划具体结合,使总体规划方案落到实处。

2.4.2　对土地利用专项规划的要求

土地利用专项规划是在土地利用总体规划的框架控制下,针对土地开发、利用、整治和保护某一专门问题而进行的规划,包括基本农田保护规划、土地整理规划、土地复垦规划等。

专项规划是土地利用总体规划的深入和补充,是土地利用总体规划的有机组成部分。因此,在编制的过程中必须深入调查,全面了解规划区的自然、社会、经济、产业等方面的情况,把握土地利用变化规律和所承载的产业发展特征,在土地利用总体规划的基础上深入、细化规划内容,确保其科学性和可操作性。

不过由于规划涉及内容多,主体复杂,且我国相关规划种类多,在实际的操作中常常表现出土地利用规划落实不力,与相关规划冲突多等问题。因此,必须深入分析土地利用规划的经济调控机理、不同层级规划指标分解、规划路径及与相关规划的差异与协调等问题。

第 3 章　典型国家和中国台湾土地利用
　　　　规划的经济特点及启示

　　为了提高我国土地利用规划的绩效,促进土地利用规划编制、实施、管理等环节的有效进行,本书对典型国家和我国台湾地区土地利用规划的经验进行分析,特别是从政府的角色和作用进行分析,包括规划参与主体、规划方式、规划中如何处理政府与市场的关系等方面,得出对我国的启示。

　　世界各国由于历史背景、自然条件、经济发展水平和制度特征不同,土地利用规划的编制方法各异。各国在城市发展的过程中,一直都在探索科学有效的土地利用规划编制的技术方法,以寻得城市的繁荣和可持续发展。

　　在发达国家的土地利用规划体系(许多国家称之为空间规划体系)中,可以从技术层面分为概念性和实施性的规划两种。概念层面的规划的目的是宏观管理,具有多学科综合平衡、侧重于发展方向研究以及具有动态性等特点。实施层面的规划的目的在于对具体开发活动包括交通、水利、市政建设等提出控制性和限制性要求,具有针对性和详细性等特点,直接指导土地利用。

3.1 荷兰土地利用规划的经济特点——更多规划与更少控制

3.1.1 荷兰土地利用规划体系及演变——荷兰国家空间战略(DNSS)[①]

荷兰,一个因其规划成就而闻名的国家,人口 1600 多万,国土面积仅 4.15 万平方公里,欧洲人口密度最高的国家之一。荷兰 1/4 土地低于海平面,1/5 陆地通过围海造田工程获得,一个普遍认可的解释是,在长期与水患的抗争中,荷兰人学会了集体利益先于个人利益,视严格服从政府管制为理所当然,而且,因水利工程技术的卓著成就,荷兰人普遍接受专家权威,尊重规划职业化操作,故有"规划师的天堂"之称。早在 20 世纪 50 年代,荷兰规划师所提出的"兰斯塔特"(Randstad)及其"绿心"结构,就被 Hall 惊赞为"世界城市",近半个世纪以来,该概念俨然已发展为一种"规划学说"(planning doctrine),如同伦敦"绿带"等概念一样,赢得了广泛的国际声誉。可以说,规划已深深融入到了荷兰的社会文化与制度之中,并成为了其中一部分。

荷兰的规划传统属于典型的"全面整合的方法",其特征是:通过一个非常系统和正式的、从国家到地方的规划层级进行引导,对各不同的公共部门活动协调,它更特定地关注空间协调而非经济开发,这种传统需要同成熟的系统相联系,它要求具回应性的和复杂的规划制度、机制以及大量的政治承诺,依靠公共部门投资以实现规划框架亦成为一种标准。自 20 世纪 40 年代以来,荷兰政府就几乎完全掌控着对土地的开发和供应,国家、省(全国 12 个)和市三级政府在增长管理(特别是公共住房方面)核心规划工作中,共同遵循着"在正确的时间和正确的地点,以合理的价格,供应数量正确的熟地"的"黄金法则",并被认为是具"高效率"的(Altes,

---

① 荷兰国家空间战略(the Dutch National Spatial Strategy,DNSS)的正式文件(荷兰文)和总结版(英文)可分别通过以下官方网站下载获得:

http://www2. minvrom. nl/notaruimte/download/get. asp? file = download/NotaRuimte-Compleet. pdf

http://international. vrom. nl/pagina. html? id=7348

2000:69)。实际中,由于政府规划重点在于减少开发成本,而非增值价值或投资回报,而因房屋租金低,私人公司开发土地的收益也不高,土地开发公司仅作为执行机构,并不被邀请亦无太大兴趣参与到政府的规划政策制定中来,市场化程度很低。

传统的土地利用规划体系是一个极其庞大的、消耗性的规划体系:三个政府层级均能制定指示性的规划,即中央的空间规划关键决策、省的区域空间规划和地方的结构规划,中央和省还能制定绑定性的规划政策,只有地方政府的土地利用规划才具有法定效力,但是一个完全被动的、现实中约束力不强的规划。在这种体系下,政策与实施之间的连贯性其实并无有效保障,因为主要靠大量的政府层级之间、部门之间协调程序完成,整个过程中的话语密度之高也许在其他任何国家都是罕见的,而且,这如同迷宫一般复杂的规划责任关系及批准程序,让整个规划流程变得十分粘滞,也让外人理解起来相当困惑。

在三个层次的规划体系中,国家空间规划政策文件因包含了中长期发展的指导原则与空间框架,而占据重要地位。从 1960 年至今,荷兰已先后共有五个国家政策文件出台,可以说每次都是一个具有转折意义的里程碑。1990 年的第 4 次国家政策文件(1993~2020)(包括 1991 年的增补文件 VINEX),也标志着一次规划思想上的重要转变。面对开发过程中越来越强大的经济力量,第 4 次文件将第 3 次文件中的内视,转向一个广阔的欧洲乃至全球视角,由一贯地对住房问题的关注,转向对荷兰竞争地位的提升上,确定了以中央城市环等构成主要空间经济结构,港口(如鹿特丹港和阿姆斯特丹的史基浦机场)等大型基础设施的集中开发,以吸引外商投资。不过,这种竞争意识更多地是将其他国家/地区视为敌手,而非伙伴关系。而且,第 4 次文件虽然使得增长需求得到了满足,但没有很好地保证其环境品质,在规划实施上亦显不足。另外还有一个问题是,综观整个战略的主导思想,依旧延续荷兰近 30 年来的"紧凑城市"(compact city)理念,这是一种通过规划强制的高度集中的城市化,已不能适应今日网络或信息社会中各种行为与关系跨空间的流动与分布模式,对单个城市紧凑性的强行管制,无法反映日益浮现的城市间的互动事实,因此受到了广泛指责,并在1999年的更新文件(VINAC)中有明显反映。

第5次政策文件于1996年开始拟定,其草案在2001年获得政府批准,就在它结束了各个方面的协商、咨询、评价和建议之后,只等待议会的最后决定时,却遭遇荷兰政治一场巨变,原先的中左政府下台,新中右政府接手。于是,第5次文件在走完整个程序的3/4路程上不幸夭折。新上台的政府开始着手对第5次文件修改,然后将前届政府制定的第二次国家绿色地区结构规划(SGR2),以及后来新制定的一个国家交通运输规划,都合并到其中。2004年春出台的新的荷兰国家空间战略,就是对这三个规划的整合为一。

在新的国家空间战略制定过程中,荷兰的空间规划立法也在进行着改革。作为荷兰整个规划法律与制度基础的《空间规划法案》(WRO),自1965年公布生效以来至今,基本都只是修修补补,已变得越来越复杂、含糊,有"百纳被"(patch work quilt)(Needham,2005:327—340)之称。新的规划法案修订工作始于2000年,希望进行一次较为根本性的变革,从而让三个政府层级的规划责任更清晰,规划内容更连贯,规划流程更具效率。这些变化都在新的荷兰国家空间战略中反映出来。

3.1.2 荷兰国家空间战略的参与主体、主要过程和内容

由荷兰国家住房、空间与环境部(VROM)制定的第5次国家空间规划政策文件,题为"创造空间,共享空间"(making space, sharing space),规划期限为2000~2020年,远景展望至2030年,铭言为"尽所需地集中,尽可能地分散"(centralized where necessary, decentralized where possible),规划(总结版)文本结构与主要内容包括:简介、回顾、荷兰正在变化、平衡空间需求、国家空间政策、对区域的意涵、实施等七个部分。

第5次文件采用了一种新的"层"(strata)分析法,认为社会趋势对空间的影响表现在如下三个不同的层上:(1)基础层(primary stratum),主要指空间变化发生于其中的自然的、物质的和形态的条件;(2)网络层(network stratum),包括基础设施网络和交通网络;(3)占用层(occupation stratum),即城市和乡村。该方法被用来描述三个层的品质,由此产生了对各层最重要的空间特征(所谓的结构形成元素)的选择,而空间规

划首要的目标便是对这些品质的维护和强化。为了界定想要的品质,规划制定七个品质标准:空间多样性、经济和社会功能性、文化多样性、社会平等、可持续性、魅力以及人文尺度,并由此确定了三个干预战略:强化土地使用,特别是城市地区;合并使用,特别是乡村地区;城乡空间转型。

在这个基础上,第 5 次文件提出了如下的国家空间发展框架:

1. 首先荷兰被定位于一个跨国政策视角中,包括 ESDP 与 INTER-REGIII 的影响,与周边德国、比利时等国大都市的关系,提出了 Randstad 的全新国际竞争形象——"三角洲大都市"(delta metropolis),并进行了荷兰在泛欧网络中的联系分析,以及在北海区域背景下的水资源和自然景观保护问题。

图 3.1　荷兰第 5 次国家政策文件中国家空间政策图

(资料来源:Healer,2004:55)

从图 3.1 中可以观察到,荷兰的国家边界在地图表达上已不复存在,意味着规划不再像过去那样仅限于荷兰问题本身,而是开始关注"那个叫做荷兰的欧洲部分"的空间发展。从这个意义上说,第 5 次文件要比前四次进步得多。

2.接下来的三个主题是对发展意象的陈述。

(1)第一个发展意象是"城市和乡村"(city and country),其中提出了后来颇具争议的红—绿"轮廓线政策"(contour policy)。"红色",代表内城、外城、绿城、村庄中心和乡村村庄,以及特殊工作环境六种发展类型,一般来说红色不得超出其轮廓线范围;"绿色",代表具有特殊自然价值或包含文化、历史和人文古迹的地区,毋庸多言,绿色是需要保护的区域;红绿之间为中间区域,将对其采用一种发展导向的景观战略。轮廓线政策造成城乡的分割,反映了传统的荷兰规划概念,是先前"紧凑城市"观点的再现,因此遭到了私人部门开发商以及许多规划学者的坚决反对,但另一方面,一些环境保护团体却相当支持。

(2)第二个发展意象是"城市网络"(urban networks),意味着若干高度城市化地带正在并将继续在区域层次上陆续浮现,其形式是一种通过大大小小的、各具特点和形象的紧凑城市所构成的网络。

这些城市网络将形成整合的、自我容纳的住房与劳动力市场,并拥有卓越的区域间联系,各个城市之间互补增援,产生的效应将远远大于单个城市之和。

"城市网络"这一概念的提出,成为了荷兰 30 多年来国家城市政策的一个分水岭:规划理念从"紧凑城市"(compact city)向"完整城市"(complete city)转变,关注重点也从"邻近性"(proximity)向"联接性"(connectivity)转变。不过,当这种网络观点体现到具体政策中时,却再次反映出荷兰传统规划观念的影响,因为文件在确定了包括"三角洲大都市"的六个城市网络后,又分别限定它们必须在一个明确指定地区内或者说哪几个城市上发展,这样,城市网络在很大程度上变成了一个城市形态的概念,而非一个发生在许多不同交织的空间尺度上的城市过程的概念。

(3)第三个发展意象是"流动"(going with the flow),主要指的是国家水体系,它关注为水留出更多的空间,并将提升安全感、控制洪灾和保护淡水供应作为三个主要目标。

如何应对,荷兰提供了一种思路,那就是放弃传统的高度空间分类和严格管制下的城乡分割,转而为可持续性的、充满活力的乡村经济提供更多发展空间,强调城乡关系的融合发展,这也是整体竞争及品质的一个重要部分。如荷兰战略中,特别强调了农业食品联合企业以及知识密集型农业综合经营,包括不基于土地的资本密集型园艺,并提出了五个能极大提升规模经济和运输物流效率的"绿港"。

3. 对规划政策实施上的重视

首先,一个高层级的空间战略性规划,需要对以往部门割据状态加以终结,如荷兰战略中,不仅对空间、环境和交通规划文件进行了合并,而且在"国家空间网络"中还精心选择了四个国家级重点项目,让其分别同四个部的工作重点相对应,表明了中央政府在引入一个新工作方法上的态度是严肃的。

其次,要充分利用立法、财政等方面的手段来帮助清除制度障碍。如荷兰的空间规划法改革,目前已能看到,指示性规划和实施性规划被明确划分开来,原各层的指示性规划被保留,但仅对制定其的政府层级具有约束力,这样就不需要有太多如何制定、批准及上诉等具体程序要求;同时,地方上的法定用地规划将被强化,重要性提高,其涵盖的事务将更多,程序将进行简化;原中央和省规划中的绑定部分虽被取消,但法律将另赋其新的更有效、更严格的监控和惩罚手段,来确保地方政府不违背上级规划的原则与框架。这些都是为新战略中的管治哲学转变铺路的。而在财政方面,中央政府仍是首要的资金来源,如城市更新投资预算、乡村地区投资预算。此外,战略还规定了一系列针对乡村、交通运输、区域经济和商业房地产等的相关文件,与新战略同时或紧随其后出台,来切实保障后者的贯彻实施。

3.2 英美土地利用规划的经济特点——体系稳定与内部差异

3.2.1 英国的土地利用规划体系

英国的规划体系由战略性的结构规划和实施性的地方规划组成。结构规划主要由郡政府负责编制,需要上报中央政府批准,它的任务是为未来 15 年及以上时期的地区发展提供战略框架,作为地方规划的依据,解决发展和保护之间的平衡,确保地区发展与国家和区域政策相符合;地方规划主要由区政府负责编制,不需呈报中央政府审批,但地方规划必须与结构规划的发展政策相符合,地方规划的任务是为未来 10 年的地区发展制定详细政策,包括土地、交通和环境等方面,为开发控制提供主要依据,包括总体规划、近期发展的行动地区规划和专项规划。

英国的土地利用规划体系相对稳定,这与英国的建设用地发展状况密切相关。进入工业化后期以后,英国的城市发展趋于成熟,建设用地拓展缓慢,大规模开发行为相对较少。1968 年的《规划法》确立了发展规划的二级体系,以后颁布的一系列法律法规都只是从各个方面补充和完善了这一规划体系,现行的规划体系也是在此基础上的延续。为了增强规划对大都市地区建设用地利用的指导,1990 年的《规划法》确定在大伦敦和其他大都市地区实行一体发展规划,包括结构规划和地方规划两个部分,由区政府编制,结构规划部分呈报中央政府审批。

3.2.2　美国的土地利用规划体系

美国的土地利用规划体系主要包括综合规划和区划法规。综合规划主要由地方政府的规划委员会负责编制和审批,对社区未来发展进行全面安排,在此基础上,还包括一系列广泛的具体项目和计划,这些项目通常都将区划法规、基础设施投资计划、详细的开发规范和其他的法规规章因素结合成为一个整体,主要类型包括基础设施规划、城市设计、城市更新和社区发展规划、交通规划、经济发展规划、增长管理规划、环境和能源规划等。区划法规主要也是由地方政府的规划委员会负责编制,是城市进行开发控制的重要依据,确定了地方政府辖区内所有地块的土地使用、建筑类型及开发强度。

美国的土地利用规划系统具有两个显著的特征:一是在政府体制架构上,城市规划基本上是由州和自治市负责,不构成国家土地利用规划的概念;二是国家不具有统一的土地利用规划法规,因此土地利用规划的行政体系和运作体系在各个州均有所不同,甚至在一个州之内的各个自治市也各不相同。在土地使用方面,联邦政府只能决定联邦政府所有的土地的使用,没有权利来管理其他用地。州政府也通常运用州宪法或其他特别的法规将除了州所有的土地之外的土地使用管理权下放给地方政府进行管理。

3.3　日本的土地利用规划的经济特点——中央主导

根据日本的政府行政体制,从国土规划到地方土地利用规划是一个自上而下的过程,包括中央政府、都道府县和区市町村三级政府的规划。国家土地署负责编制国土利用规划,并与中央政府的有关部门(包括建设省、运输省、农渔业省和内务省)和地方政府进行磋商与协调,将日本国土划分为五种区域类型,分别是城市区域、农业区域、森林区域、自然公园和保护区域;都道府县政府负责具有区域影响的规划事务,包括规划区中城市化促进地域和城市化控制地域的划分、25 万或 25 万以上人口城市的土地使用区划等;区市町村政府负责与市利益直接相关的规划事务,包括25 万人口以下城市的土地使用区划和各个城市的地区规划,跨越行政范围的规划事务则由上级政府进行协调。

日本土地规划区范围与国土利用规划的城市区域大体相同。在中央政府中,建设省的都市局是土地利用规划和城市建设的主管部门,主要职能是协调全国层面和区域层面的土地资源配置与基础设施建设。除了编制国土利用规划和审批地方土地利用规划,中央政府还通过财政拨款,促进各个地区之间的均衡发展。同时,中央政府还设置了各种公共开发公司(如大都会地区高速公路开发公司、城市住房开发公司和区域开发公司等),直接参与大型基础设施建设和大规模的城市开发计划。

日本土地利用规划的这种中央主导的特点主要体现在以下几方面:

1. 土地立法统一完善,执法严明

从制定法律开始,以法治而不是人治来约束和指导管理工作。其国土资源管理法律、法规的一大特点是数量多、涉及面广,相互补充,综合配套;其制定、颁布和实施都是全国统一的,任何部门、单位和个人都必须遵守;其法律、法规条文具体、目的明确、针对性强,具有较强的可操作性。日本对土地违法行为,往往以行政、经济和刑罚等多种手段相结合的方式进行严厉制裁。

2.分工明确、法律完善

日本政府在制定、实施土地利用规划时,十分重视以法律手段保障规划工作的顺利开展和规划内容的具体实施。如分别制定《国土综合开发法》、《国土利用计划法》、《都市计划法》、《农业振兴地域整备法》、《森林法》、《自然公园法》、《自然环境保护法》等,以确保国土综合开发规划、国土利用规划、土地利用基本规划、城市规划、农业用地规划等的实施。日本的土地利用规划体系非常完善,包括国土综合开发规划、国土利用规划、土地利用基本规划和部门土地利用规划几大类。国土综合开发规划又分为全国国土综合开发规划、大都市圈整治建设规划、地方开发促进规划和特定地域发展规划等。各种规划分工明确,重视部门协调、专家审议和公众参与。任何土地未经规划不得开发,使用土地必须按照规定的用途,未经规划盲目开发以及违反规划规定的用途皆属违法,规划的修改也必须按照原制定规划的程序等。

3.严格保护农用地,强调土地的可持续利用

日本的可耕地资源很少,政府不断制定各种法律以保护农地。日本的《国土利用计划法》明确划定保护的农业地域,《农地法》规定了"农地转用许可制",《农地转用许可标准制定办法》规定了农地转用许可条件,《农业振兴地域整备法》规定了在农业地域内的开发限制,《土地改良法》对土地改良和农地整理进行了规定,《土地利用促进法》则对促进农用地所有权、使用权转让和规模经营进行了规定,《农住组合法》则规定了农民住宅由分散建设向集中、按规划建设等内容。除了制定法律外,日本将农地转用审批权力集中在中央主管部门,对违法行为的制裁更是严厉。日本《国土利用计划法》明确规定了其国土利用的基本方针是优先发展公共福利、保护自然环境,并强调要防止公害、保护自然环境及农林地、治山、治水等。《农业振兴地域整备法》、《森林法》、《自然公园法》、《自然环境保护法》,是以资源和环境保护为重点制定的法律。

4.强力抑制土地投机

日本国土面积狭小,土地问题直接影响到政治的稳定和经济的发展。因此,国家对土地投机问题非常重视,制定了各种法律法规,并由此形成了地价公示制度、土地交易规制制度、土地利用计划制度、土地租税制度、土地登记制度等各种法律制度,从方方面面想方设法阻止土地的投机行为。

3.4　我国台湾地区土地利用规划特点——层次分明,有机互动

我国台湾地区目前的土地利用规划体系由三个层次、两大板块构成。第一层次为位于最上层的台湾地区综合开发计划;第二层次是指位于中间的区域计划、都会区发展计划、县市综合发展计划与国家公园计划;第三层次为都市计划与非都市土地使用计划。两大板块是指台湾地区分为都市土地、非都市土地两大区域,都市计划区内的土地为都市土地,非都市计划区内的土地为非都市土地。三个层次与两大板块相互作用、相互制约,共同构成一个有机整体。

三大层次的规划内容存在较明显的分工特点。

3.4.1　综合开发规划——第一层次

综合开发规划在我国台湾地区是与经济发展、社会建设等计划并行的最高位的计划,是对台湾地区人口、产业、公共投资等在空间上的配置和土地、水、景观及其他天然资源等在时序上的发展进行规划的计划,主要内容包括人口配置计划、产业配置计划、交通通信网建设计划、水资源开发计划、灾害防治计划、保全计划等几个部分。

3.4.2　以区域计划和都会区发展计划等为代表的第二层次

区域计划是指依据区域计划法的规定,基于台湾地区各地方地理、人口、资源、经济活动等相互依赖关系而制定的区域发展计划,台湾地区首先依据地理特征和方位分为北区、中区、南区、东区四个区域,然后分别拟定这四个区域的发展目标与发展构想。区域计划的范围虽然比综合开发计划的范围小很多,但规划内容仍然相当广泛。

都会区发展计划主要是针对都会区进行的土地规划,都会区是指在地理区域内由中心都市与邻近的卫星市、乡、镇所组成的,在商品货物流动、通信交流、通学通勤等互动上呈现着规律性且紧密联系的经济地域空间。由于该空间内的交通问题、公共设施问题、环境保护问题等其他都市问题,往往跨越不同的行政区域,无法用单一的县市综合发展计划、市镇计划、乡街计划来解决,必须通过都会区整体观念,建立合理的都会区发展计划,以谋求整个都会区的有效发展。都会区发展计划主要包括以下内容:建立完整的都会区空间结构;搭建合理的产业结构;充分提供产业发展所需的用地;促进土地使用合理配置;建立整体性交通运输网;创造舒适的都会生活环境等。

国家公园计划是通过将具有特殊自然景观和人文景观的地区进行独立的划分,以进行特殊管制,旨在提供良好的保护性环境,并通过规划,适当允许建设娱乐场所和进行适当开发利用,为人们提供游憩的场所。

县市综合发展计划是指在一个县、市行政区域内作全盘考虑,经详细调查后,制定的包括社会、经济、行政等总体及部门的发展构想及具体计划,亦即在顺应区域计划进一步落实的需要而将规划范围进一步缩小为县市的目标性计划。

3.4.3 都市计划与非都市土地使用计划——第三层次

都市土地与非都市土地是在县市综合发展计划中划分的。都市计划是指一定地区内有关都市生活的经济、交通、卫生、文教、康乐等重要设施,作有计划的发展,并对土地使用作合理的规划。非都市土地则采用土地使用分区与土地使用编定的方式加以管制,缺乏积极规划的内涵,是台湾地区土地利用规划体系中的薄弱环节。

3.5 对我国土地利用规划的启示

3.5.1 完善相关法律,确保土地利用总体规划的"龙头"地位

我国虽然在《中华人民共和国土地管理法》中规定了各级人民政府要编制土地利用总体规划,也明确规定土地利用规划的龙头作用,但由于没

有与之相适应的《土地利用规划法》,规划的法律地位也很不清楚,致使各级土地利用规划在实施过程中缺乏强有力的保障。而且土地利用总体规划与相关规划,如城乡规划、村镇规划等的关系,在不同部门的文件中体现出的法律地位并不一致,缺少一个能将以上各类规划主管部门的责权利之间的关系,各类规定制定、审批的先后顺序,各类规划之间的衔接方法等加以明确化的法律。而其他国家和地区,如日本有《土地基本法》,我国台湾地区有《国土综合开发计划法》、《区域计划法》、《都市计划法》等,这确保了土地规划的龙头地位,成为土地利用规划顺利实施的重要保障。

3.5.2 强化土地利用规划的实施管理

土地利用规划编制并不仅仅是勾画出一幅蓝图,更重要的是它的有效实施,典型国家和地区的经验告诉我们必须强化规划的实施管理。可考虑结合我国实际,采用"立法—规划—许可—计划"的分区管制和指标控制相结合的土地利用规划管理体系,即以土地用途管制立法为前提,以严格制定各级土地利用总体规划为基础,分区管制与指标控制相结合,并通过土地用途转用许可制和年度土地利用计划保证其运行。同时,应制定和完善规划实施管理的配套法规和规章。

3.5.3 注重税收杠杆在规划实施中的运用

我国目前土地税种较多,设置不合理,且以税代租、代费现象严重,这不仅影响到我国政府从土地上所得财政收入,而且还严重地影响了税收作为经济杠杆对土地使用行为的调节作用,在一定程度上为我国土地利用规划的实施设置了障碍。结合典型国家和地区的经验,我国政府应在未来有限的时间内精简税种,理顺税收体系,在注重土地利用规划行政调控的同时,加强税收杠杆的运用,充分发挥税收对土地使用行为的调节作用,保证土地利用规划的顺利实施。

3.5.4 当前土地利用规划应具备一些新理念

结合典型国家和地区的经验分析,可以看出土地利用规划在不同的社会发展时期,由于目标和要求不同,规划的理念和模式也会不一样。目前,我国正处于城市经济快速发展,城市化进程加快的发展时期,土地利用规划也应具备一些新的理念。

1. 城市综合体规划理念

城市综合体是指在都市中的居住、商务办公、出行、购物、文化娱乐、社交、游憩等各种城市物业功能复合、互相作用、互为价值链的空间、文化意识形态高度集约的街区群体。它包含各种城市功能,有商务办公、居住、酒店、商业、休闲娱乐、纵横交叉的交通及停车系统,有些还具有会展等展览功能。

城市综合体规划不同于传统规划理念中各功能区彼此独立分区布局,而是在某一区域将都市产业用地、住宅用地和城市服务业用地有机结合,共同构成城市综合体,营造出良好的生态区域及和谐的人文环境。

2. 生态整合理念

生态整合就是在土地利用规划上通过规划设计将单一的经济环节和社会环节组装成一个有强大生命力的生态经济系统,运用系统生态学原理调节系统的主导性与多样性,开放性与自主性,灵活性与稳定性,发展的力度与稳度,使资源得以高效利用,人与自然和谐共生。

生态整合包括:(1)结构整合。在城市土地利用过程中,通过土地的合理布局、集约利用,使城市具有适度的人口密度、良好的环境质量、足够的绿地系统、完善的基础设施和有效的自然保护。(2)过程整合。城市生态系统中互相联系、互相作用、互相促进的物质流、能量流、人口流、资金流和信息流等"生态流"构成了城市生态系统。过程整合就是有效配置、整合这些生态流,实现城市生态系统的生产、生活和还原功能。(3)功能整合。传统规划只注意物理量的规划,而忽视生态序的规划;只注重城市的生产和生活服务功能,而忽视其生态服务功能。生态整合规划理念要求在城市土地利用的功能划分上,要做到有取有补,维持生态平衡。

3. 理性增长理念

在城市增长过程中,会不同程度地碰到城市蔓延等问题,这些问题归根结底就是土地利用的问题。在国外,针对城市蔓延问题,相继提出新都市主义、理性增长等理论。城市理性增长是美国 20 世纪 90 年代兴起的一项城市发展策略,它是对城市发展过程中由于城市蔓延而产生的生态恶化、农地减少以及居住环境质量下降等问题的深刻反思。城市理性增长理念的基本内涵是：土地混合利用；采用紧凑的建筑设计；提供多种住房选择；建设可走动的邻里；营建有吸引力和富有特色的社区；保护农田、开放空间、自然景观以及生态脆弱区；强调城市中心的作用，提倡建成区再开发；提供多种交通选择；进行有预见性、公正、有效的城市发展决策；鼓励相关部门及公众的协作。

城市理性增长既是城市发展的需要，也是合理利用土地的需要。基于城市理性增长的要求，城市用地主要集中在对存量土地的利用以及对土地容积率、建筑密度的提高，注重土地利用的效率和质量。

4.弹性规划理念

弹性规划理念也称动态规划理念，它是指使土地利用规划始终处在一个动态的运转系统之中，随着土地利用系统中某些要素的发展、变化，土地利用规划也可以进行变化、调整和组合，并始终使规划处在一种合理的，与地区经济社会系统的发展相一致的状态。弹性规划使土地利用规划在快速变化的现代经济社会中能具有比较强的适应性、协调性和可操作性。

目前，我国正处于经济发展迅速、技术更新频繁、业态组织整合和体系更新变化剧烈、城市交通高速膨胀的时期，城市建设的未来发展变数较大，不同评价体系得到的结论也不尽相同。保留和控制一些城市用地，结合城市经济、基础设施和人口发展动态，对其使用功能做出客观的分析和修正，是城市设计和城市管理中重要的方法和手段。

第4章　土地利用规划的调控机理

　　土地利用规划的任务不仅是参与土地资源的配置,在我国现阶段还承担着土地宏观调控的重要责任。2004年1月13日,曾培炎副总理在视察国土资源部时指出,"重点抓好规划的实施管理,加强资源供应的宏观调控",第一次明确要求国土资源部要运用土地利用规划参与国民经济的宏观调控。2004年3月10日,胡锦涛总书记在中央人口资源环境工作座谈会上谈到国土资源管理工作时进一步明确指出,要"充分发挥土地利用规划和供应政策宏观调控中的作用"。

　　因此,深入分析土地利用规划的调控机理,不仅对于解决土地资源配置中存在的问题有着重要的意义,而且也有助于更好地发挥宏观调控功能。

4.1　调控机理——基于建设用地供应量的路径

　　基于建设用地供应量的路径分析,土地利用规划对经济增长的调控可以用以下两个模型分析。

4.1.1　模型1——基于市场关联的"三部门模型"分析

　　本书借鉴 Denise Dipasquale 和 William C. Wheaton[1] 的三部门模型分析土地要素市场与经济增长之间的互动关系。

---

　　① 丹尼斯·迪帕斯奎尔,威廉·C.惠顿.城市经济学与房地产市场[M].经济科学出版社,2001:159~169

土地需求与社会经济发展水平、国民收入密切相关,对土地的需求同样会带动诸如能源、建筑设备以及水泥、钢材、木材等基础材料和交通运输等产业的发展,这些产业通过产业间的投入产出关系进而扩散到国民经济的各个行业,对宏观经济产生影响。

因此,在本模型中,主要考察三个市场的联系:社会总产出市场、劳动力市场和房地产市场(包括土地和建筑物)。

1. 三个市场的静态均衡模型

从短期看,社会总需求 Q_d 是价格的减函数(见图 4.1)。从社会供给方面看,由于原材料价格在各个区域间基本相同,所以对产品的相对价格影响较小,而生产的另外两个要素——劳动力和房地产却有很大的区域差别。假设房地产和劳动力之间不存在替代作用,即对于任何的单位产出,都需要固定数量的房地产和劳动力(α_k 和 α_l)。单位产出成本 $C=\alpha_k r+\alpha_l \omega$,其中 r 和 ω 分别为使用房地产和劳动力每年的成本(即租金和工资)。在区域要素市场中,劳动力需求 $L_d=\alpha_l Q$,房地产需求 $K_d=\alpha_k Q$,由于不存在要素替代,所以这两种要素的需求仅仅依赖于产出数量,而不依赖于要素价格。模型中要素需求曲线垂直,并随着产出水平的提高向右平移。向右上倾斜的曲线代表了该区域要素的供给情况。

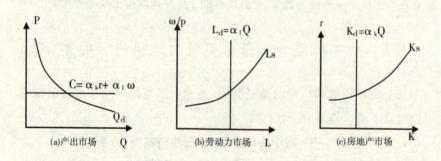

图 4.1 三部门均衡模型

在劳动力市场中,纵轴为区域的有效工资,即被地区价格指数和生活费用调整后的工资标准。在房地产市场中,由于地理条件约束以及开发障碍等原因,短期内供给曲线几乎是垂直的,但在长期是有弹性的。如果产出市场(图(a))中的产出需求曲线已知,而工资和租金已经确定了产出成本,就可求得总产出量。在图(b)和图(c)中,产出量又决定了要素需求,如果要素供给已知,则又可求得要素价格。如果这三个图的解在系统内互相符合,那么该区域就处于均衡状态。

2.经济增长对要素市场的影响

假设区域最初处于均衡状态,该均衡状态由三个市场的各初始值决定:Q^0、p^0、L^0、ω^0、K^0 和 r^0。如图 4.2 所示。区域产出需求的增加表现为需求曲线上移,由 Q_d 上升到 Q'_d(见图 4.2(a))。

在当前区域产出成本下,这一上移导致产品需求的大幅度增加(到 Q'')。由于产品需求量的增加,使得要素需求曲线向外平移,这样在要素供给不变的情况下,要素价格上升,并进一步带来生产成本的上升。假设劳动力需求由 $\alpha_1 Q^0$ 增加到 $\alpha_1 Q'$,房地产需求由 $\alpha_k Q^0$ 增长到 $\alpha_k Q'$(见图 4.2(b)、图 4.2(c))。

为了保证增加的劳动力,有效工资增加到 ω'/p'。同样在房地产市场,需求增长引发了房地产租金的增长达到 r'。这样新的要素价格为 ω' 和 r'。在新的要素价格下产生了新的成本 C',通过这个新的成本与新的产出需求曲线,可以得出在新的要素价格水平下满足要素供给的要素需求,因此新的均衡状态为:Q'、p'、L'、ω'、K' 和 r'。可以看到新解中的所有变量均大于初始解,也就是说经济增长使得就业和房地产市场的产量增加,并相应地提高工资和房地产租金。

进一步分析,如果要素供给是非弹性的,那么要素需求的增长会带来工资和租金的大幅增加,从而造成成本曲线大幅上移,最终区域的产出增长很小。如果要素供给是显著弹性的话,那么要素需求增长对工资和租金的影响将很小。根据哥德伯戈(1984)提出的存量—流量模型,[①]可知当租金上涨带来地价上涨时更多的农地和其他用地会转为建设用地,形成增量市场的土地供给,由此可进一步推出,经济增长会带动地价上涨并加大土地供应量。

---

① M.哥德伯戈,P.钦洛依.城市土地经济学[M].中国人民大学出版社,1990:158

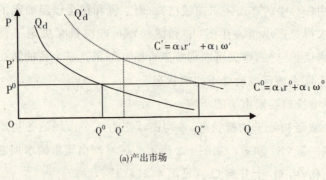

(a)产出市场

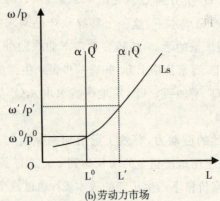

(b)劳动力市场

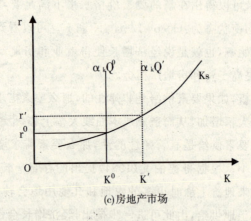

(c)房地产市场

图 4.2 产出需求增加：三部门模型分析

3. 土地供给增加与经济增长

同样,三个市场的初始均衡状态为:Q^0、p^0、L^0、ω^0、K^0 和 r^0。如果土地供应量增加,房地产市场的产出增加,则房地产市场的供应曲线就会向右平移,租金下降(低于 r')(见图 4.3(c))。在劳动力供应不变的情况下产出市场的生产成本降低,产出增加(见图 4.3(a))。这又进一步增加了对要素市场的需求,劳动力市场和房地产市场的需求曲线向右平移,要素价格上升造成产出市场的生产成本略有回升,但仍低于初始生产成本,因为如果此时的生产成本高于初始成本,那么产出量就会下降,从而生产要素的价格也随着下降,生产成本必将下降。

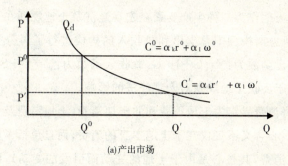

(a)产出市场

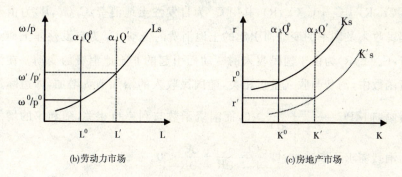

(b)劳动力市场　　　　　　　　　　　(c)房地产市场

图 4.3　土地供给增加:三部门模型分析

上述分析表明,当土地利用规划中建设用地供应量增加时,会导致房地产市场的供给增加,使得产出市场的价格下降,产量增加并带动劳动力市场的有效工资上涨。这说明,要素市场的变动同样会影响到产出市场的变化。

总之,经过经济增长对要素市场的影响以及要素供给增加对经济增长影响的理论分析,可以得出以下判断:(1)经济增长与土地市场的发展相互影响;(2)经济增长与土地供应量成正相关关系。

4.1.2 模型2——基于凯恩斯国民经济模型的分析

本书将土地要素纳入传统的凯恩斯国民经济模型以探讨规划通过土地供应量的调节实现宏观经济调控的内在机理。在不考虑国际贸易的情况下,构建两部门模型和三部门模型进行分析。

1.模型的基本假设

为分析土地作为一种生产要素在宏观经济及土地规划在宏观调控中的作用,对凯恩斯模型中总支出和总收入的构成进行了再分类。凯恩斯模型中总支出函数为:$Y=C+I+G$,总收入函数为:$Y=C+S+T$。这样的分类不利于反映土地规划对宏观经济的影响。

首先,将消费界定为土地消费和非土地消费(土地消费及下文的土地投资等,其核心含义不仅仅在于土地本身的消费,而且包括了由于土地而引起的有关消费,其核心是由于土地的变动而引发的变动),即 $C=C_0+C_1(Y,R)+C_2+C_3(Y,R)$,其中 C_0 为自发性土地消费,$C_1(Y,R)$ 为由于国民收入及利率的变动而引起的土地消费的变动,C_2 为自发性非土地消费,$C_3(Y,R)$ 为由于国民收入的变动而引起的非土地消费的变动。在消费函数中,消费与收入呈正相关,随国民收入的增加消费增加,即边际消费倾向 $MPC=\dfrac{\partial C_1}{\partial Y}+\dfrac{\partial C_3}{\partial Y}>0$,而消费函数与利率负相关,随利率的增加而消费需求不断减少,即 $\dfrac{\partial C}{\partial R}=\dfrac{\partial C_1}{\partial R}+\dfrac{\partial C_3}{\partial R}<0$。

其次,将投资重定义为土地投资和非土地投资。$I=I_0+I_1(Y,R)+I_2+I_3(Y,R)$,其中 I_0 为政府土地投资,$I_1(Y,R)$ 为由于国民收入及利率的变动而引起的民间土地投资的变动,I_2 为政府非土地投资,$I_3(Y,R)$ 为由于国民收入和利率变动而引起的民间非土地投资的变动。在投资函数中,投资与收入呈正相关,随着国民收入的不断增加,投资也不断增加,边

际投资倾向 $MPI = \dfrac{\partial I_1}{\partial Y} + \dfrac{\partial I_3}{\partial Y} > 0$，而投资与利率呈负相关，即随利率的增加投资不断减少，$\dfrac{\partial I}{\partial R} = \dfrac{\partial I_1}{\partial R} + \dfrac{\partial I_3}{\partial R} < 0$。此处引入投资需求的利率弹性 $E_{IR} = -\dfrac{\partial I}{\partial R} \times \dfrac{R}{I}$。

最后，城市政府出让土地收益划入税收范畴，[①]在具体的模型演绎时，将政府税收定义为由物业税和非物业税构成，$T = T_0(t_0) + T_1(t_1)$，其中 $T_0(t_0)$ 为物业税，$T_1(t_1)$ 为非物业税。政府的支出包括政府对于征用土地的支出，从现实情况来看，政府征用土地的支出占政府总支出的比率很小。同时储蓄 $S = S(Y)$。边际储蓄倾向 $MPS = dS/dY$，它是与收入有关的储蓄，随收入的增加而增加。

2. 模型分析

(1)两部门模型

按照凯恩斯两部门模型，总需求 $AD = C + I$，即总需求包括消费者向企业购买的商品和劳务需求，以及企业进行生产的投资需求；总供给 $AS = C + S$。

按照凯恩斯模型的要求，在两部门循环模型中要实现一般均衡，要求总供给＝总需求＝Y，即 $AD = AS = Y$。其数学描述如下：

$$AD = C + I \tag{4.1}$$

$$AS = C + S \tag{4.2}$$

$$C = C_0 + C_1(Y, R) + C_2 + C_3(Y, R) \tag{4.3}$$

$$I = I_0 + I_1(Y, R) + I_2 + I_3(Y, R) \tag{4.4}$$

$$S = S(Y) \tag{4.5}$$

$$s.t.\ AD = AS \tag{4.6}$$

根据式(4.6)的均衡要求，将式(4.1)～(4.5)代入式(4.6)中可得两

---

① 主要是指获取土地使用权和持有土地使用权需缴纳的税收。和我国的税制改革方向一致，物业税改革的基本框架是将现行房产税、城市房地产税、土地增值税以及土地出让金、城市建设维护费、耕地占用费等收费合并，转化为房产保有阶段统一收取的物业税。

部门循环模型的均衡条件为：

$$I = I_0 + I_1(Y,R) + I_2 + I_3(Y,R) = S = S(Y) \tag{4.7}$$

即
$$S(Y) = I_0 + I_1(Y,R) + I_2 + I_3(Y,R) \tag{4.8}$$

对(4.8)式对 Y 求偏导，可得：

$$\partial S/\partial Y = \partial I_1/\partial Y + \partial I_3/\partial Y = MPI$$

如果假设非土地投资固定不变，则会发现 $\partial S/\partial Y = \partial I_1/\partial Y = MPI$。因此，在单纯的土地决定模型中，土地作为唯一的投资，其数量的变动将决定国民收入变化。

为分析土地在两部门模型中对国民收入及其在调控中的作用，引入土地投资乘数，它是指由于土地投资的变动引起的相关部门投资的变动而最终导致国民收入的成倍变动的情况。通过土地投资乘数与传统的投资乘数相比较，反映土地量变化的宏观调控作用。

假设模型 $C = C_0 + C_1(Y,R) + C_2 + C_3(Y,R)$，进一步量化：

$$C = C_0 + C_2 + (a_{11} + a_{13})Y + (a_{12} + a_{14})R$$

其中：$C_1(Y,R) = a_{11}Y + a_{12}R, C_2(Y,R) = a_{13}Y + a_{14}R$

两部门模型中已经假设了财政政策、货币政策固定，仅研究土地政策的作用。因此，利率对模型的作用可以忽略。两部门模型均衡见图 4.4。

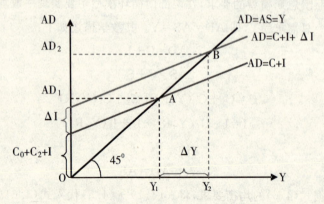

图 4.4　两部门模型均衡图

在 A 点上：$AD_1 = C + I = C_0 + C_2 + (a_{11} + a_{13})Y_1 + I$

在 B 点上：$AD_2 = C + I + \Delta I = C_0 + C_2 + (a_{11} + a_{13})Y_2 + I + \Delta I$

两式相减可得：

$$\Delta Y = Y_2 - Y_1 = (a_{11} + a_{13}) \Delta Y + \Delta I$$

可得投资乘数为 $K = \dfrac{\Delta Y}{\Delta I} = \dfrac{1}{1 - (a_{11} + a_{13})}$

为突出土地的投资乘数作用，假设非土地投资固定不变，或者按照固定的比率增加，而增加土地的投资高于固定的比率，则与凯恩斯模型中投资乘数的计算过程相似，可得土地投资乘数为：

$$K^* = \dfrac{\Delta Y}{\Delta I} = \dfrac{1}{1 - a_{11}}$$

将土地投资乘数与凯恩斯模型中的投资乘数相比较，其大小主要取决于 a_{13}，即在非土地商品上的边际消费倾向是否大于 0。一般情况下，因为随着 Y 的增多，在土地以及非土地上的消费都会增多，$a_{13} > 0$，此时 $K^* < K$。但是，如果出现随着 Y 的增多，由于其他商品的消费已经倾向于饱和，或者土地消费能给消费者带来比其他要素消费更大的效用，即其他商品的收入效应为负时，那么随着 Y 的增加，可能在其他商品上的消费为 0，甚至减少其他商品的消费而去消费土地，这时 $a_{13} \leqslant 0$，而 $K^* \geqslant K$。后面这种情况的出现主要有两个原因：一是当土地消费成为必须，而且消费价格升高很多，使得消费者不得不将大部分财富消费在土地上，甚至改变过去的生活方式，进行跨期消费土地，如当前随着住宅价格的升高，许多家庭住房支出占家庭收入的比重越来越高；二是当消费者看中土地未来巨大的升值潜力时，而自身对其他商品的消费已经饱和甚至过剩时，那么增加的财富就会被放在土地消费上，其宏观表现为在社会中，存在大量的土地投资需求或投机，同时挤出其他一些投资需求（如在一定程度上会对虚拟资本市场即股票市场形成一定的替代效应和挤出效应）。目前我国这两种情况都存在，因此土地投资乘数较大，经济调控时就要注意如何将土地投资的比重控制在一定的范围内，控制土地的投资速度和效率，以防出现投资乘数过大而造成经济过热现象。

(2) 三部门模型

按照凯恩斯模型，三部门模型中的总需求 $AD = C + I + G$，总供给 AS

＝C＋S＋T。政府的作用主要体现在政府支出和政府税收上。政府支出 G 包括两方面的内容，即与土地相关的财政支出 G_0 以及与非土地相关的财政支出 G_1；同理，如前所述，税收 T 也包含两方面的内容，一方面是物业税 $T_0(t_0, Y)$，另一方面是非物业税 $T_1(t_1, Y)$，其中 t 为税率，由此构成政府的收入。[①]

根据按照凯恩斯模型的要求，要实现三部门的均衡，要求总需求等于总供给，即 AD＝C＋I＋G＝AS＝C＋S＋T，与两部门模型的推导类似，经整理计算可得：

$$I_0 + I_1(Y,R) + I_2 + I_3(Y,R) + G_0 + G_1 = S(Y_D) + T_0(t_0, Y) + T_1(t_1, Y)$$

等式两边对 Y 求偏导可得：

$$\frac{\partial I_1}{\partial Y} + \frac{\partial I_3}{\partial Y} = \frac{\partial S}{\partial Y} + \frac{\partial T_0}{\partial Y} + \frac{\partial T_1}{\partial Y}$$

即

$$\frac{\partial I}{\partial Y} = \frac{\partial S}{\partial Y} + \frac{\partial T}{\partial Y}$$

也就是说，在三部门模型中，均衡的条件是 MPI＝MPS＋MPT，即边际投资倾向等于边际储蓄倾向加上边际税收倾向。进而设非土地投资不变，可得 $MPI_1 = MPS + MPT_0$，其中 MPI_1 为边际土地投资倾向，是指每增加一单位收入所带来的土地及其相关投资的增量；MPT_0 为边际物业税收倾向，是指每增加一单位的物业增值所带来的税收的增量，表明土地在宏观调控中的作用确实存在。从均衡的结果来看，对土地的投资不仅仅受到储蓄和利率的影响，长期内，物业税对房地产投资的影响将是巨大的。

如上述模型所示，居民可支配收入 $Y_D = Y - T_0(t_0, Y) - T_1(t_1, Y)$，将 $C = C(Y_D, R, t_0, t_1) = C_0 + C_1(Y_D, R, t_0) + C_2 + C_3(Y_D, R, t_1)$ 进一步量化，可得：

$$C = C_0 + C_2(a_{11} + a_{13})[Y - T_0(t_0, Y) - T_1(t_1, Y)] + (a_{12} + a_{14})R$$

---

① 我国政府目前所存在的土地出让金、城市建设费等都归入物业税的范畴。这也是我国的改革方向之一。2005 年中央经济工作会议及发改委都确认物业税改革将在十一五规划期间具体实施。

根据均衡条件可知：

$$AD=C+I+G=C_0+C_2+(a_{11}+a_{13})[Y-T_0(t_0,Y)-T_1(t_1,Y)]+$$
$$(a_{12}+a_{14})R+I+G$$

由 $AD=AS=Y$ 推出：

$$(1-a_{11}+a_{13})Y+(a_{11}+a_{13})[T_0(t_0,Y)+T_1(t_1,Y)]=C_0+C_2+I+G$$

上式对 I 求偏导,即得投资乘数：

$$K_I=\frac{\partial Y}{\partial I}=\frac{1}{1-a_{11}-a_{13}+(a_{11}+a_{13})(\frac{\partial T_0}{\partial Y}+\frac{\partial T_1}{\partial Y})}$$

同理可得政府支出乘数为：

$$K_G=\frac{\partial Y}{\partial G}=\frac{1}{1-a_{11}-a_{13}+(a_{11}+a_{13})(\frac{\partial T_0}{\partial Y}+\frac{\partial T_1}{\partial Y})}$$

假设在其他投资固定不变的情况下,可以得到三部门模型下的土地投资乘数,即：

$$K_{I0}=\frac{\partial Y}{\partial I_0}=\frac{1}{1-a_{11}+a_{11}\frac{\partial T_0}{\partial Y}}$$

上式表明土地投资乘数 K_{I0} 体现了两方面的作用：一方面,土地投资在所有投资中的作用决定了土地投资乘数效应的大小,这是土地利用规划能发挥引导和约束作用,从而调节宏观经济的重要表现；另一方面,物业税的大小将也对投资乘数起着重要的调控作用,随着物业税的变动,对土地投资乘数的影响作用发生变化。在土地投资份额不变的情况下,物业税的提高将减小土地投资乘数的效果,而物业税的降低将扩大土地投资乘数的作用；如何合理运用物业税调控土地投资的规模和速度是实现经济稳定、持续快速发展的有效路径,这是土地政策参与宏观调控的另一内涵所在(税收政策是土地利用规划实施的重要保障措施之一)。政府支出乘数对经济的推动作用主要取决于投资的规模和速度以及税收的大小,其作用的原理和土地投资乘数基本一致。从政府投资乘数来看,减税的效果可能远远大于政府支出增加对经济增长的推动作用；反之,税收政策对经济的调控作用也是十分显著的。

4.2 调控机理——基于各类用地的空间布局的路径

从各类用地的空间布局角度分析,土地利用规划对产业发展,并最终影响区域经济的调控表现在直接调控和间接调控两方面,前者是土地利用规划直接在不同空间布局各种产业达到调控产业结构的目的,后者是通过空间形态变化(特别是社会基础设施的建设布局)来影响各种生产要素的聚集和扩散以实现调控产业发展的目的。

4.2.1 直接调控机制

当前我国城市化进程明显加快,产业结构优化、城市化、工业化等因素同时作用于土地利用。土地的空间不可移动性使生产必须布局到相应的土地上,产业布局实际上是产业结构在空间上的投影。各种产业的选址与功能分区、城市用地的置换和结构调整、产业结构的协调化和高度化、产业的可持续发展等都影响着土地利用效率。

同时,不同的土地制度和配置方式,也反过来影响不同产业的生产率,不同的用地空间布局可以对市场需求产生抑制或鼓励作用,可以有效引导投资方向和影响投资强度,促进产业结构调整与升级,从而对宏观经济运行产生影响。

目前我国正处于快速城市化和工业化时期,其中也伴随着产业结构不断升级优化的过程,而土地利用结构和产业结构之间存在内在联系,土地利用状况是产业结构的空间表现,同时又在很大程度上制约着产业结构的发展变化。在我国当前市场经济体制不完善、各种非经济因素对经济活动和效率产生较大影响的背景下,土地利用规划通过用地空间布局调控来实现对产业结构的调控的力度将更为明显,特别是引导产业区域间的合理布局,促进产业的梯度转移,有利于主导产业的更替、新兴产业部门的崛起、基础产业发展及传统产业的改造,促使该区域三次产业结构比例关系及各次产业内部结构比例关系趋于协调。

未来若干年,将是产业地区结构大变动的时期。在市场经济条件下,产业布局一般按照资源禀赋和区位条件由市场来调节。而且,随着地区经济的发展,产业在空间上呈现出梯度转移规律。但是,由于我国正处于体制转轨时期,市场体制尚不完善,行业垄断、地区保护以及各种恶性竞争远未消除,产业同构现象相当普遍,各种低水平重复建设时有发生。针对这种情况,土地政策可以根据不同地区的资源经济特点,按照资源禀赋和区位比较优势,确定不同区域的因地制宜的供地政策,进而充分发挥市场配置资源的基础性作用,有效地整合资源,优化空间布局,促进区域经济的分工协作和协调发展。我国土地利用规划政策的一个重要目标就是通过土地利用规划的宏观控制促进区域专业化分工,避免经济结构趋同。

具体而言,就是要根据"十一五"规划对四类功能分区的规定,考虑各地区经济发展阶段、区域协调发展和人口迁移变化规律,统筹安排各区域土地供应总量和用途结构,做到"区别对待,分类管理"。一是对优化开发区域实行更严格的建设用地增量控制,适度减缓工业用地供应量的增加速度,优先保障和支持基础设施、高新技术产业、现代制造业、现代物流业等资本、知识和技术含量高的项目建设用地供应,促进其产业结构调整和经济增长方式转变。二是对重点开发区域在保证基本农田不减少的前提下适当扩大建设用地供给,适度增加工业用地供应的增长速度,承接优化开发区转移过来的产业。比如:为适应振兴东北战略的需要,对东北老工业基地,要加大土地整理力度,适当增加工业用地供应量。三是对限制开发区域和禁止开发区域实行严格的土地用途管制,严禁生态用地改变用途。

除了土地供应的区别对待外,土地利用规划中强调土地市场化配置的作用也可以引导产业的区域合理布局和梯度转移。一方面在发达地区通过竞争机制显化土地价格,提高其用地成本,引导和促使发达地区加快产业结构调整升级步伐,淘汰占地多、投入产出效益低的产业和建设项目;另一方面在欠发达地区,能够发挥较低地价的比较优势,承接发达地区转移过来的产业,从而实现产业的梯度转移。

总之,不同的土地利用结构必然对应不同的产业结构,不同的土地利用布局必然对应不同的产业布局,土地利用结构和布局在很大程度上影响制约产业的结构和布局。实现产业结构的优化升级,需要协调好土地政策和各地区的产业发展规划。

4.2.2 间接调控机理

由于空间结构与产业结构存在密切的关系,土地利用规划可以通过空间形态规划,调整空间结构,促进各种生产要素的合理聚集和扩散,实现促进经济增长的目的。

1.空间结构与产业结构的关系

区域产业结构升级与空间结构演化中存在很大的关联性,随着工业化的不断推进,分工不断变细,工业门类增多,生产规模扩大,导致产业聚集空间的膨胀,随之而来的是区域核心区的扩展。工业化后期和知识经济社会时期,区域核心——城市的产业结构发生变化,第三产业逐渐取代了工业而成为城市产业的主导,受经济规律的支配,城市工业部门逐渐外迁,而这种外迁会受到种种相应的影响因子的影响,一般来说会在核心城市周边聚集,构成城乡边缘区经济或新的区域经济增长极点,进而影响区域空间地域结构的进一步演化。

产业结构和区域空间结构以及相应的区域发展阶段的关系可以用表4.1来具体说明。

表 4.1　不同发展阶段下的产业结构和空间结构关系的变迁

发展阶段	产业结构	空间结构
农业社会期	第一产业占绝对比重,手工业和商业服务于种、养业,处于依附地位。产业结构完全受自然资源和自然条件的制约	面状经济活动,形成分散的空间结构,出于安全的需要和受优越的自然资源与自然条件的吸引,形成了一些自然积聚而成的自然节点,通道以自然通道为主(河道、山谷)。流和网络没有形成——典型的原生空间形态
工业化初期	以矿产、林业等资源采掘、初级加工和开发农副产品资源为主,人力资源以体能开发为主。资源分布仍具有地带性分布规律	空间结构仍呈发散状态,但已明显开始聚集,随采掘、纺织、食品工业的集中,形成了少数大型节点。区域通道建设加快,商品流增加。网络和等级开始形成——地方性空间结构形态。相对封闭的区域单元内,首位城市得到极化,社会经济发展水平呈现以资源的丰度不同而形成的地域分异现象,空间差异扩大

发展阶段	产业结构	空间结构
工业化中期	注重与特定产业相关的多种资源的成组分布,交通的进步使资源在跨区域间位移,以实现资源在区域空间内的中心配置。智力资源的作用日益重要	空间扩散成为主流,区域内小型节点快速成长,大中型节点间的通道建设加快,生产力流量扩大,跨区域高级节点间由高级通道连接的水平网络形成,区域内有不同等级通道连接的多级垂直网络形成,等级体系较完善——承转空间形态
工业化后期	高加工度制造业、新兴制造业和服务业占主导地位。技术和智力密集型、资金密集型产业和生产性服务业构成主导产业。农业以都市型农业为主,处于依附地位	空间结构在扩散力和集聚力的双重引导下迅速重组。一方面,出现巨型国际化都市和大都市连绵区等高级节点;另一方面,随着城市化水平的提高,城市一体化和城乡融合过程迅速推进,多等级、多类型的通道联结节点,有形通道不断高级化和系统化,无形通道的地位迅速上升。通道内价值流比重迅速增加呈现出流动空间形态
知识经济社会	以信息、金融、物流等为主的服务业和高、精、尖制造业构成主导产业	产业布局的地理局限减少,区域内形成众多的依产业内价值链分工的产业集群区。空间流动性强,通过跨国企业,将全球的地方空间连为一体。由于区域发展的差异,在全球范围内形成流动空间—承转空间—地方空间—原生空间并存的空间体系景观

2.不同背景下土地利用规划中空间形态规划的特点

根据上文分析,不同经济发展阶段下的空间结构与产业结构不同,因此在土地利用总体规划中对区域空间形态进行规划时,必须充分考虑区域发展的经济阶段,立足于区域自身的要素禀赋特点,选择不同的空间形态,以实现生产要素的有效聚集,促进产业结构的升级。

(1)处于农业社会阶段和工业社会初期阶段的空间形态规划特点

这两个阶段有一定的共同点,即自然资源和自然条件是区域产业分工的主导要素。

处于这两个阶段的区域,由于受到自然条件、资源的空间分布及其开发导向等影响,在空间结构形态上大都表现出明显的松散性特征,既表现在城乡之间的松散性,也反映在城市内部的结构松散性,一般包括一城多镇型、多中心组团型、相对集中型三种。

一城多镇型是指城市主要由一个主城(中心区)和多个工人镇(职能分区)组成。主城是城市行政、经济、文化的中心,资源开发主体企业的管理局以及主要的加工企业一般都分布在本区,规模比较大,基础设施和各种服务设施也都比较齐全;工人镇则职能单一,主要是围绕一些资源采掘企业而形成,规模一般都比较小,设施也比较简单。主城和工人镇之间有一定的间隔。

多中心组团型是指城市的特点是由多个规模相近、职能类似的中心共同组成。这些中心各自依托一个相对独立的林矿区,拥有各自的设施系统,分别是所在区域的分中心。这些分区由于管理需要而纳入一个城区范畴,通常呈联片或带状分布。

相对集中型是指城市主要由于资源储量大而且分布比较集中,所以城市用地布局紧凑,只有一个单一中心。

由于这种区域结构的松散性,使得区域要素聚集程度不够,从而要素结构也不易升级,因此,在空间形态规划上以增长极的规划模式为主,主要注重核心城市的开发,促进资本、劳动力、技术等的聚集,提高整体聚集效应和规模效应。

对于增长极的建设,一般有两种方法,一是在对以资源开发为主、基础设施建设较好的城市进行优化改造,从城市空间形态布局、土地利用结构调整、经济设施建设、社会设施建设、制度建设等方面进行完善,以增强城市的竞争力,吸引要素聚集;二是开辟新城,这主要是针对资源已日益贫乏,而且资源区改造困难的情况。在这种情况下,新城建设应尽量避让资源区,在资源区的周围酌情少建或不建大型固定的居民点,不进行大规模的基础设施建设,保持原来资源区单纯的生产区功能,新城和资源区的开发活动相分离,使新城不随资源开发而生长。对于资源开发所需的劳动力,可以参照发达国家长距离通勤采掘的模式,在采掘区只建立一些简易的房屋和设施,以及提供最基本的生活服务,公司职工定期轮班,当资源采掘完毕之后,只需将一些房屋拆除,而不必涉及一个城市的衰退问题。为了减少交通费用和人员轮换周期,可选择最接近资源区的地方作为驻地城市。这样做的好处是多方面的,资源开发企业避免了在资源开发活动之外的大规模投资以及人员的雇佣,企业职工也得到了生活环境的改善,最重要的是使新城和资源区在空间上避免了重叠,在功能上避免了交叉影响,解决了资源对城市发展的制约问题。

总的说来,这种背景下的土地利用规划应选择自然资源丰富的区位作为重点。不过由于这种区域的要素层次不高,经济总体实力不强,区域内结构松散,因此土地利用规划的重点在于创造条件吸引要素聚集,引导产业结构升级。

(2)处于工业社会中后期阶段的空间形态规划的特点

在这两个阶段的区域中,资本在区域产业分工和区域发展中一般占主导作用。

这种背景下的空间形态规划与上一类不同,处于农业社会阶段或者工业化初期阶段的区域内空间结构是比较松散的,区域的发展属于工业化的初期阶段,区域内各地区间的差距并不太大,生态环境问题存在但并不突出,但是处于工业化中后期区域的空间形态规划却有很大不同,由于资本以追逐利益为目的,在这一阶段资本的流动速度很快,资本总是在寻找能带来最大利益的地区,因此这一阶段区域间差距会逐渐增大,城乡矛盾也会更加突出,生态环境问题也不容忽视,并且日益严重,从而具有长远性、宏观性的土地利用规划的重要地位尤为突出。

这一阶段空间形态规划的任务就是在推进整个区域的产业发展过程中,促进区域内部各地区的协调发展,在追求资源配置效率的同时,兼顾公平。

空间形态规划的特点主要体现在空间开发模式由非均衡开发方式逐步向均衡开发方式转变。

由于资本是区域发展的主导要素,因此资金的供给对于区域开发的约束力很大,特别是对于这一阶段的初期,资金的约束使得不能对区域采取全面的开发,因此规划往往采取的是非均衡的开发方式。例如增长极开发、点轴开发等方式,促进资本和劳动力、技术等要素向区域聚集,随着经济的发展,这些要素聚集点与其周围要素扩散区的差距越来越大。但从区域总体看,由于经济的发展已比较雄厚,这时候规划通常会采取一些方式去缩小区域内差距,这种区域内差距的缩小会提高区域的整体竞争力,会在更大范围内产生对要素的吸引力,此时的要素聚集就呈现出分散聚集的特点。

①非均衡开发方式

非均衡开发方式主要有据点开发模式和点轴开发模式。

第一,据点开发模式。据点开发模式认为,由于资金有限,基础设施建设又需要巨额社会资本投资的情况下,要开发和建设这类地区,不能在大范围内铺开,而应集中建设一个或几个据点。据点开发模式主张区域经济的发展主要依靠条件较好的少数地区和少数产业带动,应把少数区位条件好的地区和少数条件好的产业培育成经济增长极。在以主导产业为核心的产业群内合理配置资金、人才、技术等生产要素,产生规模经济和聚集经济,从而较快启动区域经济,在较短的时期内实现经济总体上的迅速增长,建立具有自我增长能力的区域经济发展机制,并通过据点的开发与建设影响和带动周边地区经济发展。

据点开发模式有着广泛的适用性,特别是对于工业化初中期阶段,当区域整体经济还处于不发达状况时有很强的现实意义。该模式所依据的增长极理论主张运用政府干预的手段,集中投资、重点建设、集聚发展、注重扩散。由于不发达地区市场机制不完善,资本稀缺,信息不充分,需要政府根据实际情况,集中财力,选择若干条件较好的区域和产业重点发展,进而牵动整个经济发展。

第二,点轴开发模式。据点与轴线相结合的模式最早由波兰经济学家萨伦巴和马利士提出,我国学者陆大道在此基础上提出了"点一轴系统理论",他认为解决经济空间布局分散与集中关系的重要原则之一就是"点轴系统",是最有效的经济空间组织形式。点轴开发模式认为,区域的发展与基础设施的建设密切相关,将联系城市与区域的交通、通信、供电、供水、各种管道等主要过程性基础设施的建设适当集中成束,形成发展轴,沿着这些轴线布置若干个重点建设的工业点、工业区和城市,这样布局既可以避免孤立发展几个城市,又可以较好地引导和影响区域的发展。

该理论十分重视"点"即增长极和"轴"即交通干线的作用,认为随着重要交通干线如铁路、公路、河流航线的建立,连接地区的人流和物流迅速增加,生产和运输成本降低,可以形成有利的区位条件和投资环境。产业和人口向交通干线聚集,使交通干线连接地区成为经济增长点,沿线成为经济增长轴。增长点和发展轴是区域经济增长的发动机,是带动区域经济增长的领头羊。

　　点轴开发模式十分注重地区发展的区位条件,强调交通条件对经济增长的作用。与据点开发模式不同的是,点轴开发是一种地带开发,它对地区经济发展的推动作用,要大于单纯的据点开发模式。同时,它有利于把经济开发活动结合为有机整体,促进区域开放式发展,这一般是在资本主导型经济发展到一定程度,整体经济实力有了较大提高后,更有能力推动这种地带开发。由于需要较强的经济能力提供发达的基础设施,因此这一模式推进速度较慢。

　　点轴开发模式是据点开发模式的高一级空间组织形式,而且影响范围较大。当区域发展到一定阶段时,原来的许多"据点"在一定空间上的密度增加,随着交通条件的改善,产业关联性的增强,点与点之间的空间相互作用的增强,便逐步由"点"联结成"线",形成"点-轴"模式。

　　②均衡开发模式

　　均衡开发模式主要有圈域开发模式和网络开发模式。

　　随着经济的发展,一个大的区域可能会出现一些内部联系非常密切的城市群,而这些城市群之间可能发展水平不一样,区域内的差异可能就会表现在这些城市群之间,以及城市群与单核心区域的差异,此时如果继续传统的非均衡发展模式,会导致这种差距越来越大,特别是会出现资金、劳动力等要素过度聚集在处于发展最高层的城市群聚集,使得区域之间、城乡之间差距过大。因此,为了促进整体协调发展,往往可以通过圈域开发,即重点发展不同的圈域,既可以通过进一步发展领先的城市群,提高整体区域的竞争力,又可通过发展较低层次的城市群以缩小区域内部的差距。

　　网络开发也是均衡发展的一个重要方式。在经济发展到一定阶段后,一个地区形成了增长极即各类中心城镇和发展轴即交通沿线,并且增长极和发展轴的影响范围不断扩大,在较大的区域内已经形成了商品、资金、技术、信息、劳动力等生产要素的流动网及交通、通信网。在此基础上,通过加强不同增长极或增长点之间的有机联系,延长和拓宽发展轴;通过加强不同发展轴之间的有机联系,使发展轴由直线延伸状态转变为网状交织发展结构,最终形成纵横交错、上下贯通的立体型发展轴网络,促进地区经济一体化,特别是城乡一体化,从而把全区域各个增长极或增长点纳入一个统一的发展系统中。同时,通过网络的外延,加强与区外其他区域经济网络的联系,在更大的空间范围内,将更多的生产要素进行合理配置,促进经济全面发展。

网络开发模式有利于缩小地区间发展差距。据点开发、点轴开发都是以强调重点发展为特征,在一定时期内会扩大地区发展差距,而网络开发是以均衡分散为特征,将增长极、发展轴的扩散向外推移,区域内形成网状结构的多条发展轴,每条发展轴分布着多个增长极,可使它们产生较大的同向合力乘数效应,推动周围广大地区共同繁荣。点轴网状交织发展,有利于提高经济运行的关联度,促使资源、资金、技术和劳动力的合理流动,完善扩散和回流效应的传导机制。这样,一方面可以加快中心地区向外转移过于拥挤的部分原有产业,实现内部产品更新换代和产业结构升级;另一方面可以加快外围腹地产业结构转换,吸引新兴产业,迅速改变落后面貌,迎头赶上发达地区。

实施这一模式需要较高的经济条件。它一般要求区域内前期开发成效显著,增长极能够迅速积累能量,发展轴能进一步拓展新经济带,并在较大范围内发挥乘数效应;企业聚集、区位聚集和城市化聚集达到较高水平;可以随时招聘到高素质的劳动力;具备高效畅通的产品扩散机制和财富回流机制;基础设施日趋完善;交通、通信网络已经建成。因此,网络开发一般适用于工业化后期阶段。

(3)处于知识经济阶段的土地利用规划中空间形态规划的特点

当社会进入知识经济时代,此时技术和制度成为了决定经济的主导要素,技术的创新和制度的创新成为推动社会继续前进的主要动力。

在这一阶段,随着各地理要素有序性和开放性的增强,使点状分布的城镇形成一个整合面,各结构等级与各功能要素形成一个有机综合体。城乡融合、空间一体化、人与自然环境共生和谐是该阶段经济系统时空演化的特点和要求,也是该阶段可以达到的目标,因此土地利用规划就是促进区域经济系统在空间上向城乡一体化化方向发展,使内部的经济地域系统形成不同层次、不同功能和结构的完整的空间网络,带动整个区域的全面发展。这一阶段经济系统的演化以人文资源为导向,人文地理特征是其系统演化的最基本特征,知识社会是其系统演化的本质内涵。

　　该阶段空间形态规划的特点主要就是网络开发,这一阶段的土地利用规划需要使城乡的开发建设活动与环境保持协调,更强调在允许的规模容量下,城乡活动、空间结构的合理性、协调性、有序性和持续性。

　　例如,新加坡的土地规划提出沿海岸发展,以环形快速公路为骨架形成环状城市走廊,新城镇环绕国土中部的原始森林保护区及中央水源保护绿地布置,走廊式全国快速干道串联的新城镇、港口区、工业区、东部国际机场之间又有成片的绿地分隔,形成环状开放式的总体空间构架,如图4.5 所示。

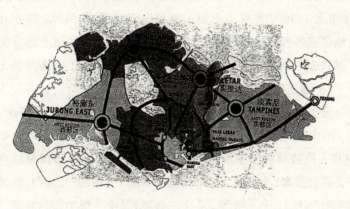

图 4.5　新加坡的空间形态规划特点

第5章 土地利用规划各类用地总量
确定方法

5.1 土地利用分类现状及用地需求预测概况

明确地类划分及范围是用地需求量预测的基础。我国先后出台有 4
个土地分类系统。在 1984 年由全国农业区划委员会发布的《土地利用现
状调查技术规程》中制定了《土地利用现状分类及含义》。依据这一分类,
自 1984 年到 1996 年完成了全国土地利用现状调查。1989 年 9 月依原
国家土地管理局发布的《城镇地籍调查规程》制定了《城镇土地分类及含
义》,对城镇及农村居民点内部土地进行了分类。2001 年 8 月国土资源
部颁布了《全国土地利用分类》,2002 年 1 月 1 日起施行。该分类为城乡
土地统一分类,采用三级分类体系,一级类设 3 个,二级类设 15 个,三级
类设 71 个,其中一级类包括农用地、建设用地、未利用地。2007 年 8 月
10 日中华人民共和国国家质量监督检验检疫总局和中国国家标准化管
理委员会联合发布《土地利用现状分类》(GB/T 21010-2007),将城乡土
地利用类型分为 12 个一级类,57 个二级类,其中一级类包括耕地、园地、
林地、草地、商服用地、工矿仓储用地、住宅用地、公共管理与公共服务用
地、特殊用地、交通运输用地、水域及水利设施用地、其他土地。本书依据
《全国土地利用分类》(2002 年 1 月 1 日实施)和《土地利用现状分类》
(GB/T 21010-2007)对应关系表,在农用地预测部分,按照耕地、园地、
林地和草地的顺序阐述;在建设用地部分,基本按照居民点及工矿用地

（按城镇用地、农村居民点用地、独立工矿用地叙述）、交通用地、水利用地的顺序阐述。

科学准确地预测各地类需求量，是制定土地利用总体规划的基础。实践中，土地需求量预测一般分为农用地需求量预测和建设用地需求量预测两大部分。农用地需求量预测的主要依据是人口发展指标、经济发展水平、土地生产潜力、消费水平等，包括耕地、园地、林地、牧草地、其他农用地等预测。建设用地需求量预测的主要依据是国民经济和社会发展规划、建设用地自身发展要求，其内容包括商服、工矿仓储、公用设施、公共建筑、住宅、交通运输和水利设施等用地预测。常遵循两种思路进行：其一，按照二级地类独立预测；其二，按照一级地类进行总体预测，然后按二级地类分解。例如先预测农用地需求量，然后在其内部通过指标分解进行分项预测，获得耕地、园地、林地、牧草地、其他农用地的需求量；先预测建设用地需求量，然后在其内部通过指标分解进行分项预测，获得各地类用地需求量。

用地需求量预测的方法选择是科学准确预测各类用地需求量的关键环节。预测方法可归为三种关系模型：时间序列关系模型、因果关系模型和结构关系模型。时间序列关系模型是指通过曲线拟合和参数估计来建立数学模型的理论和方法，包括灰色模型、移动平均模型、指数平滑模型、时间序列的 ARIMA 预测模型等。因果关系模型是指反映原因与结果之间数量关系的模型，包括一元线性回归模型、多元线性回归模型等。由于各类用地规模（尤其是建设用地和耕地）受众多驱动因素的影响与制约，是一个动态的、非线性与多反馈回路的复合系统，用传统的回归分析预测其规模，由于模型的线性假设、预测的精度及统计检验等问题，其应用受到较大限制。结构关系模型是指反映预测变量及其构成元素之间关系的模型，包括逻辑斯蒂模型、马尔可夫模型等。

此外，当前采用人工神经网络模型、系统动力学模型等现代技术将传统模型予以优化的方法呈不断上升趋势。例如采用人工神经网络模型（ANN 模型）优化回归分析（因果关系）预测和时间序列分析预测，利用网络具有较强的非线性映射能力的特性，可以解决土地利用总体规划中复杂的非线性系统的预测问题。

5.2 农用地需求预测

5.2.1 耕地需求量预测

根据《土地利用现状分类》(GB/T 21010-2007),耕地[①]包括水田、水浇地、旱地 3 个二级地类。耕地是土地利用规划调整指标中的重要指标,做好耕地总量的预测工作,对于保护耕地,实现耕地总量动态平衡具有重要意义。

耕地需求量预测一般遵循六种思路:

第一种思路,是基于历史数据的时间序列关系模型,主要是以历年耕地数量为依据,进行趋势模拟和预测,如自回归趋势模型、指数平滑法、移动平均法、时间序列的 ARIMA 模型和灰色系统模型等,建立数学模型预测未来时期的耕地数量。ARIMA 模型方法是以随机理论为基础的时间序列分析方法,它克服了传统时间序列分析方法关于事物的变化是渐进而非跳跃式,影响事物变化的因素在过去、现在和将来基本保持不变这样一个假定所带来的弊端。

第二种思路,是基于人口一耕地一粮食系统的结构关系模型(或称粮食需求法/粮食安全法),主要是通过对研究地区的人口、粮食和耕地的历史考察,先预测将来一定时期内的人口、粮食单产和人均消费量,由人口推算粮食总需求量,再结合当地的耕作制度推算耕地总保有量。

王秉义(2010)等在预测目标年人口、粮食作物播种面积占农作物播种面积的比重、人均消费粮食、复种指数、粮食自给率、粮食单产的基础上,运用耕地需求量预测模型预测耕地保有量:[②]

---

① 耕地是指种植农作物的土地,包括熟地、新开发、复垦、整理地、休闲地(轮歇地、轮作地);以种植农作物(含蔬菜)为主,间有零星果树、桑树或其他树木的土地;平均每年能保证收获一季的已垦滩地和海涂。耕地中还包括南方宽度<1.0 米、北方宽度<2.0 米固定的沟、渠、路和地坎(埂);临时种植药材、草皮、花卉、苗木等的耕地,以及其他临时改变用途的耕地。

② 王秉义,陈龙乾,张竹华等.基于粮食安全的耕地保有量预测研究[J].安徽农学通报,2010,16(1):23~25

$$Q_d = \frac{K_s F_e P}{F_P} \cdot \frac{1}{K_L K_d} \qquad (5.1)$$

式中：Q_d 为耕地需求量，K_s 为粮食自给率，F_e 为人均粮食消费水平，P 为总人口，F_P 为单位播种面积粮食产量，K_L 为粮食作物播种面积占农作物播种总面积比重（耕地系数），K_d 为粮食（农作物）复种指数。

目前，在大的区域范围，诸如国家、省、自治区基本上是采用此方法划定基本农田的面积，是耕地保有量的下限值。此法的不足之处在于用这种方法预测出的粮食和经济作物生产需要的耕地面积远远低于用其他预测方法测算的耕地规模，由于这种方法没有考虑到区域的差异、产粮区与非产粮区的职能分工、结合当地社会经济与建设发展的实际需求（尤其是城市与农村对于经济建设发展的差异），进而导致当地的耕地保有量的预测结果偏差较大。

第三种思路，是基于社会经济发展的因果关系模型，主要是通过分析耕地减少或建设用地增加量的社会经济驱动力，提取驱动指标，如 GDP、总人口、固定投资总额，进行相关性分析，得到以耕地减少量或建设用地增加量为因变量，以社会经济指标为自变量的多元回归模型。这种方法同第二种思路一样，也要先预测未来一定时期 GDP 总量、总人口或固定投资总额，再根据预测模型，预测未来一定时期的耕地减少或建设用地增长的数量，最后再推算耕地保护总量。

第四种思路，是基于预留法的结构关系模型，预留法是指"从影响耕地面积增减变化的原因出发，以满足国民经济发展对各类用地的需求，达到用地供需均衡的目的"。该方法在土地利用现状调查和土地利用适宜性评价的基础上，结合了近年来耕地减少和变动的原因，进一步分析近年来耕地变化的趋势。依据土地生产潜力、土地开发整理复垦规划、农业结构调整、生态退耕、建设用地扩张规模等进行分析，对规划目标年内的耕地保有量进行科学、合理、全面的预测。

对规划目标年的耕地保有量进行预测的具体计算公式如下：

$$S_N = S_1 + S_2 + S_3 + S_4 - S_5 - S_6 - S_7 - S_8 \qquad (5.2)$$

其中：S_N 为预测目标年耕地保有量，S_1 为基期年耕地面积，S_2 为土地开发增加耕地，S_3 为土地整理增加的耕地，S_4 为土地复垦增加耕地，S_5 为建设占用耕地，S_6 为生态退耕面积，S_7 为农业结构调整减少耕地，S_8 为灾毁耕地面积。

这种方法简洁明了，能够深度结合社会经济因素和自然因素对耕地总量的影响，又能够充分考虑各行业、各部门对土地的需求，可操作性较强。另一方面，该方法需要做大量细致的分析、统计研究工作，预测将来耕地增加、减少的趋势，使预测结果从方方面面都"有账可查，有据可依"，实现用地供需均衡，以便于控制用地的发展。通常其近期预测效果良好；但该方法不足之处在于，在市场经济条件下，未来的用地需求和经济发展指标都存在着不确定的特性。因此，该方法的中远期预测值的准确性难以控制，进一步导致预测没有明确的边界，使规划期耕地减幅不能得到有效控制。

在上述研究思路的基础上，当前耕地数量预测的发展趋势是考虑多种因素的多目标预测和融多种定量方法的组合预测。

第五种思路，基于粮食安全、经济发展和生态保护等多目标预测模型。覃事娅、尹惠斌(2009)以湖南省为研究对象提出以粮食安全(包括粮食自给、粮食外调和粮食储备)、经济发展和生态环境保护为目标来预测耕地需求量。[①] 首先，根据湖南省未来人口数、人均生活水平预测出规划年自给情况下的粮食需求量；根据湖南省粮食贡献率及耕地的数量质量变化情况，预测出湖南省粮食外调量；根据《国家粮食安全中长期规划纲要(2008～2020)》及湖南省自然灾害发生情况预测出粮食储备的需求量；三者之和即为规划年湖南省粮食需求总量；然后根据未来单产水平及复种指数即可求得基于粮食安全的耕地需求总量。其次，根据湖南省经济发展的要求及规划，预测出规划年经济作物、其他农作物以及非农建设占用对耕地的需求量。再次，预测出基于生态保护的耕地需求量。最后，将三大目标情况下的耕地需求量求和即为规划年的耕地需求总量。预测的

---

① 覃事娅，尹惠斌.基于多目标的湖南省耕地需求量预测研究[J].水土保持通报，2009(10)：174～179

技术路线见图 5.1。

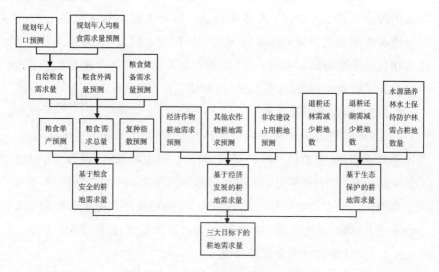

图 5.1 耕地需求量预测技术路线图

第六种思路,融多种定量方法的组合预测。在预测实践中,对同一预测对象常采用不同的预测方法,每种预测方法从各个不同的方面提供不同的有用信息,其预测结果的精度也不尽相同,如果简单机械地将预测精度不高、误差偏大的一些方法舍弃,势必导致部分有用的有价值的信息丢失。组合预测模型将各种预测效果进行总体性综合分析考虑,相对于单个预测模型更系统、更全面、更科学、更准确,从而能更有效地提高预测精确性、科学性和适用性。目前,针对组合预测方法的研究重点主要集中在如何对各单个预测方法的权重进行确定上。

总的来讲,依据组合预测确定权系数的异同,把组合预测模型分为固定权系数组合预测模型和变权系数组合预测模型。固定权系数组合预测的研究已取得一定的进展,但变权系数组合预测的研究才刚起步。而固定权重研究相对较早,方法也相对较为成熟,但该组合预测方法的权重不随着时间的变化而变化,其权重值一成不变,所以预测精度不高,误差偏大;时变权重的研究虽然起步较晚,确定方法仍处于探讨实验阶段,但该组合预测方法的权重会随着时间改变,其权重值有较大的灵活性、适应性,因此预测精度明显高于固定权重组合预测方法,误差较小。对于固定权重的确定有如下方法:(1)算术平均法。这种方法亦称等权平均法,它不考虑各预测模型和预测方法的预测结果精度上的差别,直接对各个方法的预测结果进行算术平均。(2)均方差倒数法。以各个模型的均方差的倒数确定权重。(3)专家咨询法。(4)层次分析法。

5.2.2　园地需求量预测

根据《土地利用现状分类》(GB/T 21010-2007),园地①包括果园、茶园和其他园地(指桑树、橡胶、可可、咖啡、油棕、胡椒、药材等其他多年生作物的园地)。园地预测的思路可参照耕地预测中的第二种思路,即在确定本地区内外市场对园地产品的需求量,预测规划目标年各类园地单产水平的基础上,求出这些园地产品的用地需求量之和。

5.2.3　林地和草地需求量预测

林地②含有林地、灌溉林地和其他林地等,草地包括天然牧草地、人工牧草地和其他草地。林地和草地需求量预测方法基本相同,既要考虑经济发展对木材(或牧草地)的需求,又要考虑改善生态环境的要求,将两部分需求加和获得林地(或草地)的需求量。

5.3　建设用地需求量预测

无论建设用地如何划分,城镇建设用地、农村居民点用地、独立工矿用地(包括工业用地、采矿用地及仓储用地)、交通和水利用地的需求预测,都是土地利用规划用地指标安排的重点环节。本部分按照上述顺序展开。

目前预测建设用地规模主要有如下方法:一是基于有关用地指标的定额法;二是基于社会经济发展的因果关系模型;三是基于历史数据的时

---

①　园地是指种植以采集果、叶、根、茎、枝、汁等为主的集约经营的多年生木本和草本作物,覆盖度大于50%或每亩株数大于合理株数70%的土地。包括用于育苗的土地。

②　林地是指生长乔木、竹类、灌木的土地,及沿海生长红树林的土地。包括迹地,不包括居民点内部的绿化林木用地,以及铁路、公路、征地范围内的林木,以及河流、沟渠的护堤林。

间序列关系模型;四是基于多种模型的线性组合预测模型。

5.3.1　基于有关用地指标的定额法

用地定额是指用地单位进行正常的经济社会活动所必需的最少土地投入数量。尽管这个数量会随具体单位的性质、规模、技术、资金、选址,甚至意愿等因素而有差异,但是从全社会的观点来描述这一概念,用地定额不应是一些单位实际占地的平均值,而是它们在现阶段社会平均先进的生产工艺、规划设计、技术经济水平和通常的场地条件下所需占用的最少土地面积的均值。[①] 用地定额法也叫标准规模预测法,即按照国家规定的各类建设用地定额指标,以及对人口发展规模、建设投资规模的预测,测算未来一定时期建设用地发展规模。该方法一般也是分类预测,但与分解预测不同的是这种方法只是基于一个一般适用的标准,调整幅度比较小,灵活性不强。按照该方法,整个预测体系可分为城市用地规模预测、村镇用地规模预测、公路用地规模预测、铁路用地规模预测、水库用地规模预测、渠道工程用地规模预测、独立工矿用地规模预测、特殊用地规模预测等。

城市用地规模预测可依据《城市用地分类与规划用地标准》(GBJ137－90)确定的人均城市建设用地指标;村镇用地规模预测可依据《村镇规划标准》(GB50188－93)确定的人均村镇建设用地指标;公路用地规模应不超过《公路建设项目用地指标》(建标[1999]278 号)规定的公路建设项目用地规模;铁路用地规模也应符合新建铁路工程用地指标(国土资发[2000]186 号)和(铁路)区间正线用地指标;水库用地可依据水位－容关系曲线和水位－积关系曲线估算,水库库容估算方法有地形图法、断面法和系数法;渠道工程用地面积为其长度与宽度的乘积加渠道工程用地面积,渠道宽度按干渠和支渠的占地指标确定;独立工矿用地规模根据已列入建设计划的建设规模与相应的用地指标逐项演算求得,建设项目用地指标应采用行业用地定额指标或当地平均先进水平的土地产出率,在预

---

① 周仲凯,李明东,陈国先.编制各类建设用地定额的方法学研究[J].四川师范学院学报,1991,12(3):247~254

测时应注意区分居民点内的建设项目与居民点外的建设项目,只对居民点外的建设发展用地加以预测;特殊用地一般有特定的资源、环境、建设条件要求,可到实地调查、核定其用地范围和面积。

5.3.2 基于社会经济发展的因果关系模型

1. 城镇用地预测

城镇用地包括城市用地和建制镇用地,[①]合理的城镇规模应根据所在地区的经济发展水平、城镇人口规模、城镇区位条件、城镇生态环境质量、城镇生活水平、一定区域内城镇对比等因素来确定。

城镇用地规模的大小受土地利用条件、地形地貌等自然条件的限制,同时应与人口规模、产业规模、经济规模相适应。因此,预测城镇用地规模应从实际出发,因地制宜,规模适度,同时也应考虑到区域经济发展受许多非确定因素的影响,预测城市发展空间时也应适当超前。

(1)线性生产函数模型(C-D函数)

利用资本投入(K)、土地投入(LAND)和劳动投入(POP)等3个要素对 GDP 产出进行多元线性回归分析,建立以下线性预测模型:

$$GDP = a_1 + a_2 \cdot K + a_3 \cdot LAND + a_4 \cdot POP \qquad (5.3)$$

然后,根据目标年的资本投入、劳动投入和 GDP 数据,反算出土地投入数据。

(2)多元回归模型

一定时期内建设用地变化的驱动因素主要是社会、经济、政策因素,而自然因素具有相对稳定性。影响建设用地变化的指标包括人口、GDP、固定资产投资、城市化率等。通过建立以建设用地面积为因变量,以若干社会经济变量为自变量的多元回归模型,能够很好地模拟随着社会经济的发展,建设用地数量的变化。将预测年的社会经济数据代入回归模型,就可以获得预测年建设用地数量。

---

① 根据《土地利用分类》与《全国土地分类》(过渡期适用)对应关系表,城镇用地包括商服用地、城镇住宅用地、街巷用地、公共管理与公共服务用地和空闲地等。

2. 农村居民点用地预测

农村居民点用地是指村镇居民生产生活用地。农村居民点用地规模的预测,可以参考国家技术监督局和原建设部 1993 年发布的《村镇规划标准》中划定的村镇等级、人口预测方法和人均建设用地标准进行预测。预测思路如下:

(1)统计研究区域各级村镇(包括基层村、中心村、一般镇、中心镇 4 级)的个数。

(2)预测研究区各村镇人口,按下式计算:

$$Q = Q_0 \times (1+K)_n + P \tag{5.4}$$

其中:Q 为人口预测数(人),Q_0 为人口现状数(人),K 为规划期内人口的自然增长率(‰),P 为规划期内人口的机械增长(人),n 为规划期限(年)。

(3)根据研究区域村镇土地资源情况和土地利用政策,确定各级村镇人均建设用地标准,可参考表 5.1 制定。

表 5.1　人均建设用地指标

级别	一级	二级	三级	四级	五级
人均建设用地指标（平方米/人）	50～60	60～80	80～100	100～120	120～150

(4)依据各村镇人口和确定的人均建设用地指标,计算各村镇居民点用地面积。

(5)再将各村镇居民点面积进行加总。

此外,也可通过建立农村居民点用地规模与农民人均纯收入、农业生产总值、道路面积、乡村户数、农村固定资产投资、城市化水平等影响变量之间的多元回归模型,预测农村居民点用地面积;或依据研究区农村居民点历史数据,进行趋势外推,或者采用灰色预测模型、时间序列预测方法进行预测。

3. 独立工矿用地预测

(1)独立工矿用地的分类(广义工业用地分类)

关于独立工矿用地的范围,4个版本的土地利用分类并不一致。《土地利用现状分类及其含义》(1984年发布)中将独立工矿用地作为一个二级地类,包括工矿企业、采石场、砖瓦窑、仓库等用地;在《城镇土地分类》(1989年颁布)中将工业用地和仓储用地合为工业仓储用地一级地类,并未指明包括采矿用地;在《全国土地分类》(2002年试行)中将工业用地(即制造业用地)、采矿用地和仓储用地合为工矿仓储用地二级地类;在《土地利用现状分类》(GB/T 21010-2007)中将工业用地(即制造业用地)、采矿用地和仓储用地合为工矿仓储用地一级地类。

上述分类最大的问题是未能将各二级地类予以细化(尤其是制造业用地),因而不能反映工业产业结构(特别是制造业结构),在用地预测中难以反映社会经济结构的变化特征。对工业用地内部各细分产业用地的预测,对于引导产业结构调整具有重要的工具价值。

1991年实施的《城市用地分类与规划建设用地标准》(GBJ137-90,以下简称《分类与标准》)将工业用地分为三个中类,如表5.2所示。虽对工业用地进行了细化,但仍不能满足用地预测的需要。

表5.2　现行工业用地分类

类别名称	范围
工业用地	工矿企业的生产车间、库房及其附属设施等用地,包括专用的铁路、码头和道路等用地,不包括露天矿用地,该用地应归入水域和其他用地
一类工业用地	对居住和公共设施等环境基本无干扰和污染的工业用地,如电子工业、缝纫工业、工艺品制作工业用地
二类工业用地	对居住和公共设施等环境有一定干扰和污染的工业用地,如食品工业、医药制造工业、纺织工业等用地
三类工业用地	对居住和公共设施等环境有严重干扰和污染的工业用地,如采掘业、冶金工业、大中型机械制造工业、化学工业、造纸工业、制革工业、建材工业等用地

在工业内部,目前我国正处于工业化中期,制造业是工业中的主要部分,在相当长的时间内,制造业会是我国大部分城市的主要产业。根据国外城市制造业发展的经验,参考联合国工业组织在《工业发展报告》中对

制造业的分类,我们采用如下广义工业用地分类方法,如表 5.3 所示。

表5.3　广义工业用地分类(独立工矿用地)

Ⅰ级分类	Ⅱ级分类	Ⅲ级分类
采掘业用地 建筑业用地 仓储业用地		
制造业用地	原材料型产品制造业用地	食品加工业,木材加工及竹、藤、棕、草制品业,化学原材料制造业用地
	低端技术产品制造业用地	纺织服装业,印刷业,日用化学产品制造业,塑料制品业,工艺美术品制造业,日用杂品制造业用地
	中端技术产品制造业用地	交通运输设备制造业,金属冶炼及加工业,电气机械器材制造业,汽车零部件制造业,金属表面处理及热处理业用地
	高端技术产品制造业用地	电子及通信设备制造业(尤其是光电子信息产业),航空航天器业,医药制造业(尤其是生物医药),仪器仪表及文化、办公机械制造业,生物工程产业,智能机械产业,超导体产业,太阳能产业,空间产业(以通信卫星和卫星、运载火箭为重点),海洋产业用地
	基础能源供应业用地	水供应业,电供应业,汽能供应业,热能供应业,煤气供应业用地

(2)独立工矿用地需求量预测

各类工业用地的预测可按照如下思路进行:首先设立各类工业的单位用地产值标准,然后测算该产业总产值,最后两者相除获得该工业用地总地量,再加总获得工业用地总需求量。其中,各类工业单位用地产值标准的设定是关键和难点,实践中,可采用如下方式处理:一是采用本地区该工业的平均地均产值作为下限;二是采用全国该工业的平均地均产值作为中限;三是采用国际该工业的平均地均产值作为上限。

设第 j 类工业的地均产值标准为 s_j(分别有地区、全国和国际三个标准),本地区该类工业的总产值为 Q,则本地区该类工业的用地面积为:

$$L_j = \frac{Q_j}{s_j} \tag{5.5}$$

最后求出本地区工矿用地总的需求量:

$$L = \sum L_j \qquad (5.6)$$

需要强调的是,采用上述三个地均产值标准将会得到三个工业用地需求量,选择哪一个数量取决于当地工业发展的目标。

4. 交通用地需求预测

交通用地包括铁路用地、公路用地、港口码头用地、机场用地以及管道运输用地,各类用地特点不同,因而有不同的预测方法。铁路用地需求预测可按规划期内所需要的铁路货物和旅客运输能力,确定新修或改造铁路的规模和等级,并按有关的技术标准计算需要新占用地的数量。公路用地需求预测除了可按与铁路用地需求预测类似的方法外,还可以通过分析区域内社会总产值与路网密度的关系来预测出规划年公路用地规模。港口码头用地可按照规划期内新增的货物吞吐量和旅客运输能力,按照相关技术标准计算所需用地数量。机场用地预测可参考铁路或港口码头用地的预测方法,依据货物和旅客运输量,按照相关技术标准确定。管道运输用地按照上述方法,依据地区所需的石油、天然气资源的数量,按照相关技术标准确定。

交通用地需求预测亦可以采用基于时间序列的方法,如采用灰色—马尔科夫模型预测,可兼具灰色模型和马尔科夫模型的优点。[①] 此外,也可以研究交通用地与总人口、GDP、固定资产投资、交通设施总投资等变量与交通用地之间的数量关系,建立多元回归模型,进行预测。

5. 水利设施用地需求预测

水利设施用地包括水库水面和水工建筑用地两种类型。其用地面积的预测有两种常用方法,第一种方法是将规划期内新建、改建、扩建水利设施项目用地相累加,从而计算出规划期内水利设施净增量;第二种方法是根据一定时期水利设施用地规模与人口、GDP、工业产值的回归关系,确定多元回归模型,然后预测目标规划年的人口、GDP、工业产值,再计算预测目标年的水利设施用地面积。

---

① 林和明. 广东省交通用地需求预测分析[J]. 广东农业科学,2008(5):44～46

5.3.3　基于历史数据的时间序列关系模型

建设用地数量预测采用时间序列关系模型与耕地预测一样,主要是以历年建设用地数量为依据,进行趋势模拟和预测,如自回归趋势模型、指数平滑法、移动平均法、时间序列的 ARIMA 模型或灰色系统模型等,建立数学模型预测未来时期的建设用地数量。

5.3.4　基于多种模型的线性组合预测模型

近年来组合预测越来越受人们的关注,理论上已经证明多种模型的线性组合在一定的条件下能够有效地改善模型的拟合能力和提高预测精度。组合预测函数通常是一个多峰值的非线性函数,函数中各单一预测方法权系数的确定非常重要,常用的方法有最优组合预测方法以及通过各种优化算法来确定权系数。

周亚非、张四保、王洋(2009)运用多峰值人工免疫算法对神经网络预测模型、灰色 GM 模型、多项式回归预测模型和 ARIMA 预测模型进行线性组合获得组合预测模型,并对成都市建设用地需求量进行了准确预测,表明其具有全局搜索及快速收敛的能力,在组合预测方面具有很好的可行性和有效性。[①]

5.4　建设用地供给量的影响因素及预测

5.4.1　建设用地供给量的影响因素

目前,影响建设用地供给的影响因素主要有以下几个方面:

1. 土地的自然供给量和适宜性

土地的自然供给量是指土地开发和再开发可以获得的地块数量。影响土地自然供给的因素主要有气候条件、地质地貌条件、生态环境条件、水资源条件、生产资源条件、交通便捷度等,其中特别是地质地貌条件状况,这些因素直接影响着土地是否可以用于建设以及适宜哪些用途,承受

[①]　周亚非,张四保,王洋.多峰值人工免疫算法对建设用地需求量的预测[J].太原师范学院学报(自然科学版),2009(3):34~37

开发强度如何等。另外,从长远的角度看,人类开发利用土地能力也是影响土地自然量的重要因素,例如某一宗原本无法使用的土地,在先进的土壤改良技术作用下,就可能作农地或建筑用地。

2. 生态安全和社会安全的要求

生态安全和社会安全的要求主要是指建设用地的供给应当不影响生态系统的安全和社会的安全。

生态安全主要是考虑城市开发活动对生态系统的破坏问题,城市扩展中建设用地的供给必须要充分考虑区域环境和生态的承受力,要保障城市的生态质量。

社会安全的要求主要是基于城市是具有社会容量的,也即在一定的土地利用方式、密度和面积下城市容纳的人口数量是有限的,如果突破限制会引发一些犯罪和家庭暴力等问题。另外,正如前文所说的,城市的扩展可能会带来城乡差距的扩大、农民失去生活保障、激发社会矛盾等社会问题。

3. 政府的监控能力

政府的监控能力一方面包括城市政府所作出的决策以造福居民的能力,另一方面也包括城市政府为这些决策所能支付的公共成本的能力。建设用地的供给会影响城市的产业结构调整、城市和周边居民生活状况,特别是我国的城市化属于政府推动型,政府的监控能力直接制约着建设用地的供给以及土地的利用效率。

4. 基础设施的服务能力

建设用地的供给也与基础设施的服务能力有关,因为基础设施的完善程度影响土地的利用效率,而基础设施的建设往往周期较长,投资较大,在一些城市如果基础设施的建设比较滞后,则不太适应在这些基础设施薄弱的地区过多地供给土地。

5.4.2　建设用地供给量的预测

建设用地供给量的预测则是在充分考虑上述几个因素的基础上,通过以下两个路径进行,即未利用土地的供给状况和已利用土地可增加供给容量的预测。

未利用土地的供给状况主要是指过去未利用或由于过去的开发能力所限未利用的土地在预测期内可以开发的土地。

已利用土地可增加供给容量主要是指过去利用率低的土地通过提高利用率增加的容量和土地利用结构的变化而增加的供给容量。

通过以上因素的分析,我们可得出对应于上述需求分析中住宅、工业、商业、公共服务、社会事业、基础设施、绿地等用地类型的供给最大量 S_1、S_2、S_3、S_4、S_5、S_6、S_7,同时能适应多种用途的用地供给量也可得出,如适应于工业和住宅用地的土地 S_{12} 等。

具体而言,推算每一类型用地的最大供给量 S_i 可以通过以下步骤:首先,计算该类型土地现有利用总量 S_{i0};其次,计算现有利用土地用途中不适合该用途的土地面积 S_{i1}(主要是基于生态安全和社会安全的考虑,以及基础设施建设的需求),如在城市生态脆弱区的工业用地的用途变更,城市结构扩展干线上的土地要用于基础设施建设等;再次,计算目前其他用途土地可转移为该用途的面积 S_{i2}(主要是基于生态安全和社会安全的考虑,以及政府引导下的产业结构升级的需要),如研究商业用地、住宅用地时常常考虑城区中心传统工业用地的转变等;最后,还需要结合土地的自然供给量、适宜性以及政府调控能力确定规划期内未利用土地的开发与利用,即得出该用途土地的增量扩展 S_{i3}。

因此,每一类型用途土地的最大供给量可表示为:

$$S_i = S_{i0} - S_{i1} + S_{i2} + S_{i3} \tag{5.7}$$

5.4.3　城市扩展用地规模的预测及结论

在城市扩展用地的总量确定中应充分考虑用地的需求和供给状况,要协调好这两者的关系,如果建设用地供给中每种用途的土地净供给(即仅适用于某一种类型的)都能大于需求,则扩展用地规模按需求量定,如果每种用途的土地总供给(即适应于某一类型的所有土地)都小于需求量,则扩展用地规模按供给量定,如果需求量介于两者之间,则要结合城市发展的产业特点、功能定位和城市发展步骤、战略等要素定用地规模。

如果令 S_m、S'_m($m \in \{1,2,3,4,5,6,7\}$)表示相对应用途土地的总供给和净供给量(例如如果土地最多适合三种用途,则 $S'_m = S_m - \sum_m \sum_n S_{mn}$

$+\sum\limits_{m}\sum\limits_{n}\sum\limits_{o}S_{mno}$,其中 $n=1,2,\cdots,7$,$o=1,2,\cdots,7$),G 表示用地总规模,G_p 表示现有用地规模,ΔG_p 为通过现有用地的内涵挖潜可增加的用地,G_s 为城市扩展用地规模,则通过需求和供给预测分析,主要可能有三种情况:

(1)$D_m < S'_m$,则 $G=\sum\limits_{m}D_m$,$G_s=\sum\limits_{m}D_m-G_p-\Delta G_p$,$m=1,2,\cdots,7$

(2)$D_m > S_m$,则 $G=\sum\limits_{m}S'_m$,$G_s=\sum\limits_{m}S_m-G_p-\Delta G_p$,$m=1,2,\cdots,7$

(3)$S'_m < D_m < S_m$,则需要根据城市发展特点而定,对于已处于工业化中后期的经济较发达的城市而言,参考国外的经验,需要优先保障绿地,同时考虑产业结构调整及产业发展的优先顺序;对于正处于工业化初期的经济较为落后的城市,尽量减少环境污染严重、占地面积过大的低端产业,或通过加强技术建设或阶段性供地等因素考虑综合协调各产业用地需求,以使建设用地扩展更有效。

5.5 区域新增建设用地指标分解

5.5.1 指标分解的内涵

追求综合效益最大化的土地利用的实质是土地利用配置问题,即如何实现有限的土地资源持续地在各子区域间、部门间、用途间和时序上的合理分配,土地利用的目标就是土地数量结构的合理性、土地空间布局的均衡性、土地用途的相对稳定性和土地利用的持续性。在土地利用规划中,新增建设用地指标属于指令性指标,其合理分配对引导城市建设用地的集约利用,促进城市合理发展具有重要意义。

指标分配的基本内涵是:根据区域自然条件和社会经济状况,明确区域土地的供需特点,找出实现规划目标的途径及其影响因素;通过综合评价做出区域分解和时序安排,对土地利用总体规划指标进行时空的最佳组织与配置。[1]

---

① 王瑛.土地利用总体规划中净增建设用地指标分配研究——以柳州市为例[D].武汉:华中农业大学,2008:14

5.5.2　指标分解的理论基础

1. 主要矛盾与次要矛盾原理

随着经济社会的发展,我国建设用地供需矛盾日益突出。在有限的建设用地供给和巨大用地需求的情况下,必须分清矛盾主次,抓住主要矛盾,明确重点,保障有序。在建设用地指标分解时,要优先保障市级、省级、国家级重点项目的用地需求。根据用地需求的轻重缓急,合理分解建设用地指标。

2. 效率与公平原理

在公共资源配置的时候,应兼顾效率与公平。在经济发达的地区建设用地需求量较大,这些地区往往土地利用集约程度高,经济效益好,因此,新增建设用地指标分解到这些地区,能够创造更多的经济效益。但是,如果过分强调这些地区的用地需求,而忽视经济落后地区的建设用地需求,就会造成建设用地指标分配不公平,将在一定程度上限制落后地区的发展,也有碍于社会公平与和谐。因此,在新增建设用地指标分解的时候,既要考虑土地集约程度高、经济效益好的地区,又要重视贫困落后地区的发展用地需求,兼顾效率与公平。

3. 公共选择理论

经济学家布坎南(J. M. Buchanan)认为政府是经济人,也会追求自身利益的最大化。因此,土地利用总体规划中,上级政府与下级政府以及下级政府之间都存在博弈。在建设用地指标分解时,必须从整体出发,突出重点,统筹兼顾。

4. 不确定性理论

规划中存在许多不确定因素,是一个信息不完全的灰色系统。传统的指标分解方式(把上级规划给定的用地规划指标全部分解)缺乏弹性,不能适应新形势的要求,常常因为项目选址等不确定因素造成缺乏规划指标,难以付诸实施。因此,应考虑保留一定量的建设用地指标,以增强规划的弹性和可操作性。

5. 可持续发展理论

土地资源可持续利用是可持续发展的基础和重要组成部分。建设用地的安排在很大程度上影响土地资源的可持续利用。在建设用地安排时应充分考虑环境容量与资源承载力,注重社会、经济、生态综合效益的最大化,以保障经济社会的可持续发展。

5.5.3　现行用地指标分解方法及不足

当前建设用地指标分配实践中多采取区域综合评价法,即构建评价指标体系,对各区域进行评价赋值,依据赋值的情况作为指标分解的权重。该方法充分考虑了影响指标分解的因素,做到了区域间的公平,指标分解的目的性明确,并且操作简单易行,是当前全国各地普遍采用的指标分配方法。依照评价指标权重的确定方法不同可以划分两种类型:一种称作主观赋权法,采用专家赋值,如因素分析法、层次分析法;另一种是客观赋权法,不采用专家打分,而是根据实测数据,通过数据挖掘确定指标权重,如经济主导法、历史趋势法、人口主导法等。在实际应用中,两种确定权重的方法常结合使用,特别是在定性指标和定量指标并存时。

1. 主观赋权法

(1)因素分析法

因素分析法是分析用地指标与其影响因素的关系,从数量上确定各因素对分析指标影响方向和影响程度的一种方法。因素分析法既可以全面分析各因素对用地指标的影响,又可以单独分析某个因素对用地指标的影响。

该方法选取若干与建设用地指标相关的因素,然后根据规划者个人判断赋值,根据各区域因素得分高低确定权重分解总指标。通常采用的因子有:规划期新增人口、规划期新增 GDP、全社会固定资产投资、经济强县(镇)及开发区个数、现状人均建设用地、期末城镇化水平、基础设施用地规模等。此方法中因子的选择和因子权重的确定是关键问题,因子的选取和权重的确定必须科学、合理,必须严格体现与新增建设用地的相关性。

(2)层次分析法

该方法采用层次分析法来确定分配权重,将控制指标根据权重分解到各地区。具体为首先建立层次结构模型,一般选取构建与建设用地相关的指标体系,采用层次分析法评定各指标对于指标分配目标的相对重要性,构造判断矩阵,计算重要性及权重,从而确定各区域净增建设用地控制指标分配权重。该方法中构造判断矩阵具有较大的人为主观因素,准则层相对于目标层重要性的判断值取 1、3、5、7、9 等 5 个标度等级,依次为同等重要、比较重要、重要、很重要、极重要,各位专家需结合自己的专业水平、经验、知识面和综合能力等直接判定打分。

　　以上两种方法的不足在于指标选择和主观赋权受限于参与者的专业背景和偏好,常常无法真正反映影响建设用地指标分解的因素及程度,从而造成分解结果不能反映各地社会经济发展对用地指标的需求。

　　2.客观赋权法

　　(1)经济主导法

　　选取与新增建设用地指标分解相关的个别经济指标(如国民生产总值、固定资产投资、财政收入等),依照各区域实际指标的大小来分解总建设用地指标。该方法考虑因素单一,追求经济的高速发展,忽视城镇发展的合理规模和经济、社会、生态的协调,易导致建设用地增长过快、建设占用耕地数量增加、建设用地的低效利用,以及建设用地缺乏时间上的合理安排和长期目标规划等一系列问题。

　　(2)人口主导法

　　以人均建设用地规模为依据分配指标,根据《城市用地分类与规划建设用地标准》(GBJ137—90)、《村镇建设用地规划标准》(GB50188—93)等规范,以现状建设用地的人均水平为基础,根据人均建设用地指标级别和允许调整幅度确定各区域人均建设用地标准,然后将预测规划期末人口与之相乘,计算各区域占总建设用地比例,以此比例作为新增建设用地分配的权重。该方法只考虑人口因素,同时人均建设用地指标标准的制定成为该种方法的关键问题。在标准不科学的情况下,易形成较大的偏差。

　　(3)历史趋势法

　　根据多年来的各下级行政地区建设用地增长情况预测规划期末各地方的用地需求量,根据各区域期末用地需求比例作为分解权重进行土地利用控制指标的分解。从过去预测未来是一种常用的预测方法,主要有回归预测法、灰色系统预测法等。这种方法比较简单直观,但存在两方面的缺陷,其一,以从前发生在尽量满足需求条件下的历年用地数量来预测"供给引导和制约需求"条件下的外来用地量,必将有较大的偏差;其二,一般发达地区历史上用地量较大,经济落后地区用地量较小,采用趋势法会导致落后地区分解到的用地指标偏小,影响其经济发展,导致地区差异增大。

(4)主成分分析法

在评价时可能出现的一种情况是:众多因素对评价的对象都有或多或少的贡献且各个因素之间可能存在着相关关系,主成分分析是把原来多个变量化为少数几个综合指标的一个统计分析方法,可以将存在相关关系的因素通过数学方法综合成少数几个参评因素,使这几个新的因素既代表原来因素的信息且又相互独立,从而简化问题。依照各区域在几个新的因素上的得分确定新增建设用地分配权重。在实际操作过程中,由于待分解的区域较少(一般市辖区域不超过 10 个),所获取样本值较少,不适用于主成分分析法分解指标。

(5)熵权系数法

按照熵思想,人们在决策中获得信息的多少和质量,是决策的精度和可靠性大小的决定因素之一。在各方案评价中,对于某一项指标,如果各方案在这项指标上的变异越大,那么在方案评价中所取得的作用就越大;否则,各指标相同,在方案评价中就不起作用。无论是项目评估还是多目标决策,人们常常要考虑每个评价指标(或各目标、属性)的相对重要程度。表示重要程度最直接和简便的方法是给各指标赋予权重(权系数),各区域依照熵权系数赋予的权重分解新增建设用地总指标即为本方法的特点。

5.5.4　基于土地竞争力的指标区域分解方法

当前,我国新增建设用地指标的安排实行两级审批制度,分别由国务院和省级人民政府审批,国务院根据各省份的土地利用规划和申请下达新增建设用地指标,各省份再将下达指标和经本级人民政府批准的新增建设用地指标在各地市间分解配置。从中央和省级政府层面看,建设用地指标的安排无疑是区域经济协调发展的重要抓手之一。然而,这种根据各地用地规划和申请的新增建设用地指标安排是否充分考虑了已批建设用地真实利用效果,一直以来未能引起人们的充分关注。众所周知,由于GDP政绩的导向作用,地方政府存在盲目扩张建设用地的动机,一方面大力扩张工业,增加GDP和财政收入;另一方面,依靠卖地财政支持政府支出。因此,各地的建设用地指标要求只会比社会经济发展所需要的多,而不是少。建立一种机制对各地新增建设用地指标利用的效果进行考察,进而作为后续用地指标安排的依据,具有重要的理论和实践价值。

1.土地竞争力的内涵

土地竞争力来源于土地投入产出比和土地利用比较效益。广义的土地竞争力内涵包括三个层面:从投资方看,土地竞争力表现为投资环境优良、周边配套设施齐备、产业集聚程度高,有利于实现投资回报;从土地利用效果看,土地竞争力表现为土地利用的经济效益、社会效益和生态效益等综合效益水平高;从区域用地指标(建设用地指标、占用耕地补偿指标等)安排的角度看,由于土地竞争力高的地区利用土地能创造更多的社会财富,因而按照土地竞争力的高低安排用地指标有利于发挥先进地区的优势,提高整体效益。

狭义的土地竞争力是指某地区利用土地资源创造社会财富的现实和潜在能力,它是中央政府以及省级政府安排用地指标的客观依据。土地竞争力评价即指对利用土地创造社会财富的现实和潜在能力进行评价,一般包括经济效益、社会效益和生态效益三个方面,是安排用地指标的基础工作。

2.土地竞争力评价指标体系的构建

以把省级单位作为评价单元为例予以说明。按照上述讨论,国家按照土地竞争力的高低安排用地指标有利于提高整体帕累托效益。土地竞争力的评价是安排用地指标的基础工作,根据科学性、层次性、可操作性、动态性及前瞻性原则,从土地利用的经济效益、社会效益和环境效益等方面,建立了土地竞争力评价的指标体系。其中二级指标3个,三级指标9个,四级指标27个。除描述环境质量的三个指标(地均工业废水排放量、地均污水排放量和地均生活垃圾排放量)外,其余均为正向指标,即数值越大,土地竞争力越强。

表 5.4 土地竞争力评价指标体系

评价目标	评价准则	评价因素	评价指标
土地竞争力	经济效益	投入强度	地均固定资产投资
			地均财政支出
			地均外商投资企业投资总额
			地均技术市场成交额
		产出效益	地均 GDP
			地均财政收入
			地均社会商品零售额
			地均规模以上工业企业数
		产出结构	地均第二产业增加值
			地均第三产业增加值
		扩展效益	城市用地扩展经济弹性指数
	社会效益	社会集聚程度	地均非农就业人口
			第三产业就业比重
			人口城市化水平
		基础设施供给水平	城市人均道路面积
			万人拥有公共汽车数
			城市用水普及率
			城市燃气普及率
		生活水平	城镇居民人均可支配收入
			人均住房面积
	环境效益	环境质量	地均工业废水排放量
			地均污水排放量
			地均生活垃圾排放量
		环境治理水平	人均公共绿地面积
			建成区绿地覆盖率
			地均三废综合利用产品产值
			生活垃圾处理率

注：城市用地扩展经济弹性指数＝近 3 年建成区第二、三产业产值年均增长速度／建成区面积年均增长速度

3. 评价方法的选择

为提高各土地竞争力评价的科学性，采用功效系数法进行评价，之后予以加权综合。该方法需进行数据的标准化、指标权重确定和综合评价分值计算，最终以综合评价分值反映评价对象的相对差异。数据的标准

化也称为数据的无量纲化,即将异度量的各指标值分别转化为无量纲的相对指标值。权重的确定有主观方法(如层次分析法),也可采用客观方法,即依据指标数据本身提供的信息进行权重的确定,如以方差的倒数为权、变异系数为权和复相关系数的倒数为权、信息熵等。下文采用变异系数为权。

(1)数据的标准化

由于评价指标中不仅含有正向指标,还有逆向指标,考虑选取以下相互对应的两种公式分别对正逆指标加以转化:

$$d_{ij} = \frac{x_{ij} - x_j^s}{x_j^h - x_j^s} \tag{5.8}$$

$$d_{ij} = \frac{x_j^h - x_{ij}}{x_j^h - x_j^s} \begin{array}{c}(i = 1, 2, \cdots, p) \\ (j = 1, 2, \cdots, m)\end{array} \tag{5.9}$$

(5.8)式是正向指标标准化公式,(5.9)式是逆向指标标准化公式。其中,x_{ij} 为第 i 个评价单元第 j 个指标的原始数值;d_{ij} 是第 i 个评价单元的第 j 项指标的功效分数;$i = 1, 2, \cdots, p$;$j = 1, 2, \cdots, m$。式中 p 为评价单元个数,m 为指标个数。x_j^s 表示第 j 项指标的不允许值,本书取该项指标统计的最小值,x_j^h 表示第 j 项指标的满意值,在此取该项指标统计的最大值。

(2)权重的确定

采用变异系数法定权:设 $\overline{x_j}$ 为第 j 项指标在不同评价单元间的均值,s_j 表示第 j 项指标在不同评价单元的标准差,即 $s_j = \sqrt{\frac{1}{p-1} \sum\limits_{i=1}^{p} (x_{ij} - \overline{x_j})^2}$。则第 j 项指标的标准差变异系数 $v_j = S_j / |\overline{x_j}|$,第 j 项指标的权重为:

$$w_j = v_j / \sum_{j=1}^{m} v_j \tag{5.10}$$

如果某一指标的标准差变异系数较大,表示其在不同的评价对象上变化大,区别能力强,应给予重视,即权重大。

(3)功效系数分值的计算

利用几何加权平均将功效分数进行综合,得到总的功效分数,该值越高,则综合效益越好,反之则越差,可利用它进行各评价单元之间的比较。

$$y_j = \prod_{i=1}^{p} d_{ij}^{w} , j = 1, 2, \cdots, m \qquad (5.11)$$

4. 新增建设用地的区域与配置

按照下式确定各地区新增建设用地的安排比例,以此比例作为新增建设用地分配的权重。

$$t_j = y_j / \sum_{j=1}^{m} y_j \qquad (5.12)$$

5.6　本轮规划天津市各区县用地指标分解方法

在本轮土地利用总体规划的编制中,利用土地竞争力的分解思路,从天津市土地利用实际情况出发,结合《全国土地利用总体规划纲要(2006~2020年)》指标分解思路,考虑到数据的可操作性,区县用地指标分解主要采取两种方法,即因素法和测算法,其中因素法主要体现土地竞争力的理念。

因素法是指选取多个基本影响因素,建立指标分解因素体系,然后运用特尔菲法赋予各因素权重,最后结合各地影响因素值,运用加权平均法确定各地在全市指标中所占份额,将总量按权重比例分解到各区县。在各指标中,建设用地总规模指标采取因素法进行分解。

测算法是指根据各区县有关的历史数据、现状数据和规划数据,在国家下达指标的控制下进行测算。在各指标中,城镇工矿用地、农村居民点用地、交通水利及其他用地规模、基本农田保护面积、耕地保有量、园地、林地、牧草地、人均城镇工矿用地、新增建设占用农用地规模、新增建设用地占用耕地规模和整理复垦开发补充义务规模等指标采取测算法进行分解。

5.6.1　建设用地指标分解

1. 建设用地总规模指标分解

总规模的分解通过分解新增建设用地指标来实现。为了保证规划的弹性,应对规划实施过程中出现的不确定性,预留一部分机动指标。另外,为了保障中心城市范围内非区属国家级和市级功能区的发展,将其新增建设用地需求单独下达,不参与区县新增建设用地指标分解,但其用地规模计入各区县建设用地总规模。剩余新增建设用地指标通过因素法分解到各区县,选取规划期末人口、规划期末 GDP、1996～2004 年新增建设用地规模、人均耕地、单位用地投资额 5 个因素,因素权重分别为 0.3、0.15、0.2、0.2、0.15。

2. 城镇工矿用地规模指标分解

城镇工矿用地指标分解采用测算法。城镇工矿用地由城镇用地和工矿用地两部分组成,因此在分解过程中,分别预测了城镇用地和工矿用地,两者相加得到城镇工矿规模。

各区县城镇用地预测规模根据天津市城市总体规划确定,以便于充分与城市总体规划衔接。

鉴于规划期内,工矿用地随着城镇用地扩展,以及土地集约利用度的提高,呈现减少的趋势。因此,各区县工矿用地预测思路为:先确定 12 区县独立工矿用地减少总规模,并将其与 12 区县城镇用地总规模相除,可得平均每单位城镇用地扩张引起的独立工矿用地减少的规模,以此规模与各区县城镇用地规模相乘,得各区县独立工矿用地应减少规模,再用各区县独立工矿用地现状,减去各区县独立工矿用地应减少的规模,得到 2020 年各区县独立工矿用地规模(各区县农村居民点最终规模的确定以各区县城镇工矿用地规划大于现状为前提。在分解过程中,如果相减为负数,视为该区县规划期末独立工矿用地为零,并从城镇用地总规模以及独立工矿用地减少总规模中扣除其城镇用地规模、独立工矿用地,并对剩余区县重复上述计算过程,直到相减为正为止)。

3. 农村居民点用地规模指标分解

采用测算法进行分解。先依据城镇用地规模占总城镇用地份额、单位行政区面积上农村居民点面积大小以及各区县经济实力三个因素,将 12 区县进行分类,并确定规划期内每类所包涵区县的农村居民点减少的总规模。将其与相应区县城镇用地规模总规模相除,可得平均每单位城镇用地扩张引起的农村居民点用地减少的规模,以此规模与各区县城镇用地规模相乘,得各区县农村居民点用地应减少规模,再用各区县农村居民点用地现状,减去各区县农村居民点用地应减少的规模,得到 2020 年各区县农村居民点用地规划规模(各区县农村居民点最终规模确定以各区县城乡用地规划大于现状为前提,在分解过程中,如果相减为负数,视为该区县规划期末农村居民点用地为零,并从城镇用地总规模以及农村居民点用地减少总规模中扣除其城镇用地规模、农村居民点用地,并对剩余区县重复上述计算过程,直到相减为正为止)。

4.城乡建设用地规模、交通水利及其他用地规模指标分解

城乡建设用地规模等于城镇工矿用地规模加上农村居民点用地规模。

交通水利及其他用地规模则是以建设用地总规模减去城乡建设用地规模而得。

5.近期各类建设用地规模指标分解

以《全国纲要》下达给天津的 2010 年各类建设用地规模与 2020 年各类建设用地的比为基础,乘以各区县 2020 年各类建设用地规模指标,得各区县 2010 年各类建设用地规模指标。

6.人均城镇工矿用地指标分解

采用测算法。首先根据天津市城市总体规划对全市规划城镇人口的预测确定各区县 2010 年及 2020 年城镇人口规模,再由城镇工矿用地指标规模除以规划城镇人口即得人均城镇工矿用地指标。

7.近期新增建设用地占用农用地及耕地指标分解

采用测算法。根据各区县对建设用地指标的初步落实方案确定各区县占用农用地及耕地指标规模。

5.6.2 农用地指标分解

1.耕地保有量指标分解

采用测算法。分解步骤如下:

(1)确定 2005 年各区县耕地核定数。按照全国纲要的分解思路,以上一版规划确定的各区县耕地保有量为基础数据,核减 1999 年以来,各区县每年因生态退耕、农业结构调整、灾毁等原因减少的耕地数,确定为 2005 年各区县耕地的核定数。

(2)测算 2005～2020 年的耕地核减数。区县 2005～2020 年耕地核减数＝(区县 1999～2005 年耕地核减数)×[(2005 年耕地核定数－《全国纲要》下达的耕地数－滨海新区建设占用耕地数)/天津市 1999～2005 年耕地核减数]。

(3)核减滨海新区建设占用耕地的数量。

(4)确定 2020 年的耕地保有量。区县 2020 年耕地保有量＝2005 年区县耕地核定数－区县 2005～2020 年耕地核减数－滨海新区范围内各区县建设占用耕地数。

2.基本农田保护面积指标分解

采用测算法。按照现行规划划定的基本农田保护区和土地利用更新调查成果,核定各区县现有基本农田面积;将国家分解我市的基本农田核减数,优先用于规划期内滨海新区及全市市属国家级、市级功能区因建设占用的基本农田的核减;对各区县除因生态退耕造成现有基本农田面积低于现行规划确定的基本农田保护面积的,依法在本行政区内补划同等数量的基本农田。

3.园地、林地、牧草地规模指标分解

采用测算法。以各区县 2005 年园地、林地、牧草地占天津市 2005 年总量的比例乘以国家下达给天津市 2020 年园地、林地、牧草地的总规模,得各区县 2020 年园地、林地、牧草地的规模。

4.近期各类农用地指标分解

以《全国纲要》下达给天津的 2010 年各类农用地规模与 2020 年各类农用地的比为基础,乘以各区县 2020 年各类农用地规模指标,得各区县 2010 年各类农用地规模指标。

第6章　土地利用规划的空间布局理论
和方法

6.1　不同用地的选址理论

6.1.1　农业用地选址研究

1.农业用地选址理论

(1)农业区位论

杜能提出的农业区位论可以看作农业用地选址理论的源头。所著《孤立国》一书论述了通过农业合理布局以达到节约运费增加利润的目的,首次阐述农业合理布局的问题。得出以下几个主要结论:城市作为消费中心影响周围农业用地,以距离城市中心的远近及农产品运输费用的多少,衡量土地利用的集约化程度,以此作为农业产业用地布局的依据;以距离市场远近确定农业土地利用的合理集约度。通过技术区位效益,合理安排城市空间的农业用地布局。[1]　农业用地选址除了常规的用于种植的农地选址,还包括农业观光区、农业科技园区等与农业相关的用地布局。针对不同用途的农用地所依据的理论也有所差异。就农业观光园区而言,除了依据农业区位论,还应考虑观光园区的旅游性,参考旅游心理学、旅游区位论、可持续发展理论等。随着经济的发展和人口的不断增加,人们对农产品的需求量日益增大。产品物流中心作为连接农产品生

---

① 刘韶军.城市用地布局的区位分析方法[J].经济论坛,2008(16):44~45

产者和农产品销售终端的关键一环,也成为农业用地选址考虑的重要内容。就建设农业科技园而言,主要考虑科技园的集聚－扩散效应,依据集群理论和增长极理论进行选址。

(2)旅游学相关理论

在各大城市设置农业观光园区需要考虑农业的属性以及旅游的属性,因此除了根据农业区位论选址还应该考虑旅游心理学和旅游区位论等相关理论。旅游心理学认为旅游动机是直接推动一个人进行旅游活动的内部动因或动力,旅游动机的产生和人类的其他行为动机一样,都来自人的需要,而将旅游动机归为心情的动机、身体的动机、精神的动机和经济的动机四类。农业观光园考虑到旅游的性质则需要根据旅游者心理特征、喜好和需求作为选址的参考。农业区位论主要针对农业生产,而在进行农业观光园选址时,除了考虑农业属性外,还需要考虑旅游的区位论。旅游区位主要考虑客源区位、交通区位和认知区位。其中客源区位是从客源地断面看待旅游景点的吸引力及可达性;交通区位是指从客源地到旅游区的空间距离及可达距离;认知区位是指客源地游客对景区景物的认同感及观赏心理。

(3)中心－外围理论

中心－外围理论由 Krugman 于 1991 年提出,主要针对农业和制造业。假设农业部门以一般劳动力为唯一的投入,在规模报酬不变的前提下生产同质产品;制造业部门以熟练劳动力为唯一的投入,在规模报酬递增的条件下生产差异化的系列产品。熟练劳动力可以在不同区域间自由流动,而一般劳动力不能自由流动。农产品可以在任何区域间以零成本运输。通过运用该理论,能够有效地根据劳动力状况判断产业聚集状态,考虑运输成本和产业,合理确定产业的规模和选址。

2.农业用地选址的实证研究

(1)农用地选址

农用地直接用于农业生产,包括耕地、林地、草地等。农用地选址主要考虑自然条件(土壤条件、地形地貌条件等)和作物生长的条件等方面,因地类差异和地区差异,具体选址原则也差异显著。本书仅以果园和林地选址为例进行农用地选址说明。

①果园选址

果园选址首先应选择土层深厚、肥沃疏松、保墒性强、排水良好、酸碱度适宜的砂壤土。土层厚度 80 厘米以上,土壤孔隙中空气的含氧量 15％以上,土壤酸碱度以 PH5.5～6.5 为宜。但若砧木选择得当,土壤 PH5～8,土壤含盐量在 0.1％以内也可正常生长结果。地下水位一般在 1.5 米以下,有些地下水位较高的土地,应通过挖排水沟等方法降低地下水位后再行栽植;土壤肥力最好能在 1％以上,且地势平坦,有良好的排灌条件。我国北方丘陵山区居多,尤其是山西丘陵山地占总面积50％以上,在那里地广人稀、山清水秀、空气新鲜、光照充足,昼夜温差大,山地、坡地、沟坝地独占鳌头,有着得天独厚农林牧果并举、同步发展的优越条件。走山坡沟底种草栽树、沟坝地种粮油瓜菜、向阳坡地建立果园的综合利用、发家致富之路,可使农林牧果互补互促、滚动发展。既防止了水土流失,又减少了风沙尘暴;既保持了生态平衡,又创造了优良环保的大气环境。考虑到丘陵山区的空气、土壤及地下水等基本未受污染,是天然的绿色环保区域;丘陵山区的土地绝大多数是疏松的黄壤土,在这里栽植的树根系可向纵深方向延伸,发达的根系能充分吸收土壤深处的水分和养分,可保持植株的健壮生长;在丘陵山区的向阳坡地建立果园,因通风透光不遮阴、又昼夜温差大,故所产果品着色好、个头大、含糖高,在市场上是供不应求的优质果品等方面的条件,提倡果园要向丘陵山区发展。[①]

在现代旅游业中出现了一种新型产业——观光果园,以果树生产为基础,结合旅游、休闲、教育、科研多种功能,属于城郊地区新农村建设的新型模式。在重庆城乡统筹的先行示范区九龙坡区,完成了白市驿镇高峰寺村观光果园的规划设计。在选址上从区位交通、气候条件、地质地貌、土壤条件、水体条件、用地情况、植物资源、社会环境等几个方面进行分析,因地制宜,确定建立观光果园的最佳园址。据分析,白市驿镇高峰寺村符合建立观光果园的条件:位于城乡结合带,离重庆主城区不远,交

① 卢丽萍.无公害果园的建立与管理[J].现代农业,2010(11):8

通十分便利,建立观光果园,有利于开展乡村旅游;属亚热带湿润季风气候区,年降雨量 1000 毫米,年日照时数 1157 小时,地下、地表水资源相对丰富,无工业污染,土质为灰棕紫酸性泥土,适宜多种园林作物和果树作物生长;幅员面积 3.6 平方公里,耕地(2300×667)平方米,有(400×667)平方米丘陵低山地可供观光果园开发利用。[①]

②林地选址

林地作为国土的重要组成部分,是指成片的天然林、次生林和人工林覆盖的土地。在《中华人民共和国森林法》中,对林地所作的解释是:"林地包括郁闭度 0.2 以上的乔木林地竹林地、灌木林地疏林地、采伐迹地、火烧迹地、未成林造林地、苗圃地和县级以上人民政府规划的宜林地。"林区以林业生产为主,有成片原始林和人工林覆盖的地区,一般位于山地或丘陵地带。林区的选址主要还是由树种生长所需条件和区域的气候、土壤条件决定。

经济林的发展是实现林业可持续发展战略的必由之路。由新安江开发总公司经营的千岛湖经济林区,经过 40 年开发建设,形成了多林种、多功能的森林资源体系。选择在千岛湖区域开发经济林,主要是由当地的自然条件决定的。千岛湖位于浙西山区,是中亚热带和北亚热带过渡地带,温暖湿润,雨量充沛,四季分明,光照充足。据历年气象资料记载,年平均气温 17℃,大于或等于 10℃ 积温 5410℃,年极端最低气温 −7.6℃,多数年份在 −4℃～−7℃;年极端最高气温 41.8℃,多数年份在 37.0℃～40.0℃;平均无霜期 263 天,年平均降雨量 1430 毫米,年平均相对湿度 76%,年日照时数 1951 小时。由于千岛湖水体的调节作用,形成了显著的"湖泊效应",与建湖前相比,年平均气温升高 0.3℃,极端最高气温降低 1.7℃,极端最低气温升高 4.4℃。千岛湖的土壤有红壤、黄壤、岩性土三类,以微酸性、酸性为主,有机质、全氮含量中等,磷含量普遍较低,土层

---

① 陈华林,罗云米,王远会,何叶. 城郊型观光果园规划设计探讨[J]. 南方农业,2010,4 (10):51～55

深厚,土壤肥力中等,适宜枇杷、杨梅、柑桔、茶叶等多种经济林生长。[①]

海南岛黎母山林区是我国珍稀的原始热带雨林保护区之一,黎母山林区地处热带常绿季雨林地带,四季不明显,冬无严寒,夏无酷暑,终年温暖湿润,雨量充沛,年均气温 22.5℃,1 月份最冷,月均温 16℃,年日照率为 40%。整个林区光、热、土、水资源都非常丰富,适宜多种植物和动物生长繁衍。黎母山林区内植物高大挺直,郁闭,个别植株高可超 50 米;群落层次复杂,荫生附生植物种类繁多,为多层常绿阔叶混交林,热带优质木材、药材及林副产品很丰富,区内有植物 94 科 487 种,其中珍稀植物和重要经济植物 115 种以上,在山地雨林和沟谷雨林 100 平方米的物种量高达 120 多种,其中不少物种对生产和科研都有很大价值。海拔 300～700 米,属季雨林区;海拔 500～800 米山谷间为热带沟谷雨林;海拔 700～1100 米为常绿阔叶混交林,海拔 1200 米以上为高山苔藓矮林,主要是灌木丛。

(2)农业科技园选址

进行农业科技园布局时主要考虑将其作为农村区域发展的人为规划建设的增长极,因此将增长极理论作为其布局的依据。通过计算在所有规划型增长极总净产出效益最大化的条件下,农村区域规划型增长极农业科技园区的最优规模和最优数量,确定影响农业科技园区布局的重要影响因素。经分析,农业科技园布局需要考虑其扩散效应的作用距离大小、农业科技园的等级以及当地的总体产业布局情况。经综合分析发现农业科技园区要选择在有良好自然、经济、社会条件的地点,有利于农业科技园充分发挥其农村经济增长极的功能,短时间完成生产要素的集聚,带动周边农业经济的发展。同时还需要考虑基础设施条件、人文社会条件等,将农业科技园的技术优势与当地农业经济项目挂钩,使科技园布局更加合理。

---

① 徐高福.千岛湖区经济林现状与发展规划[J].中南林业调查规划,2000,19(4):22～25

6.1.2　建设用地选址研究

1. 建设用地选址理论

(1)"田园城市"理论

英国是世界新城运动的先驱。早在 1898 年,霍华德就在他的著作《明日,一条通向真正改革的和平道路》中提出了建设新城的思想,他认为城市环境的恶化是由城市膨胀引起的,城市无限扩展和土地投机是引起城市灾难的根源。他建议限制城市的自发膨胀,并使城市土地属于城市的统一机构;城市人口过于集中是由于城市具有吸引人口聚集的"磁性",如果能控制和有意识地移植城市的"磁性",城市便不会盲目膨胀。他提出关于三种"磁力"的图解,图中列出了城市和农村生活的有利条件与不利条件,并论证了一种"城市—乡村"结合的形式,即田园城市,它兼有城、乡的有利条件而没有两者的不利条件。为了实现这种信念,霍华德 1899年组织田园城市协会,宣传他的主张。1903 年组织"田园城市有限公司",筹措资金,在距伦敦 56 公里的地方购置土地,建立了第一座田园城市——莱奇沃思(Letchworth)。1920 年又在距伦敦西北约 36 公里的韦林(Welwyn)开始建设第二座田园城市。霍华德田园城市理论的追随者雷蒙·翁温于 1922 年出版了《卫星城市的建设》一书,正式提出了卫星城市的概念,即在大城市附近,并在生产、经济和文化生活等方面受中心城市的吸引而发展起来的城市或工人镇,它往往是城市聚集区或城市群的外围组成部分。田园城市的建立引起社会的重视,欧洲各地纷纷效法;田园城市理论对现代城市规划思想起到了重要的启蒙作用。我国成都市的建设正是基于田园城市理论而开展的。

(2)现代城市设想

与"田园城市"理念所倡导的城市分散发展的新城建设思想不同,为解决工业化所带来的诸多问题,柯布西埃提出现代城市设想。在 1922 年他发表的《明天城市》的规划方案中,阐述了他对现代城市的基本认识,从现代建筑运动的思潮中所引发的关于现代城市规划的基本构思。书中提供了一个 300 万人口的规划图,中央为中心区,除了必要的各种机关、商业和公共设施、文化和生活服务设施外,有将近 40 万人居住在 24 栋 60

层高的大楼中,高楼周围有大片的绿地,建筑仅占地 5%。在外围是环形居住带,有 60 万居民住在多层连续的板式住宅内。最外围的是容纳 200 万居民的花园住宅。还特别强调了大城市交通运输的重要性。1931 年,柯布西埃发表了他的"光辉城市"的规划方案,这一方案是他以前城市规划方案的进一步深化,同时也是他的现代城市规划和建设思想的集中体现。他认为,城市是必须集中的,只有集中的城市才有生命力,由于拥挤而带来的城市问题是完全可以通过技术手段进行改造而得到解决的。这种技术手段就是采用大量的高层建筑来建立一个高效率的城市交通系统。柯布西埃的城市规划思想,深刻地影响了二次世界大战后的全世界的城市规划和城市建设。

(3)城市生态学理论

随着城市人口的增加和环境污染的加剧,城市生态环境成为生态学研究的热点,城市生态学也随之产生。城市生态学理论的研究从生态学和系统学的视角重新审视人类城市,其内容包括城市生态系统的结构、生态流、演替及功能。城市是一个复合生态系统,包括社会、经济、自然三个子系统,各子系统相辅相成。物质流、能量流、信息流、货币流和人口流是城市的基本生态流,起到维持生态系统功能的作用。城市资源与环境问题,本质上是生态流不畅带来的资源耗竭和滞留问题。城市生态功能包括生产、生活、还原、自净化和人工调节等方面;城市生态系统服务功能是城市生态功能中服务人类社会的部分,其服务主体包括水、土、气、生、矿,向人类社会提供生产生活供给、孕育、调节、流通及支持等生态服务。城市生态服务功能起到保障城市生态安全、保证人居生态卫生、保持生态系统物质与能量循环代谢、维系人类与系统环境的健康关系的功效,通过不同优先级与等级功效的生态整合,达到复合生态系统的时、空、量、构、序范畴内的和谐。①

2.建设用地选址方法

按照《全国土地分类》(试用)规定 3 个一级地类为农用地、建设用地

---

① 张文静.城市生态学基本概念与研究进展浅析[J].科技创业月刊,2009(11):135~136

和未利用地。其中建设用地包括居民点及独立工矿用地、交通运输用地和水利设施用地 3 个二级地类。不同地类有不同的性质,所以在选址上差异显著。本部分将着重讨论建设用地中居民点、交通用地和代表性水利设施用地选址的原则和规律。[①]

(1)居民点选址

居住用地的选择关系到整个城市的功能布局、居民的生活质量与环境质量、建设经济与开发效益等多个方面。一般依以下 7 个方面进行选址:

①选择自然环境优良的地区,有着适于建筑的地形与工程地质条件,避免易受洪水、地震灾害,以及滑坡、沼泽、风口等不良条件的地区。在丘陵地区,宜选择向阳、通风的坡面。在可能情况下,尽量接近水面和风景优美的环境。

②居住用地的选择应与城市总体布局结构及其就业区与商业中心等功能地域,协调相对关系,以减少居住—工作、居住—消费的出行距离与时间。

③居住用地选择要十分注重用地自身及周边的环境污染影响。在接近工业区时,要选择在常年主导风向的上风向,并按环保等法规规定间隔有必要的防护距离,为营造卫生、安宁的居住生活空间提供环境保证。

④居住用地选择应有适宜的规模与用地形状,合理组织居住生活和经济有效地配置公共服务设施等。合宜的用地形状将有利于居住区的空间组织和建设工程经济。

⑤在城市外围选样居住用地,要考虑与现有城区的功能结构关系。利用旧城区公共设施、就业设施,有利于密切新区与旧区的关系,节省居住区建设的初期投资。

⑥居住区用地选择要结合房产市场的需求趋向,考虑建设的可行性与效益。

⑦居住用地选择要注意留有余地。在居住用地与产业用地相配合一

---

① 李德华.城市规划原理[M].北京:中国建筑工业出版社,2001

体安排时,要考虑相互发展的趋向与需要,如产业有一定发展潜力与可能时,居住用地应有相应的发展安排与空间准备。

(2)工矿用地选址

①工矿用地自身要求

第一,用地的形状和规模。工矿用地要求的形状与规模,不仅因生产类别不同而不同,与机械化、自动化程度、采用的运输方式、工艺流程和建筑层数有关。当把技术、经济上有直接依赖关系的工业组成联合企业时,如钢铁、石油化工、纺织、木材加工等联合企业,则需要很大用地。必须根据城市和土地发展战略,为未来的城市支柱产业留有足够的空间和弹性。但同时也要注意工业发展应节约用地,有效地控制工矿用地的浪费现象。

第二,地形要求。工矿用地的自然坡度要和生产工艺、运输方式和排水坡度相适应。水泥厂、选矿厂应设于山坡地,对安全距离要求很高的厂宜布置在山坳或丘陵地带,有铁路运输时则应满足线路铺设要求。

第三,水源、能源要求。用水量很大的工业类型用地,应布置在供水量充沛可靠的地方,并注意与水源高差的问题。水源条件对工业用地的选址往往起决定作用。有些工业对水质有特殊的要求,如食品工业对水的味道和气味、造纸厂对水的透明度和颜色、纺织工业对水温、丝织工业对水的铁质等的要求,规划于加热、干燥、动力等需大量蒸汽及热水,对这类工业的用地应尽可能靠近热电站布置。安排工业区必须有可靠的能源工业,否则无法引入相应的工业投资项目。

第四,工程地质、水文地质与水文要求。工矿用地不应选在7级和7级以上地震区,土壤耐压强度一般不应小于1.5公斤/平方厘米;山地城市的工业用地应特别注意,不要选址于滑坡、断层、岩溶或泥石流等不良地质地段;在黄土地区,工业用地选址应尽量选在湿陷最小的地段,以减少基建工程费用。工业用地应避开洪水淹没地段,一般应高出当地且高洪水位0.5米以上。厂区不应布置在水库坝址下游,如必须布置在下游时,应考虑安置在水坝发生意外事故时,建筑不致被水冲毁的地段。

第五,工业的特殊要求。某些工业对气压、湿度、空气含尘量、防磁、防电磁波等有特殊要求,应在布置时予以满足。某些工业对地基、土壤以及防爆、防火等有特殊要求时,也应在布置时予以满足。如有锻压车间的工业企业,在生产过程中对地面发生很大的静压力和动压力,对地基的要求较高。又如有的化工厂有很多的地下设备,需要有干燥、不渗水的土壤。再如有易燃、易爆危险性的企业,要求远离居住区、铁路、公路、高压输电线等,厂区应分散布置,同时还须在其周围设置特种防护地带。

第六,其他要求。工业用地应避开以下地区:军事用地、水力枢纽、大桥等战略目标;有用的矿物蕴藏地区和采空区;文物古迹埋藏地区以及生态保护与风景旅游区;埋有地下设备的地区。

②交通运输的要求

工业用地的交通运输条件关系到工业企业的生产运行效益,直接影响到吸引投资的成败。工业建设与工业生产多需要来自各地的设备与物资,生产费用中运输费占有相当比重,如钢铁、水泥等工业生产运输费用可占生产成本的15%~40%。在有便捷运输条件的地段布置工业可有效节省建厂投资,加快工程进度,并保证生产的顺利进行。因此,城市的工业多沿公路、铁路、通航河流进行布置。

③防止工业对城市环境的污染

工业生产中排出大量废水、废气、废渣,并产生强大噪声,使空气、水、土壤受到污染。为减少和避免工业对城市的污染,在城镇布置工矿用地时应注意以下几个方面:

第一,减少有害气体对城市的污染。散发有害气体的工业不宜过分集中在一个地段。同时要综合考虑风向、风速、季节、地形等多方面的影响因素。在群山环绕的盆地、谷地,四周被高大建筑包围的空间及静风频率高的地区,不宜布量排放有害废气的工业。工业区与居住区之间按要求隔开一定距离。

第二,防止废水污染。工业生产过程中产生大量含有各种有害物质的废水,这些废水若不加控制,任意排放,就会污染水体和土体。在城市现有及规划水源的上游不得设置排放有害废水的工业,亦不得在排放有害废水的工业下游开辟新的水源。集中布置废水性质相同的厂,以便统一处理废水,节约废水的处理费用。

第三,防止工业废渣污染。工业废渣主要来源于燃料和冶金工业,其次来源于化学和石油化工工业,它们的数量大。应尽量回收利用,否则需占用大片土地,而且会对土壤、水质及大气产生污染。

第四,防止噪声干扰。工业生产噪声很大,形成城市局部地区噪声干扰,特别是散布在居住区内的工厂。将噪声大的工业布量在离居住区较远的地方,亦可设定一定宽度的绿带,减弱噪声干扰。

④工矿用地与居民点的空间关系

城市中劳动人流是最大客流,为减少客运交通消耗,要求工业区与居住区距离近便。

(3)交通运输用地选址

土地是交通的自然地理基础,土地转化为直接生产力,转化为基本生产资料,往往以交通为先导,土地的使用价值及其重要性因交通设施的建设而改变,而交通设施建设需占用大量土地,因此,必须通过土地利用规划把两者有机结合起来。交通运输方式有铁路运输、公路运输、水路运输、航空运输和管道运输等几种方式,由于各种运输方式采用不同的交通工具,所以有各自的特点,对于其建设工程的布局也有不同的要求。

①公路用地

公路用地选线是根据路线走向和技术标准,结合地形、地质条件,考虑安全、环保、土地利用和施工条件以及经济效益等因素,通过全面比较,选择路线方案的全过程。

公路用地选线的基本原则:一是要适应远景交通流向和运输量的需要;二是因地制宜,根据当地的地形条件,使路线布置在地势较高、地质良好、便于施工的走向上,并符合工程技术要求;三是要根据城镇和农村居民点的布局状况,做到路线顺直短捷、节约用地;四是要与其他交通线路布局协调统一,形成一个较为完善合理的交通网;五是要经济合理,一方面要在不增加工程造价的情况下,尽量提高技术标准,或在不降低技术标准的情况下,尽量降低工程造价,另一方面要综合考虑提高工程经济效益和运营经济效益,既经济又合理的选线方案。同时,应尽量避免穿过地质不良地区和城镇,保护耕地、节约用地,少拆房屋、方便群众。

平原地区,地形平坦,没有纵坡限制,应力求取直便捷,一般允许设置几公里以上的长直线,为确保汽车安全,在长直线尽头不应设置小半径的平曲线。在微丘陵地区,受坡度约束小,为节省土石方工程量,路线往往沿地形布设。路线应尽量避免穿越城镇、工矿区及较密集的居民点,但为了方便使用也不能离开太远,必要时可修支线联系,当路线与铁路和其他公路相交时,尽可能正交或小于的角通过。合理处理路桥关系,对于小桥涵的位置,原则应服从路线走向,但当斜交过大或河沟过于弯曲时,采取改道措施或适当改移路线,调整斜交角度以免于增加施工困难和加大工程费用。

山岭、丘陵地区,地形复杂,山坡陡峻,溪流湍急,沟谷多而曲折,土层浅薄,地形复杂,公路选线较为困难。在复杂的山岭、重丘陵区自然条件下,公路应有足够的稳固性。充分利用地形展线,减小工程数量,降低造价。密切配合农田水利建设的需要。

②水运用地

水运多利用天然航道,有的是直接利用,有的则需要经过疏通改造,在需要而又可能的情况下,可开挖人工水道,利用灌溉为主的大型渠系以发展水运。由于各水系分布不一,在利用天然水道发展水运时,水运航道的布局就取决于天然水道的分布情况。水运用地规划时主要考虑港口码头的用地规划,怎样进行港址的选择。

港址选择应考虑以下条件:港区地质、地貌、水文、气象、水深等自然条件。港口总体布置,如防洪堤、码头、进港航道、锚地、回转池等工程设计的技术上的可能性和施工上的便利性。港址选择一般分为两个阶段,第一阶段为区域范围内的港址选择,从地理位置、港口体系、港口腹地经济发展水平、结构与联系程度、城市依托条件等分析比较进行初选;第二阶段进行城市范围内的港址选择比较,考虑港区自然条件、岸线状况及岸线使用现状、航行和停泊条件,筑港和陆域条件及与土地总体规划布局等因素,进行综合评定,最后确定港口位置所在。

③铁路用地

铁路的选线主要依据交通量流向和自然环境、地质地貌条件进行线路走向的选择。受多种因素的制约,既要满足政治、经济、国防上的要求和运输性质、运量大小、运量增长的情况,又要考虑沿线的地形、地质、水文、气象等自然条件,上述因素往往是互相矛盾的,因此,在选线时要全面考虑,精心研究,统筹安排,并尽可能进行多方案比较,选定一条最合理的线路。

铁路首先是线性选线,即指区域经济选线,根据区域社会经济发展对客货运输的要求和铁路等交通运输网布局现状,提出铁路选线方案。线性选线是在线路基本方向和接轨区域已确定的情况下,着重解决线路走向方案,接轨点及建设规模等重大原则问题,并根据铁路选线的技术经济比较,确定选线方案。铁路选线与公路选线一样,在平原地区比较容易,而在丘陵、山区较为困难,而且常常采用河谷线、越岭线、山坡线、山脊线等各种形状的展线。

在桥位选择时应考虑水文、地形、地物、地质和通航方面的要求:

第一,水文要求。桥位应选在河道顺直、槽深、主流稳定、河槽通过流量较集中的河段上;不宜选在不稳定的河汊、泥沙、冲淤严重、水流汇合口、急弯卡口、旧河道和具有滞洪作用的河段或洼地上,在水深流急的山区峡谷河段上,桥位宜选在可以一孔跨越处,否则,宜选在河谷比较开阔、水深较浅和流速较缓处,桥位选择应注意河道的自然演变和修桥后对天然河道的影响;平原河段上桥位,还应注意河湾的可能下移;在平原分汊河段上应了解沙洲消长范围,桥位宜选在深泓线分汊点以上或深泓线汇合点以下处,桥梁轴线宜与中、高水位时的流向正交,如不能正交则应在孔径及基础设计中考虑其影响,如城市和重要工业区有特殊防洪要求时桥位宜选在上游跨越;在结冰河上,桥位不宜选在容易发生冰塞、冰坝的河段上。

第二,地形要求。应利用山嘴、高地等不易冲刷的稳定河岸作为桥头的依托;对公、铁路两用桥的桥位,宜选在两岸地形较高并便于和既有公路或规划公路网连接的地点;应避开上下游有石梁等干扰水流畅通的地形,在冲积扇上宜选在上游狭窄河段或下游收缩河段,不宜跨越中游扩散河段,如必须通过扩散河段时,需采取一河多桥,使各桥位大致位于同一等高线上;应避免地下既有设施的拆迁,较长桥梁的引桥可设在大半径的弯道上,但不宜设在反面曲线上;应考虑施工场地、材料运输和施工架等方面的要求。在城市范围内的桥位选择,应与城市规划相配合,因为线路的通过与否,将对城镇发展带来重大影响。

第三,地质要求。应选在基本岩层或坚实土层埋藏较浅处;不宜选在断层、滑坡、溶洞、盐渍土和泥沼地等不良地段,特大桥引桥很长时应探明引桥范围内的地质条件。

第四,通航要求。桥位应选在航道比较稳定的河段上,远离险滩、弯道和汇流口;桥位应选在船队编组或排筏编组场所的上游,应离开既有水工设施、港口作业区和锚地有一定距离;应有足够的通航水深,通航期内水的流向与桥轴线的夹角不宜超出 5°。

④空运用地

航空运输的布局与规划主要是考虑各地起止点飞机场布局与规划的问题。机场位置的选择必须考虑到地形、地貌、工程地质和水文地质、气象条件、噪声干扰、净空限制以及城市布局等方面因素,加以综合分析。

第一,机场的用地应尽量平坦,但也要易排水,坡度范围一般应在 5‰~3% 之间,这样可以避免大量的土石方工程。

第二,有良好的工程地质和水文地质条件,机场应尽量选在土壤和地质条件好、地下水位深的地方。要特别注意尽量避开滑坡、溶洞、膨胀土、盐渍土、湿陷量较大的黄土等不良土壤、地质条件差的地段及淹没区。

第三,机场的用地面积较大,不仅本身的用地而且要有限空的用地。因此,机场的用地应尽量利用劣地、少占良田。不少机场为节约用地,利用海涂滩地,填海修筑跑道,并利用海面作为净空区。

第四,机场必须有发展备用地。由于飞机容量与速度的不断发展,交通量也不断增加,机场技术设施、服务设施、地面交通设施也将不断扩大。因此,一座航空港的建设要考虑分期发展建设的可能。如容量的增加有可能新建跑道,将原有的跑道改作滑行道;当单跑道容量饱和运量进一步发展时,则常常扩建为平行双跑道机场和错开平行双跑道机场。在选址时,应根据航空港的发展规划预留扩展的用地。

（4）水利设施用地选址

水利设施用地主要考虑水库水面和水工建筑用地两大类。其中水工建筑用地以抽水站和机井为代表进行选址说明。

①水库用地

水库库址选择是水库规划的重要内容，对于土地利用规划，其他项目的规划起控制作用，一般要求库址地形要肚大、口小、底平；水源丰富，有足够的集水面积；库址河段应有适当的落差，同时应能集中满足发电要求的流量；筑坝地点地质条件要好，基础稳固不沉陷、不漏水；库址距离灌区要近，地形要高于灌区地面，以使引水渠道短、沿渠水量损失小和建筑物少，并能保证自流灌溉；库区淹没损失小，淹没农田、村庄和交通设施少，避免大规模的人口迁移。

②抽水站用地

抽水站站址的选择对合理利用灌溉水源及其排泄的水域，对水利工程经济效益的发挥起重要作用。抽水站用地一般要求靠近水源，高度适中，且避开淤泥及流沙层，同时尽量选在交通方便、村庄附近的地方，以便施工、维修和管理。

③机井用地

在我国北方地区，由于地表水源缺乏，常开采地下水进行农田灌溉，井位用地布置一般依据农田基本建设的总体安排，靠近渠路沟布置，多设在田块的角上和田块高处，以利输水和控制较大的灌溉面积，同时井位应尽量设在灌水田块的适中位置，以减少渠道水量损失和缩短灌水时间；最好在富水带，以提高出水量，减少井群抽水干扰和便于拦截地下水，机井应排列成行，并尽量与地下水流向垂直，前后机井要错开，以免影响出水量；在渠井结合灌区，要使井位与灌溉渠系较好结合，以便利用多井汇流，扩大灌溉效果。机井用地面积包括井位占地和配电设备占地，一般为0.2亩左右。

3.建设用地选址的实证研究

（1）新城选址实证研究

新城乃至行政中心选址要考虑城市发展现状、交通条件、自然条件、城市性质和行政级别等,并强调了行政中心应处于适中而显要的位置,应具有象征意义。新城建设的目的有两个:一是承接中心城的功能和人口疏解,缓解中心城的人口和交通压力;二是成为中心城外的次中心,促进产业集聚,带动新城周边地区的发展。一般原则主要包括:应符合主要经济联系方向,以带动城市拓展;从管理与使用方便角度出发,一般位于城市中心地带,具有良好的交通条件;与其他城市职能中心有方便的联系,以发挥更大的社会经济效益;宜与城市特色风貌相结合,提升城市形象,并应考虑当地传统风水观。以安徽凤阳县行政中心选址及新区规划、天津市蓟县新城为例进行实证说明。

①凤阳县新城规划

凤阳县位于安徽省东北部,淮河中游南岸,是一座历史悠久的文化古城。随着经济的快速发展,需要拓展城市外部空间、开发整合城市历史文化旅游资源。为保护老城、发展新区,凤阳县委、县政府决定从老城区迁出行政中心,择址新建城市新区。研究者在对城市分析的基础上,结合城市总体规划进行选址研究。凤阳县有著名的"明中都"及明皇陵石刻,是全国重点文物保护单位;同时凤阳小岗村作为改革之乡,名扬全国,整体发展速度较快,现有行政中心已不能满足城市发展需要。相关部门就其选址拟定两套方案。

方案一:按城市总体规划确定地址于明皇城西侧。优点是枕山面水,场地较为平整,拆迁量较少,易于启动。缺点是距现状府城建成区稍远,基础设施投资较大,短期内配套设施难以健全,不利于新区建设和对市民的吸引;新区和老城区将明皇城包裹在中间,不利于明皇城的保护,且偏离明皇城中轴线,不利于历史文脉的延续;距北面山体较近,不利于山体环境的保护;西侧距县界较近,腹地受限,不利于城市长远发展;区内现状高压线需改线或地埋。

方案二:将其放置于明皇城以南,靠近现状建成区。优点是枕山面水,场地平整,基础条件较好,易于启动,能较好地体现凤阳县山水城市的特点;易明确城市发展方向,城市发展腹地较大,利于城市可持续发展;位于明皇城南部,距北侧山体有一定的距离,利于明皇城和山体的保护;位于明皇城中轴线上,利于城市历史文脉的延续;与建成区距离适中,利于资源的整合,增加新区对市民的吸引力,且基础设施投资较方案一小。缺点是区内拆迁量较方案一大;区内现状高压线需改线或地埋。

从对历史文化遗产保护、自然生态环境保护和可持续发展方面分析,方案二优于方案一;同时,方案二将新城和现状建成区相邻,能很好地对城市资源进行整合,发挥更好的效应,山水古城的特点更能得到很好地体现。[①]

②天津市新城规划

《天津市空间发展战略规划》提及天津市未来建立 11 个新城,所有新城定位发挥区位优势并兼顾生态环境。例如静海新城位于市域西南部,南与河北省沧州市接壤,是天津的南大门,具备制造业和物流业的基础,有较大的发展潜力。目前,静海新城的发展很快,一批国际知名企业进驻静海开发区,对于促进静海新城发展具有很强的带动作用。按照全市发展战略,静海新城被规划为现代制造业基地、区域物流中心和生态宜居城区。宁河新城位于市域东部,与河北省唐山市接壤,是天津中心城区、滨海新区与东北地区联系的门户,具备一定的产业和资源基础,有良好的发展潜力。未来,随着滨海新区和曹妃甸的建设,位于两者之间的宁河新城将发挥越来越重要的作用。宁河新城将发展成为联系东北地区的门户、京津唐地区的加工制造基地、商贸物流基地和生态宜居城区。值得一提的是,宁河新城在发挥区位优势,打造加工制造基地的同时,将加强对生态环境的保护,按照构建生态城的标准,重点发展循环经济。武清新城发展成为京滨综合发展轴上的重要新城,高新技术产业基地、现代物流基地和生态宜居城市。宝坻新城发展成为京津唐地区重要的商贸物流基地、加工制造基地和生态宜居城市。静海新城发展成为现代制造业基地、区域物流中心和生态宜居城市。京津新城发展成为京津唐地区以休闲旅游、会议会展、文化教育为特色的现代服务业基地,彰显北方水城特色的

---

① 杨博,梅钊.历史 生态 城市发展——凤阳县行政中心选址及新区规划设计浅析[J].小城镇建设,2010(3):10~13

生态宜居城市。团泊新城发展成为以科技研发、教育体育、创意产业、旅游度假为主的生态宜居城市。

蓟县作为市域城镇体系中 11 个新城之一,被定位为京津冀地区重要的风景旅游区,重点发展旅游业和轻加工工业,建设成为城市北部重要节点和历史文化特色的现代化新城。蓟县自 1987 年开始编制总体规划,已经开展了两轮总规修编工作,因此各个时期新城的边界、定位都有所差异。蓟县新城的空间边界的变化详见图 6.1,主要经历早期、1987 年、1993 年、2002 年、2006 年几个关键时间点。城市空间格局也经历由点状、点状+轴线放射、轴向稳定、组团、组团+轴线放射的过程。①

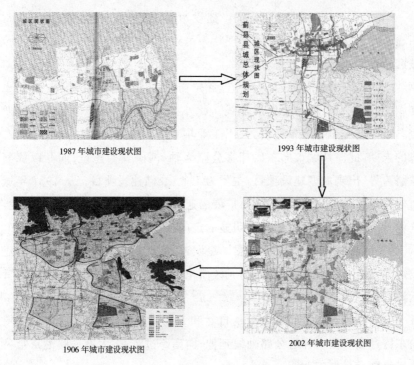

1987 年城市建设现状图　　　　　1993 年城市建设现状图

1906 年城市建设现状图　　　　　2002 年城市建设现状图

图 6.1　蓟县新城空间变化情况

---

① 天津市蓟县人民政府.天津市蓟县新城总体规划——规划纲要[Z].2007

第一，早期新城空间特征。蓟县历史悠久，人杰地灵，早在6000年前就有人类活动的痕迹。早期蓟县城市的中心位于现鼓楼一带。从明清两朝蓟州城图可以看出，早期蓟县的营城制式沿袭西周时期的营造理念，筑城墙，开护城河，设"十字"形路网。城市以鼓楼为中心，现渔阳路和武定街、文昌街十字相交，形成城市发展主轴。

从城市外部空间形态来看，明清两朝城市都呈点状发展态势，属城市发展早期的城市形态。尽管如此，清城较明城又有一些新的变化，城市除了在鼓楼中心发展外，同时开始分别向东西两轴伸展，为此明城呈正方形，清城呈长方形发展态势。

第二，1987年新城空间特征。建设边界：此时城市建设的边界非常明显。北以三八水库为界，南至现状人民路，西至津蓟铁路，东至宾昌河，城区建设面积7.3平方公里。

空间特征：城市以鼓楼为中心，武定街一文昌街与渔阳南路一北路十字相交，形成城市的主要发展轴线。此外在城区核心外围沿邦喜公路及府君山山前一带有零星建设，并以工业项目为主。属典型的点状发展态势的末期，此时期城市向东以邦喜公路为轴，两侧开始建设；向西以津蓟铁路为界，出现大型建设项目，主要为工业、仓储建设项目。从1987年城市建设现状可以看出：沿东西向扩展的速度远高于沿南北向扩展的速度，这就意味着城市空间扩展具有明显的定向性。

第三，1993年新城空间特征。建设边界：此时期城市没有确切的建设边界，城市建设出现外溢。建成区面积14.9平方公里。蓟县铁路客货运站周边建设逐步兴起。

空间特征：此时期，城市跳越自然和人工界限呈带状和组团状发展。向东跨过宾昌河沿邦喜公路轴线延伸；向南跨过京秦、大秦铁路沿京哈公路呈组团状发展工业园。

第四，2002年新城空间特征。建设边界：此时期城市的建设边界较为明显。北以津蓟铁路沙石专线为界，南以现状路为界，西以津蓟铁路为界，东以沙河为界，建成区总面积14.2平方公里，不过临着边界地区仍有少量可供建设的空置地。津蓟铁路客货运站旁边建设逐步增加，大部分为仓储和工业用地。

空间特征：此时期城市沿邦喜公路轴向伸展速度减慢，建设集中在县城内部用地的调整和轴向空地的填充。城镇空间向南沿中昌路、津蓟铁路有所蔓延。

第五，2006 年新城空间特征。建设边界：城区在 2002 年的基础上把城区内部可发展空间基本填满，并开始跨越津蓟铁路沙石料专线向北发展，沿府君山山前地区建设一些高品质居住区，如山澜乡韵。向东越过沙河，正在建设，并有意向建设一些高档综合性住区，如正在建设的万豪公寓。向西跨越津蓟铁路有大量大型专业集贸市场正在建设。向南往州河逼近。经过四年的建设，城市发展又开始突破原有的建成区界限，进行新一轮的发展。2006 年新城建成区面积达 22.78 平方公里。

空间特征：此时期新城发展除了按照城市发展的内在规律不断向外扩展外，同时出现新的发展趋势。自古鼓楼就是蓟县的中心地区，商贸繁荣、人流如织，经过上千年的发展，蓟县的城市中心开始由鼓楼逐步向中昌路偏移，直抵沙河、翠屏湖。城市在完善已有空间结构的同时试图跨越津蓟铁路向西寻找新的发展机遇。

蓟县新城的发展是由内在适应性因素和外部驱动性因素共同作用的结果。内在适应性因素决定了城市的初始状态，即通过这一系列因素的影响，城市始终保留着这些因子的性状与特征，如蓟县北部的府君山和南部的州河，使蓟县形成了山水相依的城市格局。外部驱动性因素是城市在形成过程中影响城市发展速度和城市形态以及空间地域格局的外在性因素。通过这一因素的影响，可以加速或延缓城市发展进程、城市未来走势。如人口因素影响城市规模，经济水平影响城市发展进程等。蓟县在现有自然环境的前提下，内在适应性因素变化不大的情况下，真正推动蓟县城市空间发展的内在动力机制是天津市北方经济中心地位的确立以及滨海新区开发开放上升到国家战略高度等政策环境的改变，以及蓟县自身经济社会的大力发展。这些社会经济因素决定了蓟县新城发展的方向和城市功能，其新城规划图见图 6.2。

图 6.2　蓟县新城总体规划图

(2)工业园区选址实证研究

从美国斯坦福大学创办斯坦福研究园并发展成闻名于世的"硅谷"后,世界各国都大力发展工业园区。工业园区的选址直接影响其建设投资、经济效益的发挥乃至其所在城市区域的发展;同时,园区的建设和选址还直接影响地区交通运输、环境保护和农业生产各个方面。因此如何进行园址选址是决定工业园能否达到预期目标的关键环节。在我国工业园区选址需遵循合理利用土地资源,杜绝乱占基本农田的现象。中央电视台焦点访谈节目曾在 2007 年 12 月 17 日报道"中国枞阳汽车零部件工业园"在未获批准情况下,征用 2000 多亩基本农田作为建设用地,严重触犯相关法律法规。因此在进行工业园区选址时必须遵循大的原则:符合城市规划的要求、布局紧凑、合理使用土地、尽量利用原有的基础设施、交通便利、注意环境保护、为园区发展留有余地等原则。同时还应该考虑影响工业园区选址的主要因素,例如市场情况、环境、资源条件、基础设施等。在我国每个城市的工业园建设都应结合地区实际进行考虑。

以湛江市工业园区建设为例说明选址相关问题。湛江是一个以工业发展为主导的海港城市,因此工业选址直接影响湛江市经济发展。首先必须考虑整个湛江市的城市性质定位:我国南方重要海港、粤西和环北部湾经济圈中心城市,以临海工业、现代物流业、滨海旅游业为主,具有北亚热带风光的现代化园林式滨海城市。基于此,相关部门所制定的工业园区建设需要适度超前,考虑到湛江市人均耕地面积接近联合国确定的人均耕地的"危险点",园区选址时更应该考虑节约土地资源;同时湛江属于调蓄数量较差的缺水地区,应注意节约用水,限制发展耗水量大的工业项目;注意保护生态环境。因此,园区选址要远离市区,至少要在市区及其重要自然水体的集雨区外,尽可能处于下风向;避开水土流失与生态严重恶化的区域,避开文化遗产保护区、城市居住区等地。同时,工业发展模式对园区选址方案也起着决定作用。整个湛江市已建立园区工业项目准入制度,淘汰不考虑环境的"传统模式",鼓励和推广采用无污染、少污染的清洁生产和循环经济发展模式。湛江市工业园区的选址与建设充分发挥其区位优势,利用北部湾丰富的环境容量资源加快其工业发展,保护市区和港湾的生态环境。基于此理念,将湛江市工业园区分为北部湾工业园区、雷州湾工业园区、港湾生态工业园区、湛江海洋科学园区。

在贵州省沙文工业园区选址的实证研究中,黄耀志(2009)等人提出基于生态优先理念的工业园区规划。通过对工业园区生态环境要素的解读,进行自然禀赋的决定性分析和生态网络构建。"生态优先"理念最初由俞孔坚针对快速城市化进程和城市无序扩展提出的,运用"图与底"的关系说法对应城市建设用地与生态环境。在工业园区选址优先对作为环境的"底"进行控制规划,限制与引导工业园区的建设用地布局,达到科学理想的"图与底"关系模式。通过对建设用地的适宜度评价和多种用地适应性模型的建立,得出贵州省工业园区内适宜生活居住的区域在地块的西南部和西北部,靠近贵阳市重点建设生态隔离带。[①] 地块内适宜工业

---

① 黄耀志,蔡世雄,姜建涛.基于生态优先理念的工业园区用地生态规划研究——以贵阳市沙文生态科技产业园为例[J].资源开发与市场,2009,25(11)

的用地主要分布在地势相对平坦、对外交通便利的北部和南部区域；地块内适宜发展公共服务设施用的区域和居住用地一样集中于西南和西北部。受高压线分割，地块中部地块破碎严重，可以考虑作为工业发展服务的科研用地。

6.2 空间布局方法及应用

土地利用规划是一种空间规划，现在土地利用空间规划则强调社会与环境和谐发展、城乡统筹兼顾，在空间配置的过程中要把促进区域协调发展作为规划重点。许多先进城市均将土地利用与优化产业结构视为一个问题的两个方面，给予高度重视。自 20 世纪 80 年代以来，我国虽然对土地利用空间结构和布局有一定研究，但尚未形成系统的理论体系。但是，随着环境、人口等问题的出现，有学者提出从地理学和景观生态学的角度进行空间布局，也有学者将西方空间规划理论如"田园城市"、卫星城镇等方法用于空间布局中，综观现有土地利用空间布局的研究，均需树立"统筹兼顾"、"以人为本"、"理性发展"、"弹性规划"、"动态规划"、"绿色规划"等理念，从多目标、多视角、多方案的角度出发，采取综合方法和手段，力求在有限的资源条件下配置出最优方案，通过土地的最优分配和最佳使用，合理组织土地的开发利用、保护和整治，协调人地关系，最大限度地促进区域经济发展，保护当地生态环境，促进社会和谐发展，取得经济效益、社会效益和生态效益的统一。土地利用空间布局已成为土地利用优化配置、土地利用空间格局和城市产业布局的综合体。在空间优化理念的指导下，已形成了圈层模式、极核模式、点—轴模式等常见的土地利用空间布局模式，并在实践中得到广泛的推广。在现有土地利用空间布局的方法上更强调现有数学模型与计算机空间模拟等方法在布局上的应用研究，加强参与式土地利用规划理论和方法研究，形成客观、准确、科学的土地利用空间布局规划技术体系。[1]

6.2.1 空间布局模式

1.圈层模式

圈层模式基于"圈层理论"发展起来。"圈层理论"的创始人为德国经济学家杜能,提出农业区位论,将产业布局分为六个圈层:自由农作、林业、轮栽作物制、轮作休闲制、三区农作制、畜牧。基于此结构,国内外学者将其延伸至研究城市圈层和土地利用圈层,因此圈层模式成为当前城市和土地利用空间布局的主要形式之一。

高文杰(2002)等提出用人口和经济密度界定城市不同圈层,将其分为:内城层、外城层、生态层、辅城层和基域层5层。内城层是城市的核心层,主要是城市的 CBD 和城区最繁华的部分;外城层是城市的较外围区域;辅城层一般有较多的仓储业和交通运输业;基域层是城市市区以外的农业区域或城市原行政区以外的部分,以农业为主,与城市区域有明显区别;生态层主要指在城市都市区中,包括在各城市建成之间列为禁建区域或农域的地段。通过划分不同的城市圈层,能够确切定义城市人口和城市化水平。[2] 张建平等针对黄土高原沟壑区的地貌特征和农业特征,提出"圈层模式"和"生态堰"是实现农业可持续发展的有效模式,其基本模式为:第一圈是庭院经济及非农产业,主要发展以农林畜产品为原料的加工业;第二圈是种植业,在居民点以外坡度小于6°的塬面上种植农作物;第三圈是果业,在大于6°小于15°的缓坡地带上发展果树和经济林;第四圈是畜牧业,在大于15°小于25°的斜坡地带上发展畜牧业;第五圈是林业,在大于25°的陡坡地带上发展林业,提高森林覆盖率和经济价值;第六圈是渔业和苗圃,在具有良好水资源的川地上发展渔业和建立苗圃。[3] "圈层模式"能有效改善生态环境,发展农业经济,符合黄土高原地

① 孟繁盈,房旭珍,曹子剑等.土地利用规划中土地利用空间结构和布局研究进展[J].国土与自然资源研究,2009(4):46~48

② 高文杰.城市圈层论[J].城市规划汇刊,2002(3):61~65

③ 张建平,李忠智."圈层模式"和"生态堰"——黄土高原残塬沟壑区农业发展道路探索[J].农业现代化研究,1993,14(3):179~182

区农业经济发展的总方针。刘玉霞(2008)等人在对南京市三个土地利用现状分析的基础上,提出了南京市的圈层模式:主城区、都市发展区、都市外围区。主城区为绕城公路以内的地区,属于基本建成区;都市发展区属于城乡交错地区;都市外围区以乡村地区为主。其中,主城区由于城市建设占用大量的土地,耕地和林地数量锐减;都市发展区建设用地的扩展速度较快,同时由于退耕还林使得林地面积上升,抵消了部分城市扩展造成的影响;都市外围区的城镇建设用地扩展较慢,重视保护林地、湿地等重要生态功能的区域,并在外围地带植树造林,经济林木数量大量增长。[①]

2. 极核模式

极核模式又称增长极模式,该模式是空间结构布局的一种典型模式,理论基础就是增长极理论。增长极是区域经济和社会活动的极核,对区域中其他地区的经济和社会发展产生主导作用。其中,"极"是区域的极点或端点,"核"为区域的中心,极与核在空间上是极点和核心的关系,也是中心和边缘的关系。大范围的区域有高层次的极核关系,小范围的区域则存在低层次的极核关系。增长极一旦形成,就会以区域中心城市的形式表现出来,通过支配效应、乘数效应、极化与扩散效应带动周围全面发展。增长极的形成必然改变区域原始空间平衡状态,使区域空间出现不平衡;增长极的成长会进一步加剧区域的空间不平衡,导致区域内经济发展的差异。不同增长极的相互连接,共同构成了区域经济的增长中心体系和空间结构的主体框架。增长极的形成、发展、衰落和消失都将引起整个区域内空间结构的变化。因此,极核模式适用于经济技术力量较为有限的地区。

长江流域空间结构符合极核模式,包括 3 个一级核心、8 个二级核心,两大跨省成长三角,这种空间特征是极化作用的结果,聚集仍是长江流域空间结构的主流力量。在对广东恩平旅游经济走廊的研究中发现,

---

① 刘云霞,陈爽,姚士谋等.南京市域土地利用变化对生态环境影响的圈层结构分析[J].南京林业大学学报(自然科学版),2008,32(2):29~33

采用带状极核型空间配置能够实现产业集群的空间聚集,同时逐步实现由单极核向双极核转变。重庆市"一小时经济圈"的布局也着重考察增长点的聚集问题,要促进经济向"一小时经济圈"的集聚,必须充分发挥城镇的中心作用,改变都市区一枝独秀的单一增长极的模式,培养各具特色的多个增长极带动区域发展。

3.点－轴模式

我国经济地理学家陆大道在增长极理论、中心地理论和生长轴理论的基础上提出了点－轴模式,是极核模式的进一步拓展。其中"点"是各级中心城市,是各级区域的聚集点;"轴"是在一定的方向上连接若干不同级别的中心城市而形成的相对密集的社会经济密集带。大量学者研究发现,点－轴模式是区域发展和空间布局的最佳结构,能够有利于城市之间、区域之间、城乡之间便捷的联系,可以进一步拓展为双核结构模式、轴线区域开发模式、网络开发模式。该模式广泛应用于国土资源开发、生产力布局规划、旅游开发规划,也广泛应用于各级行政区国土开发和规划布局。通常情况下,点－轴模式中较大的点作为主体增长核,轴用来传递信息流、经济流、人才流等,点依托轴不断改变其经济地理区位。[①]

渝怀铁路产业带的布局就是点－轴模式的体现,其基本思路就是将渝怀铁路作为主要的增长轴,沿线培育一些综合实力较强的城镇作为增长极的点,采用点－轴模式带动沿线资源开发和工业化、城镇化进程。吕飞在对"三峡旅游经济圈"的形成和辐射范围进行分析的基础上,提出以点－轴模式进行格局规划,是旅游产业布局与现状基础设施之间的空间结合。在整个经济圈中,发展轴由一主轴和两副轴构成,主轴是长江主干旅游发展轴,副轴是"湘鄂"和"渝黔"三峡旅游发展副轴;而点主要是指重庆和宜昌两个极点,作为中心城市和增长极。通过长期的实践证明,点－轴模式开发三峡旅游经济圈能实现其可持续发展。[②]徐州都市圈的建设

---

　　① 李娟,陈世发.基于点－轴理论的渝怀铁路产业带建设分析[J].沈阳师范大学学报(自然科学版),2009,27(2):249~253

　　② 吕飞.论"三峡旅游经济圈"构建中的"点－轴"式开发[J].重庆职业技术学院学报,2006,15(6):52~54

也是点—轴模式,以一级增长极和一级轴线为重点,然后随着经济实力和辐射能力的增强,再向二级增长极和二级轴线推进,最终形成较为完善的点—轴开发体系。

通过长期的实践证明,增长轴一旦形成,就能带动增长极和周围点的发展,更刺激沿线地区的经济发展,使土地利用布局乃至产业布局由向增长极板块集中为主转变向线路集中为主,从而形成点—轴模式,且这种模式适合于经济发展水平较高的区域。同时采用点—轴模式的空间组织形式,能够根据城市土地现状在空间上集聚成点、成块、成区,调整空间布局,发挥聚集经济和规模经济效果的要求,集中力量进行重点建设发挥各级中心城镇的作用,实现整个区域的土地利用的均衡发展,具有重要的现实意义。

6.2.2 空间布局方法及应用

1.基于土地评价的土地利用空间布局

对于土地利用空间布局较为传统的方法就是以土地质量现状为基础,在对区域土地利用现状进行分析评价的基础上,进行空间布局,其中运用较多的是基于土地适宜性评价和结合现有农用地分等定级成果的土地空间布局。由于影响土地及土地利用的各种因素,如自然因素、经济因素、制度因素等,具有空间地域差异,也就是说不同的土地对指定用途具有不同的适宜性和限制性,因此土地适宜性评价是对某块土地是否适宜发展该利用方式及其适宜程度如何进行综合评定,是土地利用和土地规划的主要依据。其核心是构建适宜研究对象或项目区土地利用发展状况的指标体系,基本思路包括:根据评价对象划分评价单元、选取评价因子、评价因子量化分级、确定权重、选择合适的方法进行评价,在获取评价结果的基础上根据适宜程度进行合理的空间配置。这种方法将土地自身利用现状与其他规划相衔接,引导城市和土地利用发展方向,因此得到广泛的应用。

谢霏雰(2009)等人将土地适宜性评价运用在吉水县城西片区的控制性详细规划中,选择自然因素、经济因素、政策因素等相关指标,评价分析得出评价等级,根据分值大小确定主干线轴线和两条绿化景观带,将规划区分为 3 个片区。在适宜性评价结果应用在控制性详细规划中,能够真正意义上将各种自然、社会、经济、政策、生态等影响因素落实到规划的实体空间中,规划结果更具有可操作性。[①] 杨树佳(2007)等人在济南市土地适宜性评价的基础上得出整个区域中适宜和不适宜土地的空间分布,运用 Lindo 模型预测了规划期的耕地数量,并进行基本农田指标分解,并运用逼近于理想点的方法划定了基本农田,在实证研究中取得了满意的结果,有力地支持了新一轮的土地利用规划。[②] 安徽省固镇经开区总体规划也是把基于用地适宜性评价所做的一系列空间分析作为依据进行的布局规划,通过建立 DEM、评价体系,划分出高强度开发区、基本适宜的开发区、不适宜的开发区三种类型,为总体规划提供一种比较直观的用地评价结果,为开发区土地的合理利用提供了科学决策的依据。钟学斌等人利用遥感图像和土地利用规划资料,利用 GIS 技术对湖北省崇阳县进行适宜性评价以便进行进一步分区规划,得出耕地、园地和林地面积有较大调整,耕地集中于地势平坦、水源有保障的山间盆地,而其他分区的坡耕地均转为园地或林地,这种分区符合本区土地利用特点。[③] 大量学者直接利用农用地分等定级成果所划分的质量等级区域,在其基础上进行评价,再进行进一步的空间布局。无论是直接利用农用地分等结果还是适宜性评价结果,均能为土地利用空间布局规划提供依据,也是目前运用较多的布局方法。

2.基于数学模型的土地利用空间布局

科技的发展使得空间布局方法需从传统的模式转向应用数学模型与计算机空间模拟,这也是土地学科研究的重点和发展的必然趋势。国内外学者对利用数学模型进行空间布局的研究也相对较多。20 世纪 70 年

---

① 谢霏雰,孙兴.基于 GIS 技术的土地适宜性评价在控制性详细规划中的应用——以吉水县城西片区控制性详细规划为例[J].江苏建筑,2009(2):12～14

② 杨树佳,郑新奇,王爱萍等.耕地保护与基本农田布局方法研究——以济南市为例[J].水土保持研究,2007,14(2):4～7

③ 钟学斌,喻光明,刘成武等.基于 GIS 的县域土地利用优化配置研究[J].地理与地理信息科学,2010,26(1):54～58

代,非线性规划和线性规划技术逐渐融入土地利用规划中。Dokmeci
(1974)等首次提出土地利用规划是多目标的,并将线性规划用于土地利
用的空间配置;①Gilbert(1985)提出了场地选址的多目标土地空间配置
模型;②Diamond(1989)等提出了基于不规则单元的土地获得的开发费用
最小和配置区域内土地适宜性指数最大的空间配置模型;③Eastman
(1995)等针对数学规划法难以处理庞大数据量的土地利用空间配置问
题,提出了基于栅格的土地利用空间配置算法;④Faris(2000)等提出了基
于GIS的土地利用规划的决策支持系统,将土地资源配置模型与运输模
型结合起来,用于土地利用规划;⑤Kim(2005)等在土地适宜性评价的基
础上运用元胞自动机(CA)构建了新增农村居民点的空间分布模型,并比
较了基于农田保护区变化、新修道路影响和调整中心村布局三种情境下
农村居民点空间分布的差异。⑥

　　国内学者对于土地规划空间布局模型的研究主要是集中于算法优
化、GIS、模型构建基础上的空间布局。王新生(2004)等人考虑到城市土
地的空间规划问题是一个非线性、高维的规模大的优化问题,采用模拟退
火算法对湖南省长沙市暮云工业区用地进行规划。其结果表明由于问题
存在的诸多空间约束条件使得可行的土地利用布局方案的搜寻过程变得

　　① Dokmeci V. Multiobjective model for regional planning of health facilities[J]. Envir and Plang. A. , 1974, 11 (5):517—525

　　② Gilbert K. C. , Holmes D. D. , Rosenthal R. E. , A multiobjective discrete optimization model for land allocation[J]. Mgmt Sci. , 1985, 31(12):1509—1522

　　③ Diamond J. T. , Wright J. R. , Efficient land allocation [J]. Journal of Urban Planning and Development, 1989, 151 (2):81—96

　　④ Eastman J. R. , Jin W. , Kyem P. A. K. and Toledano J. , Raster Procedures for Multi—Criteria/ Multi — Objective Decisions [J]. Photogram metric Engineering & Remote Sensing, 1995;61(5);539—547

　　⑤ Faris J. M. , Beever L. B. , Brown M. , Geography Information System (GIS) and Urban Land—use Allocation Model (U—LAM) Techniques for Existing and Projected Land use Data[J]. Washington: Transportation Research Board. 2000

　　⑥ Kim D. S. , Chung H. W. , Spatial diffusion modeling of new residential area for land—use planning of rural villages [J]. Journal of Urban planning and Development,2005,131 (3):181—194

十分缓慢,采用了将一些空间约束条件结合到目标函数中的方法,如结合了距离约束、方向约束等约束条件,使得规划结果具有实际可操作性。[①]。石英(2008)等人采用遗传算法对乡级土地利用规划空间布局方案进行研究,通过构建最大化布局方案的综合指数及最大化布局方案中每类用地在空间布局上的紧凑度作为目标函数,提出基于遗传算法的求解方法,主要包括编码方法确定、种群初始化、适应度的计算及遗传操作;将该法运用于北京市平谷区王辛庄镇的土地利用规划空间布局中,能够得出多种方案,从中筛选出最优方案。[②]

GIS 理论和已开发的具有空间分析功能的相关软件已广泛利用于土地利用规划布局中,例如基于 SD&MOP 的土地利用结构优化模型、GIS 与 CA 相结合的土地利用规划模型、生态位模型等,均能对土地资源数量结构进行优化,实现了土地资源数量结构优化与空间布局优化的统一。浙江省仙居县的县域居民点体系空间分布中运用 GIS 的空间分析功能进行分析,确定出城镇建成区的发展方向,并进一步选定需要搬迁的居民点和合适的居民点作为中心村,实现居民点优化布局。栖霞市土地利用空间布局也是通过构建 DEM,应用 GIS 和遥感技术,将研究区域划分为优化开发区、重点开发区、限制开发区和禁止开发区等四个主体功能区,与各种县级规划相衔接。现在还有大量学者积极开发其他软件用于土地利用规划布局。

3.基于不同发展目标的土地利用空间布局

不同区域的土地利用有不同的发展目标,例如基本农田优先、建设发展与农业生产兼顾、生态涵养优先、旅游发展优先等。根据不同发展目标,土地利用布局规划的重点就会有所倾斜。国内外学者针对不同发展目标的土地规划研究也相对较多。基本农田保护区划定可以在耕地定级的基础上,利用 GIS 技术,辅助基本农田空间规划布局,实现基本农田空

---

① 王新生,姜友华.模拟退火算法用于产生城市土地空间布局方案[J].地理研究,2004,23(6):723~735

② 石英,程锋.基于遗传算法的乡级土地利用规划空间布局方案研究[J].江西农业大学学报,2008,2(30):381~384

间配置的自动化和科学化。也可以以不同耕地类型的粮食生产能力为基础,借助 GIS 技术对基本农田保护区进行规划,所得研究结果可应用于土地利用总体规划修编的前期研究成果中。

以生态保护为目标的土地规划布局需要处理好生态环境演变与土地利用结构变化之间的相互关系。大部分学者都以生态功能分区作为基础进行土地空间布局,在对研究区域进行宏观分析和评价的基础上,确定生态敏感区,在生态保护的理念下,进一步确定功能分区。鲍海君(2009)等人以嘉兴市七星镇土地整治区为例,研究了生态导向下空间优化和规划设计;将土地整治分区纳入生态功能区,优化整治区空间布局;在生态准则的引导下,通过生态办、生态孔、生态空间、生态廊道的设计,促进整治区社会、经济与自然环境之间的互利共生、协同进化。在海南大灵湖地区控制性详细规划研究中,必须考虑生态安全约束;其布局基本思路是通过对区域生态环境进行评价提出生态适宜度确立生态底线,以形成土地利用和功能布局规划的约束条件,直接指导规划布局。[1] 罗夫永(2008)对生态环境脆弱区的空间布局进行研究,通过运用聚类分析法和灰色线性规划法,构建集数量与空间、微观与宏观于一体的优化模型,使空间布局趋于优化,而且数量结构要素组合趋向合理,实现生态环境脆弱区综合效益的持续、均衡和协调发展。疏勒河流域农业综合开发区的土地利用布局进行规划时利用多目标规划法结合当地的农业现状、作物多样性、气候对作物的适宜性,确定了农作物、林地、牧草地面积比、粮食作物与经济作物的比例,直接指导农业发展。[2] 通过以上分析,可以发现不同发展目标指导下的土地利用规划的空间布局,可以将发展目标作为一种约束条件加入模型中和其他因素统一考虑,在评价的基础上或者模型运行的基础上确定最优的空间布局方案,做到与实践相一致。

---

① 鲍海君,徐保根.生态导向的土地整治区空间优化与规划设计模式——以嘉兴市七星镇为例[J].经济地理,2009,29(11):1903~1906

② 罗夫永,原新,柯娟丽.生态环境脆弱区域土地利用优化模式研究——以新疆阜康市为例[J].社会科学辑刊,2008(1):66~70

6.3 土地利用分区与用途管制的理论及方法

6.3.1 土地利用分区理论及实践研究

土地利用分区是根据地域分异规律,以土地利用现状和土地资源适宜性为基础,根据土地利用条件、利用方式、利用方向和管理措施的相似性和差异性,将规划区内土地划分为不同的土地利用区域,为土地利用的调控和管理提供依据。土地利用分区可以分为土地利用综合分区、土地利用功能分区、土地用途分区,三类分区之间相互关系详见表 6.1。

表 6.1 土地利用分区系统构成

分区类型	定义	内涵	分区命名	差异
土地利用综合分区	土地资源综合分区是以土地质量特征与现状土地利用特征,及土地资源所能提供利用的适宜性为基础,结合区域社会经济发展与生态环境保护的需要,为规定土地资源主导用途所作的分区	土地资源综合分区是地域划分与类型划分的综合,既考虑了土地资源的自然属性的特征,也考虑了人类活动对土地需求等人文因素,是特征与功能的综合,现状与远景的综合,即综合土地利用现状分区和潜力分区与社会经济发展前景的综合	"有代表性的地名(或方位)十地貌组合类型十主要土地利用类型十土地利用主导方向"	用途分区是命令式的、刚性的,全国各地的分区基本一致;功能分区是指导式的、弹性的,各分区按照区域特色制定管理措施;用途分区从土地利用现状出发,按照土地利用类型分区划线;功能分区从系统结构出发,注重区域内部各用地部门的相互联系,有利于协调各类土地利用结构之间的关系;用途分区注重单一的用途保护,严格限制农用地转为建设用地;功能分区结合社会经济发展需要和生态环境保护,注重地区整体功能的发挥;用途分区中,各分区都针对具体的管理部门,有利于细化责任施,但各部门间缺乏联系;而功能分区注重了部门间的合作与协调,有利于从宏观上把握,综合分区则兼有二者的特点
土地利用功能分区	土地利用功能分区,主要是在确定区划目标前提下,在区域土地资源背景调查基础上,进行土地利用的经济、社会和生态环境三大功能评价,明确三大功能分异规律的基础上,根据区域发展的要求,将区域划分为若干个功能分区,并提出调控指标、措施及利用方向	土地利用功能分区主要强调了区域土地利用的结构差异、土地利用社会经济属性和土地利用环境条件的异同,分区结果以"主体功能区"为指导,将研究区域划分为优化开发、重点开发、限制开发和禁止开发四个功能分区,对土地资源利用实施差异化的空间管制,实施差异化的引导与控制	优化开发、重点开发、限制开发和禁止开发四个功能分区	
土地用途分区	土地用途分区是指依据土地资源的特点、社会经济发展需要和上级规划的要求,按照同一的土地利用管制规则划分土地用途	土地利用用途分区既能反映土地资源的组合情况,也为土地利用用途管制提供了依据和手段,还为建立土地利用规划许可证制度及加强土地管理奠定了基础	基本农田保护区、一般农地区、林业用地区、牧业用地区、城镇村建设用地区、独立工矿用地区、风景旅游用地区、生态环境安全控制区、自然与文化遗产保护区等土地用途区	

土地利用分区是土地利用总体规划的重要组成部分,分区科学与否关系到土地利用方式的合理与否,关系到土地利用结构的优化与否,关系到管理的难易,也是实现土地用途管制的重要手段,对于科学制定土地利用方向,合理确定土地利用结构,提高土地利用集约化程度,促进区域协调发展具有重要意义。目前我国土地利用分区还比较粗放与宽泛,没有统一的标准,集中于理论和实践研究。

1. 土地利用分区的理论研究

土地利用区域的客观存在、特征及形成过程决定了土地资源开发利用需要进行分区,因此其理论基础包括土地利用的地域分异规律、农业生产经营的差异以及生态过程的差异。研究土地利用的地域分异规律,成为土地利用分区的基础工作之一。[①] 早期土地利用分区是基于大农业生产的需求,以研究区域气候条件、土地类型、土壤性质、植被组成、农业生产特点及土地利用方向等指标进行定性分区。同时,陈百明也提出基于区内相似性和区间差异性、土地利用与自然本地状况相似性、土地利用和经济社会条件的一致性、土地利用的生态环境响应的相似性以及保持行政界线的完整性的基本原则进行土地利用分析。[②]《全国土地利用现状区划》是我国第一个土地利用分区成果,将全国划分了 4 个一级区、12 个二级区、54 个三级区和 128 个四级区。其中,一级区主要反映全国土地利用最主要的地域差异;二级区反映农林牧等部门不同的地域组合和生产水平的差别;三级区、四级区反映作物组合或牧畜组合、种植方式或放牧方式以及存在的关键问题等方面的差异性。1978 年,中国科学院自然资源综考会编制了全国 1∶100 万土地资源图,将我国按大气水热条件的区域差异划分成华南区、四川盆地—长江中下游区、云贵高原区、华北—辽南区、黄土高原区、东北区、内蒙古半干旱区、西北干旱区、西北干旱区和青藏高原区等九个土地潜力区。80 年代后期,中科院地理所编制了

① 罗夫永,原新,柯娟丽.生态环境脆弱区域土地利用优化模式研究——以新疆阜康市为例[J].社会科学辑刊,2008,1:66~70

② 陈百明.中国土地利用与生态特征区划[M].北京:气象出版社,2003

1∶400万土地合理利用区划图。随后,大量学者运用定量方法进行不同区域的土地利用分区,也有学者对不同空间尺度的土地利用分区进行大量的理论和实证研究,有学者提出地(市)级以上的土地利用总体规划应划定土地利用地域分区,县级和乡(镇)级土地利用总体规划应划定土地用途分区;也有提出应在土地利用综合分区的基础上建立土地利用重点功能类型区。

　　长期以来分区理论研究都不够深入,土地利用指标体系和分区方法不尽完善。就分区方法而言,通常根据土地利用现状或规划类型,将土地划分为不同的土地利用类型区。这种分区方法比较笼统、单一,很少采用精确、科学的方法确定其范围;没有统一的技术指标作保障,经常因考虑因素不全面,划区依据不充分,导致分区结果较为粗略,不能对各区的主导用途、限制用途、转换用途等做出明确规定,从而导致区域管理措施难以具体化,不易指导区域经济的协调发展。为了避免重复分区的出现,基本农田保护区、生态保护区等需重点保护的土地区域往往不容易在一张分区图中清晰表示。同时,自然人文景观区、水源保护区等需具有特殊功能,具有特殊保护或管制措施的土地时常未列入管制范围。但由于社会经济的快速发展,土地问题日益严重,国家不断加强土地利用空间管制力度,完善土地利用宏观调控,在此背景下,全国上下迎来了土地利用分区"热潮"。土地利用分区理论研究也将重点转移到分区的基础性研究上,研究分区的指标体系,以提高分区的综合性和可操作性。进一步将区划的理念引入到土地利用分区中,在不同省份都开展了研究。

　　2. 土地利用分区的实践研究

　　土地利用分区理论在实践中不断得到改善和提升。就目前我国土地利用分区的实证研究而言,呈现出分区方法趋向多元化,逐步实现由定性向定量化研究的转变;我国1∶100万土地资源图就是采用定性的方法完成的。另一方面,我国土地利用专项化分区更加突出,逐渐加大分区的应用性和综合性,例如出现土地生态分区、土地利用功能分区、土地适宜性分区,还有专门针对一些特殊区域的分区,例如喀斯特地区、三峡库区、采煤沉陷区等。过去的土地利用分区图都采用手工制作,但现在"3S"技术和计算机技术已融入到分区制图中,能提高区划效率及精确度,成为区划研究的热点。

(1)土地利用综合分区实践研究

土地利用综合分区是以土地质量特征与现状土地利用特征,及土地资源所能提供利用的适宜性为基础,结合区域社会经济发展与生态环境保护的需要,为规定土地资源主导用途所作的分区。因此,土地资源综合分区是地域区划与类型划分的综合。

陈百明等人通过分析全国各地区不同的自然、经济、社会条件下形成的土地利用的重大差异,将全国划分为 11 个土地利用分区:东北土地利用区、内蒙古高原及长城沿线土地利用区、华北土地利用区、长江中下游土地利用区、江南丘陵土地利用区、四川盆地土地利用区、黄土高原土地利用区、西北土地利用区、云贵高原土地利用区、华南土地利用区、青藏高原土地利用区。[①]

鉴于现代城市中存在较多生态问题,许多发达国家将生态管制引入土地利用分区中。林肯土地政策研究所从保护土地的生态价值出发,提出了土地开发潜在限制性因素,将评价区域分成生态临界区域、景观文化临界区域、经济临界区域和自然灾害临界区域四类环境敏感区域。我国孙伟(2008)等人提出基于自然生态约束的土地利用分区,将自然生态条件和资源环境状况作为区域土地利用的约束条件,通过生态系统服务功能和生态敏感性两方面评价,将区域划分为高、较高、中等和低四级自然生态约束类型区,再分别提出各类型分区的土地利用布局管制措施。[②]

在不同的地域,鉴于其独特的地理特征,划分结果也完全不同。有学者利用 GIS 技术,立足于西南丘陵山区,以层次聚类分区方法为主导,以构成自然、社会经济方面的主导因素评判为控制,将酉阳县分为中部低山高丘统筹发展区、东部高丘综合农业优化开发区、西南部低山生态旅游开

① 陈百明.基于区域制定土地可持续利用指标体系的分区方案[M].地理科学进展,2001,20(3):247~253

② 孙伟,严长青,陈江龙等.基于自然生态约束的滨湖城市土地利用分区—以无锡市区为例[J].资源科学,2008,30(6):925~931

发区、北部中山生态涵养区,明确了区域土地利用的方向和重点。吴凯(2009)研究了基于地质地貌条件分析喀斯特地区的农业土地利用分区,着重考虑研究区域的农业地质、土地利用、土壤资源、生态环境等方面,最终将清镇市分为南部渔、果蔬、副城郊生态农业区,中部粮油作物、林果综合农业区,东部林、渔生态旅游农工业区,西北部农经作物、牧业农业区,以及中西部粮、特色产品农业区,并提出各区土地利用方向和建议。① 邹世鑫(2010)对重庆市巫山县土地利用综合分区进行实证研究,将其分为高山-森林植被保护区、沿江-生态旅游开放区、城镇发展核心区、观光农业区、订单农业区、生态农业区和特色农业区,并对个分区提出土地利用调控方向。②

(2)土地利用功能分区实践研究

土地利用功能分区从土地所具有的各种功能出发,合理安排土地利用结构,因地制宜进行分区。通过对自然资源、社会经济条件及土地利用状况进行分析,找出土地利用的特征及存在的问题,从而对各功能提出管制措施。功能分区的主要特点以多种结构的组合作为实现功能的基础,而不是单一土地利用方式。根据"十一五"总体规划纲要和最新的《全国主体功能区规划》将国土空间划分为优化开发区域、重点开发区域、限制开发区域和禁止开发区域,原则上四类主体功能区不覆盖全部国土,也就是说各地区在编制主体功能分区时要结合本地区的特色进行。

将国家主体功能区规划的方法和评价依据应用于土地利用分区上,运用系统聚类分析,可以将江苏省沿海地区分为优化发展区、滨海潜力区、重点发展区和一般发展区,提出各区域土地资源开发利用中存在的主要问题和未来发展方向,并认为基于主体功能区指标体系的土地利用分区对于指导区域土地开发和布局具有重要的实践意义。相同的方法也可以将山东省泰安市分为中心城镇区、重点开发建设区、风景名胜旅游区、

---

① 吴凯.基于地质条件的喀斯特区农业土地利用分区——以清镇市为例[D].贵阳:贵州大学,2009

② 邹世鑫.县级土地利用分区研究——以重庆市巫山县为例[D].重庆:西南大学,2010

生态环境保护区、基本农田保护区等五个土地利用功能区。海南的功能
分区则是考虑热带海岛的最大特色,将整个省划分为临港经济区、城镇生
活区、旅游休闲区、生态保护区、农业区和渔业区六大功能分区。天津作
为环渤海地区的经济中心,要逐步建设成为国际港口城市、北方经济中心
和生态城市,因此相关专家学者结合实情,将整个天津市主体功能分区分
为:都市核心功能区,滨海城市重点发展区,都市功能扩展区,西部京津协
同发展区,中、南部城乡协调发展区,北部生态涵养发展用地区。六个功
能区是以各区所处的地理位置,也考虑相应的经济结构、发展战略和自然
状况为分区依据。其中都市核心功能区对应优化发展区,滨海城市重点
发展区和都市功能扩展区对应重点发展区,西部京津协同发展区和中、南
部城乡协调发展区对应限制区,北部生态涵养发展用地区对应禁止开
发区。

(3)土地用途分区实践研究

从土地利用规划的角度来看,土地用途分区实质是土地利用类型区
的划分,将区域土地资源根据土地用途管制的需要,按社会经济发展的客
观要求和管理目标,划分不同的空间区域,并制定相应的土地用途管制规
则,实现对土地用途的管制。土地用途区域不是纯粹用地性质的区域,是
以主导用途为主,同时有限制地允许其他利用形式的综合用地区域。我
国现有土地用途分区的划分一般分为用途地域和用途分区两个层次。其
中用途地域可划分为城镇地域、农业地域、山林地域、草场地域、自然景观
与生态环境保护地域、后备资源开发地域和保留地域七种。学者研究表
明,我国乡镇级土地利用规划控制的土地用途分区体系包括基本农业用
地区(基本农田保护区)、一般农业用地区、乡村建设用地区、独立工矿用
地区、林业用地区、草场用地区、自然保护区、历史文物保护区、风景名胜
区、水资源保护、后备资源开发区、保留地区。

在赤壁市的土地用途分区中主要考虑土地适宜性评价结果、土地利
用现状、区域经济发展需要和分区规划的原则,将其分为三个一级用途区
和七个二级用途区。一级区为:农业用地区、建设用地区和土地利用重点
生态保护区;二级区为:基本农田保护区、一般农用地区、林业用地区、城

镇村建设用地区、独立建设用地区、风景旅游用地区、自然和人文景观保护区。根据用途区的划分在制定相应的用途管制规则,有针对性地保护土地资源。[1] 有学者建议县级土地用途管制分区按地租利益差别可划分为建设用地区、农用地区、林地区。以人口密度、区位条件和土地产值区分建设用地,可划分为城镇建设区、乡村建设区和独立于城镇建设、乡村建设区以外的独立工矿用地区。土壤条件好、地形坡度缓、肥力高的农业用地,其农作物产出水平则较高,不同类型的土地生长的农作物不同。以自然条件如土壤、地形、坡度、农作物的生长要求及土地的生产力水平为标准,区分农业用地为基本农田保护区、基本草牧场区和一般农用地区。以林地的种类、自然景观的类型及需要保护的对象区分林业用地为生产林区、生态林区、自然保护区和风景名胜旅游保护区。[2]

通过上述分析可以发现,土地利用分区是在综合研究土地综合体的各种要素,特别是自然要素地域分异的基础上,结合土地利用现状特点及历史发展,从最大限度发挥土地生产潜力及改善土地生态系统的结构与功能出发,对土地结构、布局形式、优化配置等在空间上分区。整个土地利用分区体系研究的重点和功能受到尺度的影响,其具体差异详见表6.2。

虽然我国土地利用分区的理论和实践研究都取得较大的进展,但与国际先进的做法相比,依然存在不少困难和问题。我国土地利用分区的理论研究相对较为薄弱,较少从土地系统的整体性出发进行分区。同时,我国现行土地利用分区的分类方法不规范;我国现行土地利用分区的制度规定不完善,《土地管理法实施条例》仅规定县级和乡镇土地利用总体规划应当根据需要划定土地利用分区,但对国家、省、市级土地利用规划是否分区以及如何分区未做规定;而且总体规划所划分的土地利用分区很难做到在地域范围上的全覆盖,可能将一部分区域,如把保留开发区、潜力开发区等排除在土地规划范围之外。因此在土地利用分区时,要着

①　冯丹.赤壁市土地用途分区实例研究[J].知识经济,2010(2):138~139

②　王静.关于我国县级土地用途管制分区类型的建议[J].中国土地科学,2001,13(4):26~30

重考虑土地利用分区的实用性,不断完善土地利用分区制度。

表 6.2　土地利用分区尺度效应[①]

分区体系	分区类型	分区重点要素	主要功能
全国土地利用分区	综合分区	各区域在全国乃至世界国际化分工中的地位和优势,各区域对全国社会经济发展、生态保障等方面的特殊性等	解决跨流域、跨区域的全国性土地问题;维护全国土地资源安全,服务于全国社会经济生态的总体协调发展;实现国家尺度上土地利用的合理组织和科学管理
流域土地利用分区	功能分区	上中下游间生态资源和生态功能的差异等	维护流域生态安全,服务于流域内社会经济生态的总体协调发展;实现流域内部土地的合理组织与科学管理
热点或特殊区域土地利用分区	综合分区	区域内部土地利用特殊地域差异、产业分工等	引导区域内部的合理竞争与合作,实现土地资源的有序开发与节约集约利用
省级土地利用分区	综合分区	土地利用特征地域差异、社会经济地域差异、全省社会经济发展战略等	引导省域内部土地合理有序开发,统筹区域之间及社会经济生态环境之间的协调发展,实现省域内部土地的合理组织与科学管理
市、县、乡(镇)土地利用分区	用途分区	自然要素对各用地类型的适宜性	服务于各类用地的定点定位配置

6.3.2　土地利用分区指标体系构建

不同层次的分区结果不同,层次越低,区划的指标体系越复杂,功能定位也越具体。以自然与人文因素相结合作为划分土地分区的重要原则,在确定土地利用分区指标的基础上,进行土地利用分区的划分是非常重要的,关键是解决了不同等级的区域划分,选取什么样的指标,侧重点是什么。就目前指标体系研究发现,在各个层次上缺乏通用的指标体系,应建立面向不同行政层级土地利用分区的垂直划分标准系统,包括区划

[①]　韩书成,濮励杰.土地利用分区内容及与其他区划的关系[J].国土资源科技管理,2008,25(6):11～16

指标体系和不同层级的土地利用分区的命名规范将成为研究的热点。

　　综观国内外在构建土地利用分区的评价指标体系时,大部分都是从土地利用的角度出发建立反映土地结构变化的指标并进行分区。例如甄静在对西安市土地利用分区中,主要考虑的分区因素包括区域土地利用开发程度、土地集约经营程度和土地利用的综合效益等三大类指标。土地利用分类应该在社会、经济、生态等三大功能的基础上,从土地资源利用基础、土地社会功能、土地经济功能、生态环境功能四个方面构建普遍意义上的土地利用分区指标体系。表 6.3 目前较为通用的土地利用分区指标体系。

表 6.3　土地利用分区指标体系

一级指标	二级指标	三级指标
土地资源基础	自然资源特征	年降水量、≥10℃积温、平均海拔高度、地貌类型
	区位条件	到经济中心可达性、路网密度
	土地开发条件	工业用地价格、农用地转换成本、人均可用水资源量
	土地开发程度	耕地垦殖率、非农用地占土地面积比例、复种指数、土地利用率
土地经济功能	经济功能用地构成水平	建设用地比例、农业用地比例
	土地综合经济发挥水平	产业构成、农林牧渔总产值构成、人均 GDP、单位粮食播种面积产量、地均农用地产值、土地综合生产力
土地社会功能	人均土地资源占有水平	人口密度、人均耕地面积、人均后备耕地资源数量
	人均土地资源产后的占有水平	人均粮食、人口经济密度
土地生态环境功能	生态环境功能用地构成水平	生态脆弱(生态敏感区)占地、特殊生境(生态服务区)占地
	生态环境现状	水环境质量、土地质量变化趋势、植被覆盖率(或植被指数)、自然灾害频率变化

　　针对特定目标下土地利用分区,指标体系可以有所差异。例如在统筹区域发展的前提下,所构建的指标体系就可以侧重于从经济发展、社会

发展、生态环境、土地利用现状、土地利用效率五个方面构建相应指标,也就是在表 6.3 指标体系的基础上增加人均居住面积、人均交通用地等说明土地利用现状,增加建设用地二产地均产值、建设用地三产地均产值等一系列指标反映土地利用效益问题。如果需要将生态环境功能进一步细化,结合目前研究热点即生态服务价值,表 6.4 所呈现的指标体系可以分为生态功能和环境功能两部分,具体指标细化见表 6.4。

表 6.4 生态环境功能指标体系

一级指标	二级指标	三级指标
环境功能	大气环境维护	工业废气排放总量、单位面积废气排放量、人均废气排放、单位 GDP 废气排放
	水环境维持	废水排放量、单位面积废水排放量、人均废水排放量、单位 GDP 废水排放量
	固体废物消解	固体废物排放总量、单位面积固体废物排放量、人均固体废物排放、万元 GDP 工业固体废物排放量
生态功能	供给功能	食物供给、原材料、洁净水供给
	调节功能	固定 CO_2、释放 O_2、拦截降水、涵蓄降水、减少 SO_2、减少氮氧化物
	支持功能	维持生物多样性、避免土地废弃、减少泥沙淤积、减少养分流失

　　在土地功能分区基础上的土地利用分区可以参考《全国主体功能区规划》所规定的资源环境承载能力、现有开发密度和发展潜力三方面建立与区域土地利用相联系的指标体系。本书从资源环境、现状、发展潜力、地区特色四个方面选择合适的指标。而将经济、生态、社会指标融入这四个方面,资源环境侧重于生态,现状指标侧重于经济和社会,发展潜力侧重于经济、资源,地区特色主要考虑区域限制性因素或有利因素进行指标选取。本研究所构建的三级指标体系详见表 6.5。

表 6.5　基于功能分区内涵的土地利用分区指标体系

一级指标	二级指标	三级指标
资源环境	自然条件	年降水量、≥10℃积温、土壤类型、土壤养分含量、植被覆盖率、土地资源的数量、水资源总量、气候资源生产潜力、森林资源的丰度等
	生态功能	生态服务价值（按 Costanza 等的研究计算各种生态服务价值，例如大气调节、涵养水源、产品服务等功能）等
	环境功能	环境容量、地下水开采系数、河流水质级别、水环境质量、大气环境质量、固体废物消解状况指标等
	空间结构布局	景观格局指数、土地利用动态度、景观异质性指数、空间自相关系数等
发展现状	社会现状	人口数量、人口年龄结构、学历、人均耕地面积、人均后备耕地资源数量、人口城镇化率等
	经济现状	产业构成、人均 GDP、恩格尔系数、单位粮食播种面积产量、土地综合生产力、教育支出、成本效益等
	土地开发利用现状	土地开发利用强度、耕地垦殖率、非农用地占土地面积比例、复种指数、土地利用率、各种用地比例以及农田基本建设等相关指标
发展潜力	经济发展潜力	未来的经济总量、经济发展速度、政策等相关经济指标等
	社会发展潜力	基础设施发展状况、规划期人口规模、交通可达性等指标
	资源环境发展潜力	未来的人均耕地面积、自然资源利用率、人均绿地面积等预测的指标
区域特色	区位因素	平均海拔高度、地貌类型、到经济中心可达性、路网密度、道路通达度等
	限制因素	自然灾害频率变化、生态约束度、生态环境脆弱性指标等限制性因素
	有利因素	政策因素、自然资源优势、地理位置优势、旅游资源优势等相关的指标

该指标体系参考主体功能区进行指标构建,是未来土地利用分区发展的重要趋势。其中资源环境承载力是划分主体功能区的基础,该项指标重点评价区域各类资源的承载能力和环境容量,因此从自然条件、生态功能、环境功能和空间结构布局反映该承载能力。现有开发密度主要通过对现状描述进行获取;区域发展潜力是指在维持可持续发展的前提下,其支撑体系所具有的潜在能力。表 6.5 发展潜力部分主要从社会、经济和资源环境三个方面进行考察,指标都需要基于发展现状指标的计算才能获得,对于所选择的定量化的指标如政策影响程度等,则可以采用虚拟变量的形式进行量化处理。但是在不同的发展阶段指标体系的侧重点会有所不同。例如我国中西部地区可能在三级指标上重点考察经济发展能力、人口聚集能力、交通可达能力、战略选择、可利用土地资源方面,但是针对信息化时期则要选择区域创新、组织能力、智力资本投入等方面。本指标体系区域特色则考察区域差异性问题,因此从区位因素、区域限制性因素、有利因素三个方面构建三级指标。每个省市县都有其独特的地理优势,区位因素主要选择能够反映地理位置、地形地貌特征、道路网、水网布置等指标;而限制性因素则需要考虑研究区域的限制性因素,有的区域属于地质灾害多发区域,则自然灾害频率等相关指标是必要指标;有的属于生态脆弱区,可能会选择地面沉降、土壤渗透性、地裂缝、滑坡坍塌、岩溶塌陷等反映生态敏感性的指标。总体来说,土地利用分区指标体系构建是判别分区的基础,可以参考主体功能分区的内涵从资源环境承载力、现有开发密度、发展潜力三个方面并结合区域特色进行体系构建,明确指标的意义,彰显区域特色,再采用恰当的方法进行综合评价。

6.3.3 土地利用分区的方法

由于在分区过程中需要根据指标体系收集形式多样的资料,再采用不同的方法对资料进行处理,最终才能达到分区的目的。根据土地利用开发的具体特点,现有分区中常采用的方法有改进聚类分析法、空间叠加分析法、星座图法、模比系数法等,通过对比并结合现有研究热点将分区方法归纳为以下几种。

1.基于模型构建的分区方法

基于模型构建的功能分区方法主要强调在对土地利用系统功能分析的基础上构建指标体系,再采用恰当的数学方法进行分区。该方法的核心就在于构建合理的指标体系,选择恰当的数学方法进行分区。

(1)聚类分析法

功能分区方法同其他土地评价、土地质量研究等土地相关学科的研究方法相一致,综合指数法、聚类分析法、灰色关联分析法等都是功能分区常用的方法,均是基于数理分析原理的传统数学方法,以聚类分析法运用较多。其基本原理就是采用欧式距离法计算区域间土地利用的相似性系数,并按一定阈值标准,以相似性系数最大化为原则将土地利用最为相似的两个单元归为一类型区。除了常用的空间聚类方法,也有许多改进算法的空间聚类方法,例如,基于 K−平均算法的空间聚类、基于 BP 神经网络的空间聚类、基于自组织神经网络的空间聚类等。基于空间属性一体化的空间聚类方法能够反映空间位置和属性特征,体现空间邻近性,使聚类结果更具客观性。聚类分析方法可分为两大类:一类是模糊等价矩阵动态聚类分析法,另一类是模糊 ISODATA 聚类分析法。由于在所选的指标体系中必然存在模糊性的问题,利用传统聚类方法所评价的结果准确性有待讨论,但模糊 ISODATA 聚类分析法处理带有模糊性的聚类问题更为客观、灵活、直观,且计算较为简捷。因此本研究着重推荐将模糊 ISODATA 聚类分析法运用于功能分区研究中。其基本原理是设被分类对象集合为:$X = \{X_1, X_2, X_3, \cdots, X_n\}$,其中每一个样本 X_k 均有 m 个特征指标,即 $X_k = (X_{k1}, X_{k2}, \cdots, X_{km})$。要将样本集 X 分成 c 类($2 \leqslant c \leqslant n$),设 c 个聚类中心向量为 $V = \{V_1, V_2, V_3, \cdots, V_c\}$。为了得到一个最佳的模糊分类,须按照下列聚类准则,从模糊分类空间中优选一个最好的模糊分类,即求出适当的模糊分类矩阵 $\overline{R}$ 与聚类中心向量 V,使得如下目标函数取得最小值。

$$J(R, V) = \sum_{k=1}^{n} \sum_{i=1}^{c} r_{ik}^q |X_k - V_i|^2 \qquad (6.1)$$

切比雪夫距离:　$X_k - V_i = \bigvee_{j=1}^{m} |X_{kj} - V_{ij}|$,其中,$r_{ik} \in (0,1)$ 表

示第 k 个数据在第 i 类里的隶属度,且满足: $\sum\limits_{i=1}^{c} r_{ik} = 1$, $\forall k$; $n >$

$\sum\limits_{k=1}^{c} r_{ik} > 0$, $\forall i$; $X_k - V_i$ 表示样本 X_k 与聚类中心 V_i 的距离。经常采用的距离有:

海明距离: $\qquad X_k - V_i = \sum\limits_{j=1}^{m} |X_{kj} - V_{ij}|$ $\qquad$ (6.2)

欧式距离: $\qquad X_k - V_i = \sqrt{\sum\limits_{j=1}^{m} (X_{kj} - V_{ij})^2}$ $\qquad$ (6.3)

Bezdek(1981)[①]已经证明:当 $q \geqslant 1, X_k \neq V_i$ 时,迭代运算过程收敛,目标函数存在极小值。

使用该聚类方法的主要步骤包括以下几个:①数据标准化:根据模糊矩阵的要求,将原始数据矩阵不同量纲的数据压缩到区间 $[0,1]$ 上,通常采用平移·标准差变换及平移·极差变换;②标定:直接利用距离法进行聚类分析,需确定分类数 $c(2 \leqslant c \leqslant n)$ 。取一初始模糊分类矩阵 $\overline{R}^{(0)} \in M_{fc}$,其中 M_{fc} 为模糊分类矩阵集;③对于 $\overline{R}^{(l)}$,计算聚类中心向量 $V^{(l)} = \{V_1^{(l)}, V_2^{(l)}, V_3^{(l)}, \cdots, V_c^{(l)}\}$,其中:

$$V_i^{(l)} = \sum_{k=1}^{n} \frac{(r_{ik}^{(l)})^q X_k}{\sum\limits_{k=1}^{n} (r_{ik}^{(l)})^q} ;$$

④修正模糊分类矩阵 $\overline{R}^{(l)}$,即计算 $r_{ik}^{(l+1)} = \dfrac{1}{\sum\limits_{j=1}^{c} (\dfrac{|X_k - V_i^{(l)}|}{|X_k - V_j^{(l)}|})^{\frac{1}{(q-1)}}}$;

⑤比较 $\overline{R}^{(l)}$ 与 $\overline{R}^{(l+1)}$,若取定的误差精度 $\varepsilon > 0$,则有 $max \{|r_{ik}^{(l+1)} - r_{ik}^{(l)}|\} \leqslant \varepsilon$, $\overline{R}^{(l+1)}$ 和 $V^{(l)}$ 即为所求,停止迭代;否则, $l = l+1$,转第(3)步。

通过以上步骤得到的模糊分类矩阵和聚类中心是相对于分类数 $c(2 \leqslant c \leqslant n)$ 、初始模糊分类矩阵、参数 ε 及 q 的最优解。

---

① Bezdek. Pattern recognition with fuzzy objective function algorithms [M]. New York: Plenum Press,1981

聚类效果评价可采用分类系数 $F(\overline{R})$ 或平均模糊熵 $H(\overline{R})$ 两项指标衡量。其中，$F(\underline{R}) = \dfrac{1}{n}\sum\limits_{i=1}^{n}\sum\limits_{k=1}^{c} r_{ik}^{2}$，$H(\overline{R}) = -\dfrac{1}{n}\sum\limits_{i=1}^{n}\sum\limits_{k=1}^{c} r_{ik}\ln r_{ik}$。$F(\overline{R})$ 越接近 1，最终分类的模糊性越小，聚类效果越好；$H(\overline{R})$ 越接近 0，聚类效果也越好。

聚类分析方法在功能区划中已得到广泛的应用，每个功能区自身应是连成一片的，内部不能有孔；同时利用空间聚类等特征向量分析能消除指标之间的相关性和权重，在一定程度上克服了主观因素的影响，有利于土地利用分区实现科学性与客观性的统一，是一种比较理想的划分方法。在江苏泰兴市主体功能分区的研究中就采用了空间模糊聚类分析法，通过构建土地利用调控指标，建立区域土地利用功能分区，划分区域土地利用主体功能区：优化开发区域、重点开发区域、适度开发区域和禁止开发区域；[①]在辽宁兴城市土地利用分区研究中采用聚类分析法，将其划分为优化开发、重点开发、适度开发和控制开发区域，同时提供相应的土地功能分区专题图；[②]在西安雁塔区运用聚类分析法将街道办作为数据收集单元，将其划分为小寨—雁塔商服文教区、高新技术开发区、曲江—浐河土地生态重点保护区；在胶州的研究中发现，在充分考虑区域间土地利用结构差异、生态环境差异、经济发展特征、区位条件等基础上，将其划分为中心城镇发展区、东部重点开发建设区、北部基本农田保护区、南部低山丘陵生态环境保护区。通过大量实践证明，采用系统聚类分析法不需要事先知道分类对象有多少，只是通过数量统计方法最后客观地形成一个分类系统；同时，分区结果可以结合本区的土地利用特征、生态环境、区位特征进行修正。

（2）指数法

指数法是功能分区中较为传统的分析方法。指数法是一种定性和定

---

① 余德贵,吴群,赵亚莉.土地利用主体功能分区方法与应用[J].农业系统科学与综合研究,2008,24(2):196～200

② 张微微,侯立白,刘喜波.兴城市土地利用功能分区研究[J].湖北农业科学,2010,49(3):563～566

量相结合的方法,基本思路是:在收集基础资料的基础上,划分分区单元;选取土地利用结构、土地评价的质量指标构建指标体系,并赋予权重,计算分区参数;根据分区参数进行区划、归类,形成用途区。指标法参与的指标越多,计算越复杂,分区的结构越准确。其基本评价模型公式为:

$$E(A) = \sum_{i=1}^{n} W_i \times P_i \qquad (6.4)$$

$E(A)$ 为评价单元的总分值;W_i 和 P_i 分别为第 i 个评价单元的权重和分级指数;n 为评价模型中的总参评因子个数。

根据此原理,有学者在福州市土地利用功能分区的研究中采用指标法,分别计算反映社会经济发展状况综合指数、生态保护重要性综合指数和土地开发支撑条件综合指数,最后对三个指数进行一定数学转化计算出国土空间综合评价指数,划分出优化开发区、重点开发区、禁止开发区和限制开发区四个功能分区,指导土地利用规划布局。也有学者从土地资源利用的结构、投入、产出、生态、动态和潜力等六个方面遴选出部分指标,运用主成分分析法计算出相关权重、贡献率和累计贡献率,采用多指标加权综合评价计算出综合指标值,最终结合自然条件、土地利用特点和区划单元空间分布划分出相应的功能分区。从指数法的应用可以发现,该方法适用于基础资料较为齐全的区域,但人为误差较大,评价精度受评价尺度影响较大。

传统的数量统计方法需要通过构建指标体系,计算分值并进行分区,中间存在选择指标和权重确定性的主观性,因此在传统方法上应适当加入模型模拟技术改进传统方法,使结果更具有可操作性、实践指导意义。

2.基于生态视角的分区方法

随着经济不断发展,导致城市生态景观恶化,污染严重,土地区位效益逐渐消弱,生态环境问题引起相关学者的关注。功能分区研究也逐渐拓展,从城市生态学、景观生态学、环境科学的角度研究功能区划,研究方法主要是采用生态学的相关方法,如生态足迹法、景观格局分析、生态系统服务价值法等。

(1)生态足迹法

1992 年 Rees 提出生态足迹法,由 Wackernagel 进一步完善。生态足迹方法从一个全新的角度考虑人类及其发展与生态环境的关系。通过分析能够提供一个地区对自然资本利用状况的框架,从而能有针对性地进行土地利用功能分区。主要的生态足迹模型包括:时间序列足迹模型、投入产出法足迹模型、综合评价法足迹模型、土地干扰度足迹模型、生命周期法足迹模型。生态足迹法的基本思路是将人类每一项最终消费的量通过折算,转换成提供生产该消费的原始物质与能量生物生产性土地面积,从需求面计算生态占用的大小,从供给面计算生态承载力的大小,通过对这二者的对比,评价研究对象的可持续发展状况。其生态足迹需求方面的具体计算式为:

$$EF = N \times ef, ef = \sum_{i=1}^{n} aa_i = \sum_{i=1}^{n} (c_i/p_i) \tag{6.5}$$

式中:i 表示消费商品和投入的类型;p_i 表示 i 种消费商品的平均生产能力;c_i 表示 i 种商品的人均消费量;aa_i 表示人均 i 种交易商品折算的生物生产面积;N 表示人口数;ef 为人均生态足迹;EF 为总的生态足迹。

通过比较生态足迹供给和生态足迹需求的差异判断可持续利用性。基于此原理,可以将生态足迹法运用于土地利用规划方案的制定上,以便进一步进行功能分区研究。卫晋晋(2008)等人对通州区的土地利用结构设定了三种方案,采用生态足迹法比较各种方案的生态赤字,选出最优的规划方案,并进行分区,引导通州区生态环境和经济向良好的方向发展。[①] 也有学者认为生态足迹法运用到土地利用规划和分区上能够表达生态状况的相对大小,揭示其发展趋势和主要矛盾,但是缺乏基于生态影响定量约束机制下的规划预测的研究,导致研究成果价值的有限性。因此生态足迹法的利用范围还有待扩大。

---

① 卫晋晋,徐琳瑜. 城市生态系统承载力的几种主要评价方法[J]. 环境科学与管理,2008,33(9):133~137

(2)景观格局分析

景观格局分析是以景观几何特征为基础的景观格局指数来反映土地利用与景观结构、功能和动态间互为反馈这一过程,也能有效反映具有独特的空间属性与变化特征的土地利用类型在局地景观中的分布与配置的规律性。通过选取景观格局指数,分析景观格局特征,有利于更为准确地分析,为土地利用变化预测及土地利用方式的选择提供依据,揭示土地利用的空间分布特征,指导土地利用功能分区。景观格局分析是以 ArcGIS 为平台,应用软件 Fragstats for ArcView3. X 计算不同层次的景观格局指数,三个层次为:斑块水平(Patch Metrics)、类型水平(Class Metrics)、景观水平(Landscape Metrics),分为面积/密度/边缘、形状、核心面积、隔离度/邻近度、聚散性和多样性等几类指数。例如,斑块数(NP)、平均斑块面积(MPS)、斑块密度(PD)、平均斑块形状指数(MSI)、斑块面积标准差($PSSD$)、斑块面积变异系数($PSCV$)、分维度($DLFD$)和廊道密度指数(L)等都能有效揭示其空间分布特征。因此,大量学者都在分析区域景观格局的基础上,根据其分布特征合理进行功能分区。齐伟等人认为虽然描述景观格局的指数很多,但不满足相互独立的性质,因此筛选出一组满足景观格局但又不冗余的景观格局指数体系,即包括:仙侬景观多样性指数、景观分离指数、斑块密度、景观形状指数和周长/面积分维数,将其应用到德州功能分区上,将整个德州市划分为四个功能区,所得结果与实际相符合。[①] 也有学者通过分析景观格局空间差异性,将山地旅游分为旅游景观、旅游引景空间景观、山地混合景观等功能区。可见,基于景观格局分析的功能分区是将空间特征和土地利用现状等相结合的功能分区,具有动态意义,不同于传统方法的功能分区即仅采用一些静态指标进行评价。因此采用景观格局分析方法所得的功能分区结果更贴近实际。

(3)生态系统服务价值

自然生态系统通过利用人为手段所无法或很难替代的部分即生态服

---

① 齐伟,曲衍波,刘洪义等.区域代表性景观格局指数筛选与土地利用分区[J].中国土地科学,2009,23(1):33~37

务,为人类生存和社会发展提供产品和服务。土地作为各种陆地生态系统的载体,土地利用与生态服务功能间相互影响、相互制约。单纯以经济利益为目的的土地利用结构调整或功能区划,其经济增长实质上是建立在消耗自然资源基础之上的,最终将导致自然生态系统的面积减少和服务功能减弱,不利于区域社会经济可持续发展,严重影响人类共同追求的可持续发展目标的实现。因此,进行土地利用决策或土地功能分区,考虑土地利用的生态服务变化显得非常重要。早在 20 世纪 70 年代,Costan-za(1997)[1]将全球生态系统划分为海洋、森林、草原、湿地等类型,将生态系统服务功能划分为气候调节、水分调控、防止水土流失等 17 项,进行全球生态系统服务价值估算。以后各国学者基于此研究展开了对生态系统服务价值更深入的研究。基于生态系统服务功能分析的功能区划基本思路是在确定生态系统服务功能的基础上,选择恰当的方法对其进行评价,在不同尺度综合评价的基础上进行生态功能分区。在自然生态约束下的土地利用分区中,就可以通过生态服务功能评价将区域划分为高、较高、中等和低四级自然生态约束类型区,并提出各类型分区的土地利用布局;同时,通过生态服务功能价值的计算,也能提出服务功能较密集、较稀疏的地区,针对密集度不同的区域可以进行土地功能分区的调整和调控。可以看出,基于生态服务功能的功能分区主要考虑土地利用产生的社会和环境效益,对经济效益的考虑相对较小,因此要实现功能区划的准确性和可操作性,需要在生态视角的基础上考虑更多的经济指标。

3. 基于 GIS 的分区方法

(1)基于 GIS 相关软件的分区

采用传统的数学分析方法来解决土地科学问题,所取得成果有时不能精确、形象地说明问题,GIS 具有良好的人机交互界面,分区成果能在计算机内展示出来,也可以以文本和图件的形式表现,具有直观性,因此成为常用的方法。我国从 20 世纪 80 年代开始着手研究地理信息系统,

---

① Costanza R. , D'Arge R. , De Groot R. , et al. , The value of the world's ecosystem services and natural capital[J]. Nature. 1997,387:253—260

将其广泛应用于城市、土地、资源、环境等各个方面,技术相对成熟,使得 GIS 技术的应用具有可行性。加之土地利用功能分区涉及大量的空间、属性数据的采集、组织,因此应用 GIS 技术作为分区工作的支撑是有必要的。通过 GIS 空间叠加分析功能将图形处理和空间数据分析有机结合,极大提高分区工作的效率和分区结果的准确性。MAPGIS、ArcGIS 等都是 GIS 技术的应用平台,大部分的研究也是基于此展开的。其基本的工作流程如图 6.3 所示。其中,在土地利用功能分区中,应用叠加分析进行空间求交,重新获取新的评价单元,同时所获取的新斑块在叠加后也赋予了新的属性,作为分区评价的具体指标;网络分析能够创建时间可达性模型,反映评价单元经济资源的优势度;链接分析主要是通过 GIS 技术将统计数据与所对应的空间实体进行链接,通过制作专题地图,使抽象的数据表格直观表现在地理空间上;追加分析主要是针对一些不具有某些统计特征的要素采用一定转换方法将其量化的过程。通过这些技术方法,最终构建分区综合数据库,以便进行最后的功能分区。

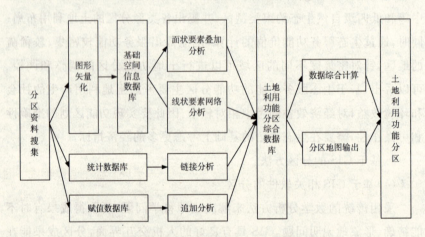

图 6.3 基于 GIS 的土地利用功能分区技术路线图

GIS 技术在土地利用功能分区的研究中已经比较成熟。曹晓娟等人运用 RS 和 GIS 技术对长沙市进行功能分区,主要通过对遥感图像的解译和构建 DEM 获取相关数据,并建立长沙市生态－社会－经济信息系统数据库,将其划分为五类城市生态功能区,同时提供最新专题图。[①] 冷中笑(2006)等在影像解译的基础上将判读结果转绘到地形图上,再结合地理信息系统技术绘制艾比湖流域生态功能区划成果图;[②] 罗文光(2006)也借助 GIS 和数学模型,对福建省的耕地资源进行分区,为耕地资源的合理利用和管理提供科学依据,并提供一系列的相关图件展示土地利用不同方面在空间上的分布特征。[③] 可见,基于 GIS 的土地利用功能分区开拓土地资源科学研究的广度和深度,促进土地科学研究方法和手段的日益现代化;将分区与 GIS 相结合,能实现分区的计算信息化,提高分区结果的精确性,这种技术手段值得进一步推广和研究。

(2)GIS 技术与人工智能的结合

人工智能方法包括所有能够辅助人们在模拟决策中的计算技术,能较好地容忍不确定性、模糊性以及不准确性等。人工智能方法适合以下情况:①存在大量的不可预料的非线性数据;②隐含着对重要问题的解决模式;③决策情况和人们的意见不能很好地定义。人工智能方法包括人工神经网络、遗传算法、元胞自动机等。

遗传算法是一种借鉴生物界自然选择和进化机制发展起来的高度并行、随机、自适应搜索算法。[④] 由于其具有健壮性,特别适合于处理传统搜索算法解决不好的、复杂的和非线性的问题,在评价分区中得到较好的应用。但遗传算法只是一种找到近最优解的方法,并不能保证找到最优解。而且很多时候人们知道如何将遗传算法的抽象框架运用于具体的实际问题,如果能很好地描述问题和解决方案,也许并不需要遗传算法。将计算智能理论引入土地利用功能分区,基于模糊逻辑和人工神经网络构

---

① 曹小娟,曾光明,张硕辅等.基于 RS 和 GIS 的长沙市生态功能分区[J].应用生态学报,2006,17(7):1269~1273

② 冷中笑,格丽玛,努尔巴依.GIS 支持下的艾比湖流域功能分区的研究[J].南水北调与水利科技,2006,4(1):33~34

③ 罗文光.基于 GIS 技术的福建省耕地资源价值评价及其分区[D].福州:福建农林大学,2006

④ Konak A., Bartolacci M. R., Designing survivable resilient networks: A stochastic hybrid genetic algorithm approach[J]. Omega, 2007,35(6):645—658

建了模糊神经网络模型,然后采用改进的遗传算法进行训练,对初始的规则库进行修正,形成了一个自学习、自适应的适宜性评价系统,认为基于遗传优化的模糊神经网络模型推理过程透明,可以对现有知识和规则进行修正,并能提取修正后的规则,收敛速度快,不会落入局部极小。付强(2003)等人利用改进的加速遗传算法(RAGA)优化投影方向,将多维数据指标转换到低维子空间,发现投影值越高的样本排名越靠前,等级值越小,等级就越高,综合性能越好。[①] 通过寻求最优投影方向及投影函数值实现土壤的分类和等级评价,避免主观赋权的人为干扰,可为土地功能分区研究提供一条新思路。

元胞自动机(Cellular Automata,CA)最早是由 Hagerstrand(1965)在空间扩散模型研究中采用的一个时空动态模型。由于元胞自动机可以很好地模拟系统从最初的简单状态通过动态的交互过程演化为一个复杂系统的过程,具有时空离散性、动态性、局部性、简单性、并行性等特征,使得其用于空间复杂系统动态模拟与预测研究更具自然性与合理性。CA模型与3S技术集成建立 GeoCA—Desertification 模型,能够更深入研究功能分区和变化趋势。LEAM CA 模型结合 Logistic Regression 模型能增强预测精度。地理元胞自动机(Geo—CA)采用"自上而下"的构模方式,通过 Geo—CA 模型特点突出地理实体动态演化过程,使模拟效果达到最好。但 CA 模型在应用过程中存在如何获取合适的模型参数及定义模型的转换规则和模型的结构等问题。

总体看来,我国学者采用地理信息系统为平台,建立了由数据库、知识库、推理机和人机界面所构成的专家系统,更科学地进行土地利用功能分区。

6.3.4 土地用途分区管制的方法

我国人多地少,人地矛盾日益尖锐,严重影响我国可持续发展。针对土地资源供给的稀缺性、不可再生等特性,国家需要对土地从宏观上进行

---

① 付强,付红,王立坤.基于加速遗传算法的投影寻踪模型在水质评价中的应用研究[J].地理科学,2003,23(2):236~239

管理和监督,以保证土地的合理分配和利用,使得实行土地用途管制制度成为必然。新《土地管理法》对土地用途管制进行了定义:国家为保证土地资源的合理利用及经济、社会的发展和环境的协调,通过编制土地利用总体规划,划定土地用途区域,确定土地使用限制条件,使土地的所有者、使用者严格按照国家确定的用途利用土地。而土地用途分区管制是根据土地用途管制的需要以及社会经济发展的客观要求和管理目标,将区域土地资源划分为不同的空间区域,并制定各区域的土地用途管制规则。推行土地用途分区管制是我国不完善的土地市场与市场经济基本要求冲突下的必然选择。我国非农建设用地占用耕地现象严重,土地市场无法调节造成农地迅速流失,只有政府对土地实施用途管制,严格控制农地转向建设用地,才能保护耕地。我国土地用途管制主要由土地利用规划、土地利用计划和土地用途变更管制组成。其中土地利用规划主要确定土地用途分区,作为用途管制的基础;土地利用计划是对近期或年度土地利用活动的具体安排和部署,是土地利用总体规划的具体落实,也是建设用地审批的直接依据;变更管制是我国土地用途管制的核心,以农转用审批为重点。

1. 现行土地用途分区管制的绩效和问题

(1)绩效分析

我国土地用途管制制度实行近十年来,最直接的目标就是保证耕地的动态平衡,促进土地的集约利用,到今天管制制度实施的效果是国内学者讨论的重点。总体分析,基于基本建设投资为解释变量的耕地保护绩效系数反映土地用途管制制度有效阻滞了建设占用耕地的速度,对于缓解人地矛盾,保证粮食安全,有积极作用;基于平均边际建设占用幅度的耕地保护绩效分析发现,土地用途管制的耕地保护绩效出现明显的省际差异,经济水平与土地管制的耕地保护绩效呈负相关性。在我国,很多省份在耕地保护方面存在很大的潜力空间,特别是中东部省区,可以继续完善土地用途管制制度,强化节约集约用地意识,提高建设用地集约度。土地用途管制制度对土地经济、社会、生态都产生直接的影响。

土地用途管制限制了农业用地向建设用地的流转,造成土地供应量的减少,导致土地经济收益的减少;同时土地供应无法满足土地市场需要,供不应求,土地价格抬升,直接影响市场各主体的经济效益。在不考虑土地的社会和生态属性的情况下,用途管制后社会经济总收益将减少。不过在现实情况下,土地价格由需求决定,需求越大价格越高。在土地用途管制后,土地的供应量减少,但价格上升。我国经济发展态势很好,GDP 不断上升,土地用途管制的经济绩效是正向发展的,政府、开发商土地收益都大幅度增加。但若从管制的经济目标来看,土地规划地位提高,但是作用没有充分发挥,反而在一定程度上削弱了土地用途管制绩效。土地利用总体规划虽然已经编制,但是在各个省市每年实际用地指标都远远超出所下达的建设用地计划指标,造成土地规划并未真正实施,阻碍土地用途管制制度作用的发挥。

土地用途管制的主要目的就是要合理保护耕地资源,严格控制农地流转,以保证农产品和粮食的安全供应,提高土地资源配置效率。就目前全国耕地保护状况看,耕地逐年减少的基本态势没有变化。在 2008 年度新增建设用地 548.2 万亩中,建设占用农用地 466.8 万亩,其中占用耕地 287.4 万亩。此外,灾毁耕地有 37.2 万亩,生态退耕 11.4 万亩,因农业结构调整减少耕地 37.4 万亩,耕地合计减少 373.4 万亩。与此同时,由于中国实行占补平衡的耕地保护制度,同年经土地整理复垦开发补充耕地 344.4 万亩。两者相抵,2008 年耕地面积净减少 29 万亩,这已是我国连续 12 年的耕地减少。可见,我国耕地减少的态势并没有得到较好的控制,建设占用耕地,仍是耕地数量减少的主要因素,而农业结构调整、灾毁减少耕地、生态退耕减少耕地也是影响耕地减少的原因。可见,土地用途管制制度的耕地保护力度不够。分析其实施效果未达到预期目标,主要是由于执法不严和制度本身的缺陷造成的。某些地方土地管理机关在用途管制执法中没有严格按照法律法规,反而处处为某些开发商亮绿灯,致使土地用途管制制度的执行没有达到应有的效果;另一方面,制度本身存在缺陷,如管理体制不完善、目标定位不合理等。[①]

---

① 刘杰.我国土地用途管制制度绩效研究[D].乌鲁木齐:新疆农业大学,2007

（2）问题分析

从前面分析看出，我国土地用途管制制度已取得一定成效，但依然未达到预期目标，制度本身和实施过程中存在一定问题，可以从立法、执行等多方面进行分析，进一步完善我国土地用途管制制度。

①立法问题

我国现有的土地用途分区管制制度所配套的法规、规章和技术规范不够完善，直接影响分区实施管理工作的顺利开展。虽然新《土地管理法》明确提出，中国实施土地用途管制制度，但是并未针对土地用途管制分区的划分、管制的制定、修订、审批等环节从法律上作出具体规定。同时，现有法规缺乏相应的威慑力和强制力，例如对于不按规定用途使用、非法占用耕地并改作他用等违反土地管制的行为，所应辅的法律责任缺少明确的规定和可操作性，这样给土地用途管制在实施过程中留有太大的余地，很难保证严格落实。另一方面，法律法规制定出来后其落实受土地利用人法律意识影响。土地利用人行为是否合法，受自身社会责任意识和价值判断，取决于个人的意愿，如果土地利用人能感受义务存在就能产生不利影响。如果在犯错后才知道事后补救，受到破坏的土地资源也是难以恢复的，造成不良的影响。因此，现行土地用途分区管制的法律法规缺乏对人行为的约束条款，需提高土地利用人的法律意识。

②制度、管理问题

《土地管理法》提出实施土地用途管制制度，但是目前土地利用规划的定位不精确，土地用途管制目标不明确严重阻碍土地用途管制的有效实施。我国现有的土地用途管理制度强调保护耕地，限制农用地转为建设用地，可见是以农地管制作为其核心，管制内容显得单一。原有管制内容是针对我国 20 世纪 90 年代初耕地保护形式日益严峻的情况下提出的；但是发展到今天产生了新的问题，例如耕地数量依然减少，同时效率低下，在管制过程中是否需要转变管制的重点，管制后会产生新的问题，是否需要调整管制的方向等。也就是说，在原有农地管制的基础上，应进一步拓展管制的内容，转向土地效率和效益管制，加大对土地利用过程中以及之后的管制，弥补现有土地用途管制留下的漏洞。土地利用规划是土地用途管制的重要依据,但是由于土地利用规划制定时就存在科学性不够、规划之间不协调、内容不具体的问题,导致土地用途管制制度很多不能落到实处。管理技术的落后也是目前土地用途管制中存在的问题之一。我国土地管理信息化起步较晚,目前基层的管理部分仍以图纸作为日常土地管理的主要工具。原有的基础图件基本都是 1∶10000,因此基于 1∶10000 图件的土地用途分区就比较粗放,规划指标也不能很好地在空间上落实,这样就严重妨碍对土地用途分区的监管。

③执行问题

我国土地用途管制采用政府管制,但由于我国国有土地的所有者为各级人民政府,而土地管理部门也是各级政府,这样造成土地管制在执行过程中出现很多问题。由于目前执法者都没有明确具体的法律依据强制权利人履行义务,因此人的行为是否合法都应交与司法部门判断。但是由于我国存在行政诉讼范围和诉讼条件的限制,致使很多破坏土地资源的案件都不能进入司法程序,逃脱法律制裁,弱化法律效力。目前,凡是涉及用地的项目,无论是否符合规划,都要经过行政审批。而审批程序比较复杂,从立项到审批下来,一般都要一年半载;项目用地审批环节多,周期长,成本高,土地行政审批的效率严重跟不上地方社会经济发展的速度,导致出现大量未批先用的违法现象。究其原因在于,目前的土地用途分区管制只注重对某用途下禁止的土地利用行为的管制,而对于某用途下可以鼓励的土地利用行为未加具体规定。单一的禁止管制必然需要对所有用地项目进行审批,造成行政审批效率的低下和违法用地案件的增加。另一方面,我国实施严格的耕地保护政策,却没有相应的激励机制或措施。对某些由于过多占用农用地发展经济、提高经济发展水平的地方官员,反而能得到百姓的拥戴,可能因此受提拔。因此,从实践奖励看,对于严格执行土地用途管制的地方官员实行负激励,对未严格实行的却正激励,助长地方政府违法现象的出现,加大了土地用途管制执行的难度。①

---

① 李雪梅.我国土地用途管制制度研究[D].中国地质大学硕士学位论文,2008

2.土地用途分区管制的方法

从前文分析,发现现有土地用途分区管制存在一定问题,因此有必要借鉴国内外及我国台湾地区土地用途管制的经验,完善我国土地用途分区管制的方法,健全我国土地用途管制制度。

(1)国外及我国台湾地区土地用途分区管制的经验

加拿大和美国都属于地多人少的国家,虽然拥有丰富的自然资源,但是仍然很注意生态环境问题,实行最严格的土地用途管制制度。美国土地用途管制的基本原则就是土地所有权和土地使用权的行使不能给社会公共利益和他人利益造成危害,可分为两大类用途管制:一类是以控制土地使用密度与容积为核心的土地用途管制,该类管制主要利用建筑物的高度、规模、建筑线、空间布局等指标进行控制以管制土地,保护生态环境;另一类是实施分期分区发展和设立发展管制区,限制不合理的土地开发,同时划定基本农地,制定农业区划以及购买或转让土地发展权来使政府和土地使用者自觉保护农地。加拿大联邦政府在实施土地用途管制时,运用了多样化的手段。市级政府可以在土地利用大纲的指导下编制土地利用分区管理法。《土地分区管理法》对土地用途、土地承载密度、建筑体积、停车场以及其他有关土地的利用活动做了详细地规定,强制性大,弹性小,有效控制土地用途方向转移。根据该法能对城市进行有效的用途分区,保证居民居住环境改善,交通便利,地价稳定,用地合理;通过土地分块控制实行用途管制,规定成片开发的土地必须经过复杂的审批程序,并上报图件以便政府管理;通过农用地的等级限制变更制度来实施用途管制,限制土地用途的随意改变。同时,美国和加拿大的土地用途管制制度都注重公众参与性。

日本的土地用途分区管制是基于科学的土地用途区域规划而建立的。日本政府所制定的土地用途区域规划是在详细调查、反复论证、公众积极参与的基础上产生的,其规划具有可行性和实践性。日本全国的土地分为都市区域、农业区域、森林区域、自然公园区域和自然保护区域,日本的土地用途管制制度主要包括农地管制制度、城市土地利用规划制度、林地保护制度和空闲土地的管制制度四大部分。农地管制主要通过农业振兴区域的整治法律和农地法来对农业区域中的农地加以特殊的管制。城市土地利用规划制度主要是为了合理利用城市土地,防止城市盲目扩张浪费土地,将城市规划区分为城市建设区和城市调整区,有计划有步骤地发展城市。林地保护制度是为了保证森林的社会用途,划定森林保护区,进行有规划的开发,严禁滥砍滥伐。空闲土地的管制制度是为了提高土地利用程度,使土地发挥更大效用,防止投机性囤积土地,建立空闲地制度,对其加以管制。日本的土地用途管制制度规定较详细和具体,如果变更土地用途,必须经过与决定时同样的程序,有利于将有限的土地资源进行合理分配和协调开发。

我国台湾地区用土地使用管制代替土地用途管制,由都市土地使用管制和非都市土地使用管制两大类构成。土地使用管制是通过都市土地使用分区来实现的,对每种分区规定不同使用管制事项、性质及建筑强度,并通过建筑管制与工商管理,使其达到都市整体目标。为了防止都市土地使用管制"统"的过死,当局又将弹性管理贯彻到管制的过程中,创造了一种"有张有弛"的管制模式,具体体现在以下几方面:①特别使用分区管制。为特别目的的需要而给予有别于一般土地使用分区管制的规定。②计划单元开发。在以一个单元为整体开发对象时,赋予开发者在规划、建筑设计、土地使用、开放空间、设计元素等方面具有自由度。③重叠分区管制。土地使用要受到两种规划的规范,其主要对象是历史古迹和环境敏感地。④密度分区管制。通过群体开发使某一地区总量控制下的开放空间增加。⑤大基地分区管制。为避免产生郊区化现象,有效控制密度而提出的。⑥绩效分区管制。非都市土地使用管制更加严格,在土地使用分区使用计划和分区图的基础上编制各种使用地。其中使用地编定是针对每一宗地的具体用途加以规定,一旦违反规定用途,非法变更土地用途将受到相应的处罚。

从前文对国外和我国台湾地区土地用途管制制度的分析可以看出,各国都恪守社会公共利益是土地利用的最高原则,保证土地利用能符合社会公共利益;同时也是通过各种土地使用分区来规定土地用途,限制相应的行为;对农地都实行严格的保护制度,土地用途一旦确定不能随便改变,一旦改变将受到相应惩罚。我国土地用途管制也是在土地利用总体规划的基础上开展的,其土地用途管理模式见图 6.4。从图 6.4 可以看出,我国土地用途管制方法主要是基于土地利用总体规划,在其基础上确定各类功能分区和各分区的管制制度,再结合现代信息技术建立数据库调控优化达到最终目的,因此我国土地用途管制的方法主要是研究分区方法、立法管理以及计算机辅助管理。具体分区方法在前一部分已讨论,因此下文仅对组织管理和计算机辅助技术管理进行详细说明。

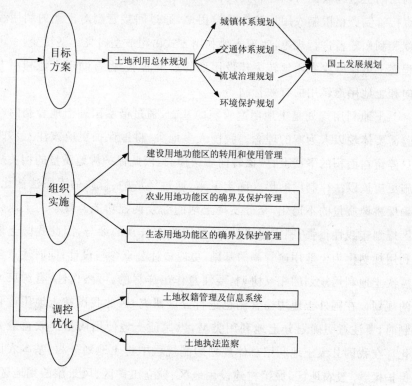

图 6.4　中国土地用途管制模式

(2)土地用途管制的组织管理方法

土地用途管制是对土地利用行为的全过程管制,包括土地利用行为发生前、中、后三个阶段的管制。其中土地利用行为发生前的管制是通过土地利用规划划分土地用途区,确保土地利用者按规划确定的用途利用土地。涉及土地用途转用的管制,则通过土地利用规划许可制、建筑许可制、农用地转用许可制等限制土地用途的转用,满足土地利用结构调整及社会经济发展、市场需求等。土地利用行为发生中、后的管制主要针对土地利用程度和土地利用效益进行管制。土地利用程度管制主要目的是促进土地利用效率的提高。土地利用效益管制是通过对土地的社会、经济、生态效益进行分析、评估与管制,实现土地利用效益最大化。因此对土地利用的全过程管制可以起到直接管制和间接管制双管齐下的效果。通过直接管制严格限制农用地转为建设用地,通过间接管制对土地的利用程度和利用效益进行规范,实现土地利用方式由粗放型向集约型转变,一定程度上可以减少农用地转为建设用地的数量需求,将有助于土地利用方向和土地用途转用的有效管制。①

土地利用规划是土地用途管制的基础,通过借鉴国外土地管制的经验需要体现以人为本的理念。我国人多地少,耕地保护更应该注意不能只停留在面积的平衡上,应该转向质量提高,因此保护耕地质量的相关措施更应该以法律制度的形式确定下来,通过经济的、行政的手段法律化,确保耕地质量的不退化,充分发挥土地的综合调控功能。日本的土地分区规划实践性很强,制定很科学,正是因为有公众的参与,因此我国土地利用规划作为土地用途管制的基础,更应该让公众参与设计;同时注意各层次土地利用规划的相互协调,要注意作出详尽的、可操作性、有约束力的规划。在国外土地用途管制也进行分区研究,因此我国在土地用途管制时,要注意明确划分土地利用类型,以保证土地使用质量的效益最大化。在我国县级土地利用总体规划编制规程中将土地划分为:基本农田保护区、一般农地区、城镇村建设用地区、独立工矿区、风景旅游用地区、生态环境安全控制区、自然与文化遗产保护区、林业用地区和牧业用地区。从现有划分来看,需要在管制分类上更注重"生态用地",很多国家都将其作为一项独立的土地利用类型,实行严格的保护制度;区分建设用地

---

① 袁枫朝,严金明,燕新程.管理视角下我国土地用途管制缺陷及对策[J].广西社会科学,2008(11):15~18

的经营性用地和公益用地,严禁两类建设用地之间的转变,控制农业用地向建设用地的转变。换句话说,就是要从土地利用规划的功能分区上为各区管制的界限、管制的内容上做出清晰的界定。

另一方面,土地用途管制制度需要健全其法律保障措施,从社会监督、行政监督、司法救济三条渠道,强化土地用途管制的执法监察和法制保障能力。在国外,土地用途管制都强调公众参与,而我国土地用途管制制度制定、规划公众参与程度相对较低。因此首先要提高公众的参与度,让多数人具有保护规划的意识,规划一经公民全体的评议并取得多数人的认可,就应该作为地方法律保证实施。同时严格实行土地开发许可制度,任何个人或部门的任何土地占用都必须符合土地利用规划的规定,在满足规划的基础上,依法配发许可证,凭证开发。对于任何违法规划的行为,严格进行惩罚,不断完善土地用途管制的法律政策,将相应的奖惩措施写进法律,从源头上杜绝违法,从根本上提高土地用途管制的制度效率。重视成本效益分析,将土地占用的社会外部性成本纳入地价体系,从而提高土地占用成本,抑制土地占用行为;科学实施土地税收制度,促进土地利用,税制结构要简化易行,完善和严格制定土地增值税条例,合理分配土地收益,确保公平与效益。

土地用途管制制度的依法执行是保证管制制度正常运行的重要环节,因此改善和理顺土地用途管制的执行显得尤其重要。土地用途管制从制定到实施公众参与渗透到每一个环节,公众享有表达自己意见的权利。公众参与确定土地使用人才能了解土地利用可能对自己权利义务及公共利益的影响,对违法义务的土地利用者进行监督,发挥公众参与监督的积极作用。另一方面,强化政府用地管理效率,对闲置土地应该采取最严厉的管制措施。土地具有巨大的经济价值和社会价值,政府要大力支持土地管理部门的执法行动,对闲置土地采取严厉的管制措施,坚决无偿收回超过规定期限的限制土地,加大对城市闲散土地的管理,增强土地使用效率。同时城市用地无限制的蔓延造成在执法环节中存在很多漏洞,应制定有约束力的土地利用规划和城市规划,对城市土地及周边郊区土地实行分区管理和细分管理,限定功能和用途,集约化利用土地;控城市周边用地情况,防止乡村私自占用或租赁土地,在郊区建立有效的基本农田保护区,防止改变其农用地属性。加强对土地的审批管理和监督执法,最终实现土地资源的可持续利用。①

3. 基于 GIS 的土地用途分区管制系统构建

土地利用总体规划是土地用途管制的基础,通过规划确定土地用途,划分用途分区,实行分区管制。土地用途分区的数据基础是土地利用现状数据,土地利用现状数据量大,若采用传统方式管理,效率低下,不能及时有效地处理相关图件和数据信息。GIS 是一门处理地理空间数据的综合信息技术,以其强大的地理空间信息处理的优势为资源与环境的管理和规划提供一个革命性的工具,GIS 技术与土地用途管制分区方法的结合势必成为土地用途管制技术发展的必然趋势。

基于 GIS 的土地用途分区管制系统通过设计相关的功能模块,即系统管理和数据处理模块、土用途分区模块、专题数据分析模块实现。系统管理和数据处理模块主要解决海量数据管理和图形文件处理的问题,包括数据编辑与处理、数据管理、信息查询和统计、数据变更和数据输出功能。土地用途分区模块是整个系统的核心部分,在用途分区模块的基础上与基础信息叠加生成总体规划,在总体规划上就可以提取各专题规划,也就可以生成专题数据分析模块。土地用途分区模块主要包括分区标准和定义、交互式的各类用途区划分、各类分区叠加匹配和统计分析三大内容。当不同用途区的空间位置重叠时,重叠区域归属的确定是落实分区不能交叉原则的关键。分区标准和定义主要解决重叠区的优先选择和处理规则,根据不同区县的具体情况和管制目标确定分区标准。交互式的各类用途区划分有一定流程:在数据录入的基础上定义各用途管制区原始数据,再将不同类型管制区进行叠加比较生成全区用途管制分区数据,再采用人机交互辅助调整用途分区数据,最终确定分区。各类分区叠加匹配和统计分析,是采用人机交互或半自动化的边界匹配工具,计算不同用途区的大小和现状信息,提高分区工作的效率。马金锋(2004)以

---

① 程烨,王静,孟繁华等.土地用途分区管制研究[M].北京:地质出版社,2003

MAPGIS 为平台,开发和实现用途分区模块,通过运行证明基于 GIS 的土地用途分区,在技术上可行,实现分区的计算机信息化,能大大提高分区结果的精确性,能较好地为规划服务。① 专题数据分析模块主要是分析不同数据层之间的匹配情况,为管理信息系统提供空间数据分析支持,扩大土地用途分区管制的范围,为客服端的应用提供决策支持。以地理信息系统作为土地用途管制的技术平台,建立县、乡级土地用途管制数据库,包括规划数据库、现状数据库、分区模块,这样能实现分区管制的准确性和针对性,更能有效地指导实践活动。

6.4　本轮规划中天津市及典型区县土地分区特点

6.4.1　天津市土地利用综合分区及土地管控特点

在天津市土地利用总体规划(2006～2020)中,结合天津市土地自然资源和自然条件的特点,在研究各种用地布局规律的基础上,依据天津市土地利用的特点和发展趋势,综合考虑天津市自然状况、经济社会结构及经济发展战略布局等因素,按照区内相似性最大、区外差异性最大及保持行政区划相对完整性的分区原则,将天津市划分为六个土地利用综合区:都市核心功能区,滨海城市重点发展区,都市功能扩展区,西部京津协同发展区,中、南部城乡协调发展区,北部生态涵养发展用地区。针对不同功能分区确定不同的管控特点。如图 6.5 所示。

1. 都市核心功能区的规划和管控特点

(1)区域范围

都市核心功能区指中心城区,即外环线绿化带(含)以内的区域,包括市内六区(和平区、河东区、河西区、南开区、河北区、红桥区)和新四区(东丽区、津南区、西青区、北辰区)部分区域,面积 371 平方公里。

(2)主要规划指标

规划至 2020 年,本区新增建设用地 38 平方公里,城镇用地规模达到

① 马金锋. 基于 GIS 的土地用途管制分区研究[D]. 长春:吉林大学,2004

326 平方公里,占土地总面积的 87.9%。

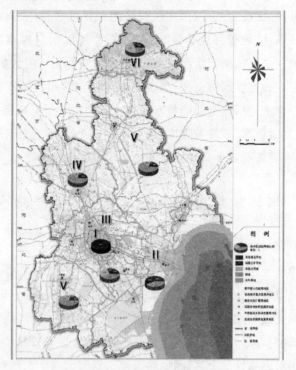

图6.5 天津市土地利用总体规划(2006~2020)
土地利用综合分区与调控图

(3)发展定位

都市核心功能区是天津市的行政文化中心和商贸服务中心,是城市功能的集聚区域。土地利用突出行政功能、文化功能、现代商业服务功能和旅游功能载体的特点,注重保持居住功能、生产功能及生态服务功能的平衡;重点进行建设用地内涵挖潜,提升各项建设用地集约用地水平,合理开发和利用城市地下空间。改善居住环境,打造现代宜居的中心城区,适当发展都市型工业,塑造城市文化特色,改善城市环境质量,建设生态城市,注重防灾减灾,建设安全城市。

(4)土地利用管控特点

调整土地利用结构,提高都市核心功能区的城市综合服务水平,大力拓展区域金融、信息、商贸、科教、旅游等现代服务功能,逐步弱化传统工矿、仓储等功能。合理调整城镇用地结构,优先保障基础设施、公共服务设施、廉租住房、经济适用住房及普通住宅建设用地,增加中小套型住房用地,切实保障民生用地。加大城市内部集约挖潜力度,开发地下空间,促进中心城区土地的集约利用。

积极进行城市绿化建设,重点建设市级公共绿地及社区绿地,改善城市生态环境。建设海河生态廊道,外环线、主干道及快速路两侧绿化带,构筑城市生态走廊,创建国家园林城市和卫生城市。

2.滨海城市重点发展区

(1)区域范围

滨海城市重点发展区指滨海新区,包括塘沽区、汉沽区、大港区三区及东丽区、津南区的部分区域,陆域面积 2270 平方公里。

滨海城市重点发展区核心区由塘沽城区、天津经济技术开发区、天津港和天津港保税区组成。

(2)区域发展定位

滨海城市重点发展区是天津市未来城市、产业重点发展的区域,是环渤海地区乃至中国北方经济发展的新引擎,通过开发盐碱荒地、综合利用盐田和建港造陆来保障发展。土地利用着重体现产业发展和城市发展的载体功能,为滨海新区建成高水平的现代制造和研发转化基地,北方国际航运中心和国际物流中心,宜居的海滨组团城市提供保障,积极发展商务、金融、旅游、中介服务等现代服务业。重视保障土地生态功能建设,加强土地集约节约利用引导。

滨海城市重点发展区核心区是天津市城市发展的"双城"空间结构之一,是未来天津市经济社会发展的重心。本区通过开发盐碱荒地、综合利用盐田和建港造陆来保障发展,以科技研发转化为重点,大力发展高新技术产业和现代制造业,提升港口服务功能,积极发展商务、金融、物流、中介服务等现代服务业,完善城市的综合功能。以天津经济技术开发区、天津港保税区等为重点,强调建设用地的"高投入"、"高产出",节约集约高效利用土地资源。

（3）主要规划指标

规划至 2020 年,本区耕地保有量为 276 平方公里(41 万亩),结合生态空间和开敞空间,布局基本农田,基本农田保护面积 167 平方公里(25 万亩);依据城镇布局和发展方向,划定城乡建设用地扩展边界,扩展边界范围内面积 713 平方公里,其中城乡建设用地规模控制在 620 平方公里以内。新增建设用地重点向该区倾斜,新增城镇 213 平方公里,新增交通水利用地 63 平方公里,共计 276 平方公里。

规划至 2020 年,滨海城市重点发展区核心区城镇用地控制在 166 平方公里以内,人均城镇用地控制在 105 平方米以内。

（4）土地利用管控

积极做好现代制造业和电子信息、生物技术等高新技术产业,以及商务、金融、旅游、物流、中介等现代服务业的土地供应工作;提升交通系统服务功能,完善生活配套设施,构建由滨海新区核心区、汉沽新城、大港新城、海河下游城镇等功能区构成的组团式城镇布局。促进产业园区及新城土地的集约利用,提高土地产出效率。引导农民向城镇集中,全面推进农村居民点整理,改变传统村落布局方式。

结合《天津市海洋功能区划》,适度开展填海造陆。充分协调好填海工程的实施与海洋生态环境保护之间的关系。实行"填、建分离",将填海造陆用地先行规划为未利用地,工程实施时按 70% 核定建设用地。

严格保护天津古海岸与湿地国家级自然保护区、滩涂及其他湿地自然保护区;综合评估填海工程实施造成的陆地和海洋环境影响;注重挖掘盐田的生态效益,提高盐田用地的综合功能;加大环境污染治理力度,促进城市建设与生态环境的协调发展。

考虑滨海新区的特殊性及发展形势,结合《天津滨海新区土地管理改革专项方案》和《国土资源部天津市人民政府关于共同推进天津国土资源工作促进滨海新区开发开放合作备忘录》,独立编制土地利用总体规划,实行土地利用总体规划动态管理,试行两年一次评估调整,五年一次滚动修编。统筹安排与滨海新区相协调的各类用地规模与布局,本着节约集约用地的原则,新增建设用地规模按照实际需求进行调控。

3.都市功能扩展区

(1)区域范围

都市功能扩展区指外环线外、滨海城市重点发展区范围外的东丽区、西青区、津南区和北辰区,面积 1448 平方公里。

(2)主要规划指标

规划至 2020 年,本区耕地保有量为 456 平方公里(73.8 万亩),基本农田保护面积 247 平方公里(37.1 万亩);城乡建设用地扩展边界范围内面积 439 平方公里,其中城乡建设用地规模控制在 382 平方公里以内(含城镇工矿用地 296 平方公里)。

(3)发展定位

土地利用应强化区域经济发展的载体功能,逐步弱化农业生产功能,注重保持生态服务功能,协调好经济建设与土地保护之间的关系。本区域是承担中心城区人口疏散、产业转移的重要区域,是承接中心城区居住功能、商贸服务功能和产业发展功能的重点区域,是联系中心城区与滨海新区的重要桥梁和经济发展的重要廊道。

(4)土地利用管控特点

着重发展高新技术产业、现代制造业和物流加工业,引导企业向开发区集中,加大开发区的土地集约利用强度,提高土地利用效益,加强对开发区用地的管理,规范土地市场,限制开发区用地随意扩张。适度加大住宅用地的供应力度,吸引中心城区人口向本区转移。

逐步压缩农村居民点用地规模,加快"迁村并点"步伐,实施城镇建设用地增加与农村建设用地减少相挂钩政策,通过存量建设用地内涵挖潜来适度满足城镇及产业用地的扩展,有效控制新增城乡建设用地。

促进农业生产方式由传统耕作型向都市农业型转变,重点发展技术含量高、水资源消耗低的设施农业、精品农业及观光农业。根据农业结构调整方向,因地制宜,促进农用地利用方式由粮食生产主导向蔬菜、花果等生产主导转化。注重保护耕地,提高耕地生产能力,加大耕地后备资源开发力度,做好耕地补充。

治理整顿区域环境污染,提高环境质量,做好外环线、沿河绿化带、城郊西北部防风固沙林等生态绿地建设,加强东丽湖等水库湿地保护,建设城郊度假休闲景区,构筑调节城市环境的生态屏障。

4. 西部京津协同发展区

(1)区域范围

西部京津协同发展区即武清区行政区范围,面积 1573 平方公里。

(2)主要规划指标

规划至 2020 年,本区耕地保有量为 874 平方公里(131.1 万亩),占土地总面积比例为 55.6%;基本农田保护面积 801 平方公里(120.9 万亩),占土地总面积比例为 51.2%;城乡建设用地扩展边界范围内面积 306 平方公里,其中城乡建设用地规模控制在 266 平方公里以内(城镇工矿用地 125 平方公里)。

(3)发展定位

本区是京津冀都市圈的重要节点,是京津城市协同发展的重要环节,是连接京津两地的重要廊道区域,是天津市都市区城市发展和产业扩散的重要区域,同时也是天津市农业生产条件最优的地区。本区的土地利用应体现经济发展载体功能、农业生产功能和生态服务功能的协调,同时适当预留城市未来发展空间,促进地区经济社会可持续发展。

(4)土地利用管控特点

重点发展以高新技术产业和服务业为主导的外向型产业,集约高效建设现代化新城,引导工业企业向园区集中,人口向新城集中。提高产业园区集约用地标准,加大建设用地存量挖潜力度,优化区域建设用地内部结构,统筹安排各类建设用地,重点保障新城和重点交通设施的用地需求,同时为新城发展预留适当用地。

严格保护、积极建设高质量基本农田,加强中低产田的改造;完善农业基础设施,发展以应用农业新技术、新品种、新设施为主的特色农业、精品农业,形成农业科研成果孵化、科技示范、休闲观光及农业产业化为特色的高科技农业示范区。通过适当进行农村居民点整理及大力进行未利用地开发等补充耕地,在确保补充耕地数量的同时,提高补充耕地质量。

重点推进津西北防风固沙大型林带和道路两侧绿化带的建设,提高区域林木覆盖率,积极建设农田水利工程,减少农业污灌面积,防治土壤污染,维持良好的区域生态环境。

5. 中、南部城乡协调发展区

(1)区域范围

本区包括市域中北部的宝坻区、宁河县和蓟县的京哈铁路以南地区以及市域南部的静海县,面积 5014 平方公里。

(2)主要规划指标

规划至 2020 年,本区耕地保有量为 2600 平方公里(390.0 万亩),占土地总面积的 51.9%;基本农田保护面积 2290 平方公里(343.5 万亩),占土地总面积的 45.7%;城乡建设用地扩展边界范围内面积 772 平方公里,其中城乡建设用地规模控制在 671 平方公里以内(城镇工矿用地 267 平方公里)。

(3)发展定位

本区是天津市最主要的农业区,是天津市农业发展的主要载体,是现代制造业的重要承续区域。土地利用应优先保障农业生产功能和生态服务功能,统筹城乡发展,在严格保护耕地和基本农田的基础上,通过存量建设用地内部挖潜和后备资源开发满足对建设用地的需求。

(4)土地利用管控特点

重点支持新城及中心镇建设,提高区县开发区的土地节约集约利用程度,促进人口向城镇集中;严格保护区内耕地,大力推行农业清洁生产,积极建设绿色、有机食品生产基地,控制建设占用耕地的规模;建设和保护好区内重要生态功能保护区和自然保护区,加强耕地后备资源的开发和复垦;严格限制农业结构调整占用优质耕地资源。

加大区内耕地保护力度,严格限制建设用地增加对基本农田的侵占,实施耕地数量与质量双方面占补平衡;基于耕地保护的压力较大,在土地管理中给予适当政策倾斜和经济补偿;大力引导农业规模化生产,推行农业机械化操作,推进农田标准化建设,建立现代化基础农业发展区。大力开发区内耕地后备资源,改良土地质量,完善农田基础设施建设,提高农业产出。

合理规划区域生态用地范围,加强对天津古海岸与湿地国家级自然保护区七里海湿地的保护,严格按有关规定开展湿地生态旅游,严禁改变生态用地用途;重点推进区域内沙化土地的治理,加快植被建设,减少地表裸露,提高防风阻沙功能,沿津冀边界建设大型防风阻沙林带,在重点风沙治理区建设防风固沙片林及林带,提高区域林木覆盖率;注重水资源涵养,治理水污染,提升区域生态服务价值。

6.北端生态涵养发展区

(1)区域范围

本区位于天津市北部,包括蓟县的城关镇、邦均镇、白涧镇、泗溜镇、别山镇、五百户镇、官庄镇、罗庄子镇、西龙虎峪镇、出头岭镇、下营镇、马伸桥镇、许家台乡、穿芳峪乡、孙各庄乡等12镇3乡以及于桥水库,面积981平方公里。

(2)主要规划指标

规划至2020年,本区耕地保有量为165平方公里(24.8万亩),占全区土地总面积的17.1%;基本农田保护面积94平方公里(14.1万亩),占全区土地总面积的9.6%;林地面积增加到334平方公里,占全区土地总面积的34.0%;城乡建设用地扩展边界范围内面积155平方公里,其中城乡建设用地规模控制在135平方公里以内(城镇工矿用地58平方公里)。

(3)发展定位

本区是天津市唯一的山地地貌区,是重要的生态屏障及重要风景旅游区。土地利用应着重发挥生态服务功能,促进农林生产与生态保护相协调,通过旅游休闲度假产业的发展,带动区域经济发展,促进土地生态服务功能、经济发展承载功能及农业生产功能共同完善。

(4)土地利用管控特点

加大对森林资源的保护力度,加强对生物多样性的保护,恢复裸露区域的植被覆盖、增强区域的水源涵养功能;以自然保护区和饮用水源保护区为重点,搞好生态环境建设和生态旅游开发,科学评估旅游承载力,制定合理的旅游发展规划,实现开发与保护并举;积极开展封山育林、荒山造林、退耕还林等工作,加强矿山环境综合治理,防止水土流失。

严格保护区内基本农田,积极保护耕地,适当进行农业结构调整,增加经济价值较高的果林及其他经济林面积,发展生态观光农业;逐步进行农村居民点整理,压缩村庄面积,对生态价值重大区域内的农村居民点进行迁并,恢复区域原始风貌;增大区域农用地及生态用地规模。

着重发展轻加工业,搬迁、改造及腾退对区域生态环境造成严重危害的工业企业,有效治理环境污染。新增建设用地重点支持新城建设和生态旅游发展,引导人口向新城集中,加大土地集约利用强度,提高城区绿地率,打造生态宜居的蓟县城区。

6.4.2 典型区县——津南区土地分区特点

津南区地处天津市东南部,北纬 38°50′02″—39°04′32″,东经 117°14′32″—117°33′00″。东临天津港,西连天津市中心城区,南接大港石化工业区,北依海河,区内有津晋、唐津、津港三条高速公路,区位优势得天独厚,处于天津市经济发展的主轴上,是承接中心城区城市功能和滨海新区产业功能的重要地区。津南区应借势发展,积极融入滨海新区,与周边地区资源互补,作为中心城区工业重心战略东移和滨海新区产业传导的承接地,规划期内争取建设成为现代服务业功能区,滨海新区产业承接基地和民营经济成长基地,生态宜居城区。规划期内,津南区应重点实施"新型工业化"和"城市化"联动发展战略。积极实施"东进、西连、南生态、北提升"发展战略,展现整体互动,竞相发展,全面推进的发展格局。

从津南区土地开发利用程度来看,2005 年区内绝大部分土地已开发利用,已利用土地与未利用土地之比为 11∶1,土地利用率达到 91.62%,高于天津市平均水平 88.41%,可见土地开发利用程度较高,也进一步表明了后备土地资源的匮乏;农业用地类型分布不尽合理,全区林地、园地面积少,只占总面积的 0.66%,达不到绿化和防护作用。水域面积虽辽阔,但农业用水资源少,利用率低;城乡建设用地布局零散,集约利用水平不高,津南区城乡建设用地布局零散,农村居民点呈条形状沿河分布,乡镇企业规模小,用地粗放,呈星点式分布,没有形成集聚效益。

1. 土地用途分区

按照津南区土地主导用途和土地管制措施的相对一致性,将具有相似土地利用方向的划入同一分区。全区共划分为四个土地用途区:基本农田保护区、一般农地区、城镇村建设用地区和生态用地区。

(1)基本农田保护区

该区主要是为对耕地及其他优质农用地进行特殊保护和管理划定的土地用途区。全区共划定 6 个基本农田重点保护区,主要分布在津港高速以西,津晋高速以南的区域,其中八里台镇、小站镇为基本农田分布较多的区域,基本农田保护区总面积约为 10172 公顷,其中基本农田 6000 公顷,占津南区基本农田总面积的 58.98%。

城乡建设用地规划布局应避让基本农田保护区。基本农田保护区内鼓励开展基本农田建设,可进行直接为基本农田服务的农村道路、农田水利、农田防护林及其他农业设施的建设。划定基本农田保护区时,应预留一定面积耕地不作为基本农田,用于基本农田保护区内的独立建设用地和基础设施用地建设。规划期内已安排预留建设占用耕地规模的独立建设项目,以及在布局走廊范围内的交通、水利、能源、电信等基础设施,占用耕地面积不突破基本农田保护区内预留规模,符合规划,按一般耕地报批,按基本农田补偿。基本农田保护区内的一般耕地在未被建设占用之前,应遵循基本农田管制和建设政策进行管护(见图 6.6)。

(2)一般农地区

现有成片的果园等种植园用地,畜禽和水产养殖用地,城镇绿化隔离带用地以及规划期间通过土地整理、复垦、开发等活动增加的集中连片耕地和园地,另外为农业生产和生态建设服务的农田防护林、农村道路、农田水利等其他农业设施,以及农田之间的零星土地都可划入一般农地区。原则上除已列入基本农田、生态用地、城镇村等土地用途区内的耕地外,其余耕地原则上均应划入一般农地区。主要分布在海河中游地段以及八里台镇西部,总面积 9118 公顷,占全区土地面积的 24%。

该区域要控制区内的耕地转变用途,非农业建设经批准占用该区内的耕地,除按有关规定缴纳税费外,还应按照占补平衡的原则,由用地单位和个人负责开垦与所占用耕地数量和质量相当的耕地,不能开垦的,须缴纳耕地开垦费。所收取耕地开垦费必须专款用于耕地开垦。鼓励对该区内的农村居民点用地进行整理,逐步整治空心村和闲置房屋,增加区内的耕地面积。区内的土地主要用于农业生产,兼有生态维护的作用。区内应适度增加园地面积,合理调整园地利用布局和效益。合理安排畜禽养殖用地,鼓励规模化养殖。利用水产养殖的有利条件,加大水产养殖力度,不断提高水产养殖效益。

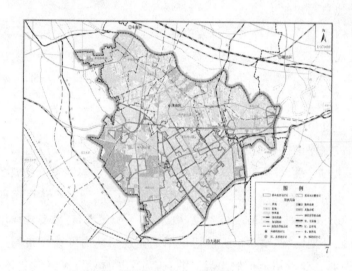

图 6.6 津南区基本农田保护区分布图

(3)城镇村建设用地区

现有的城市、建制镇、集镇和中心村建设发展用地,规划期间新增的城市建制镇和中心村建设发展用地和城乡建设用地扩展边界内用地都应划入城镇村建设用地区。划入这一用途区的主要包括津南新城和双港镇、八里台镇、葛沽镇、小站镇四个中心镇以及北闸口镇的镇区用地和产业用地、各级开发区等,另外包括双闸、迎新等中心村用地。津南区城镇村建设用地区总面积约为 16052.66 公顷,占津南区总面积的 37.82%。

区内新增用地应优先保障民生工程和基础设施建设,提升城镇质量与品质;区内城镇村建设应优先利用现有低效建设用地、闲置地和废弃地;区内农用地在批准改变用途之前,应当按现用途使用,不得荒芜;制定区域土地利用集约水平评价体系,各项建设用地应严格执行国家规定的行业用地定额标准,提高建设用地利用强度和产出效益。

(4)生态用地区

生态用地区是基于维护生态环境安全需要进行土地利用特殊控制的区域,包括二级以上河道、海河生态廊道、巨葛庄贝壳堤生态廊道、邓岑子贝壳堤生态廊道以及天嘉湖周边区域,该区土地总面积为1761公顷,占全区土地总面积的4.5%。

区内土地以生态环境保护为主导用途;区内土地使用应符合经批准的相关规划;区内影响生态环境安全的土地,应在规划期间调整为适宜的用途;区内土地严禁进行与生态环境保护无关的开发建设活动,原有的各种生产、开发活动应逐步退出。

2.建设用地空间管制

为加强津南区土地利用空间管制,协调建设用地与农用地以及其他生态用地的关系,根据管理需要,按照土地利用总体规划确定的城乡建设用地面积指标,划定城、镇、村、工矿建设用地边界,即城乡建设用地规模边界。在此基础上,为适应城乡建设发展的不确定性,在城乡建设用地规模边界之外划定城、镇、村、工矿建设用地在规划期内可选择布局的范围边界,即城乡建设用地扩展边界。并且,为保护自然资源、生态、环境、景观及居民人身财产安全等需要,划定规划期内需要禁止各项建设的范围边界,即禁止建设用地边界。边界划定尽可能利用明显线形地物或河川、林带等自然、人工地物界限。城乡建设用地规模边界、城乡建设用地扩展边界、禁止建设用地边界是划分允许建设区、有条件建设区、限制建设区、禁止建设区四类区域的依据。其具体分区详见图6.7。

(1)允许建设区

规模边界以内的区域为允许建设区,是规划期内新增城镇、工矿、村庄建设用地规划选址的区域,允许建设区总面积为17287.37公顷,主要分布在新城、中心镇以及国家级开发区、区县级示范园区等重点保障区域,占津南区总面积的44.60%。土地利用空间管制规则:区内土地主导用途为城、镇、村、工矿建设发展空间,用地空间安排遵照本规划所确定的位置布局;市级规划下达的新增建设用地指标和挂钩置换周转指标全部布局在允许建设区,具体用地上受年度计划指标约束;该区是未来建设用地发展重点区,规划期间统筹增量保障与存量挖潜,促进土地节约集约利用;规划实施过程中,在允许建设区总规模不突破的前提下,其空间布局形态可适度调整,但不得突破建设用地扩展边界。

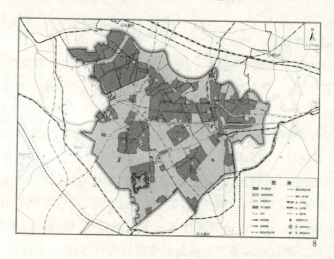

8

图 6.7　津南区建设用地管制图

(2)有条件建设区

城乡建设用地规模边界之外、扩展边界以内的范围。扩展边界与规模边界可以重合,在不突破规划建设用地规模控制指标的前提下,区内土地可以用于规划建设地区的布局调整。津南区有条件建设区主要分布在新城、葛沽镇、小站镇。有条件建设区总面积 1416 公顷,占津南区总面积的 3.65%。土地利用空间管制规则:规模边界的调整,须报规划审批机关同级国土资源管理部门审查批准;区内土地可安排经审批的用于实施城乡建设用地增减挂钩的新增建设用地,具体用地审批受年度计划指标约束,并与拆并建设用地挂钩,实行"先拆后建"。

(3)禁止建设区

禁止建设用地边界所包含的空间范围,是具有重要资源、生态、环境和历史文化价值,必须禁止各类建设开发的区域。将贝壳堤生态保护区域、海河、洪泥河等二级以上河道及其周边缓冲区划入禁止建设区,禁止建设区土地面积为 1761 公顷,占津南区总面积的 4.5%。

本区严格禁止污染水资源和破坏水环境的任何产业用地。区内土地主导用途为生态与环境保护用地,严格禁止与主导功能不相符的各项建设,现有建筑应逐步拆除。除法律法规另有规定外,规划期内禁止建设区边界不得调整。

(4)限制建设区

允许建设区、有条件建设区、禁止建设区以外的土地划入限制建设区,限制建设区在各镇均有分布,总面积为 18293 公顷,占津南区总面积的 47.20%。

土地利用空间管制规则:区内土地主导用途为农业生产,是基本农田保护的主要区域。应加强基本农田的保护,完善可直接为基本农田服务的农村道路、农田水利、农田防护林及其他农业设施建设;充分发挥区域特色,发展培育设施农业;禁止城、镇、村建设占用,严格控制单独选址建设项目用地;非农建设用地和其他零星农用地应当因地制宜,优先整理、复垦为耕地。规划期内确实不能调整或复垦的,可保留现状用途,但不得扩大面积。

第7章 土地利用规划的一般路径及 天津的实践

由于市场与政府干预是土地配置的两种主要机制,在不同的国家和地区,对这两种机制的运用不同,导致了土地利用规划的路径不同。从目前土地利用规划实践看,主要有三条路径:自上而下,自下而上,上下结合、多元调控的路径。

7.1 自上而下的土地利用规划路径

7.1.1 路径基本特征和支撑理论

采取这种路径的有:实行计划经济的前苏联及存在东方集权色彩的某些资本主义国家(如日本、新加坡)。在这些国家,规划基本是计划的代名词,国家具有完善的土地利用规划编制体系及保障体系。土地利用规划的强烈指令性使其成为一种绝对的政府行为,成为国家干预、调控地方发展的有力工具。

这种路径的指导思想就是政府干预比市场有效,从区域协调的角度看,市场机制会使区域内差距越来越大,从而导致区域整体竞争力下降。

支持这种路径的理论主要有两个方面:一是缪尔达尔与循环累积模型。1957年,瑞典著名经济学家缪尔达尔出版了《经济理论和不发达地区》一书,书中提出了"循环累积模型"。这一模型首先对新古典模型关于资本和劳动要素逆向流动的观点提出质疑,认为在现实的经济生活中,边际收益递减规律虽然会促进部分资本由发达区域流向欠发达区域,但发达区域劳动力素质较高、市场机制发育成熟、经济法制较健全、政局较稳定,这些因素都会提高要素产出率,从而使发达地区仍然具有吸引资本的优势区位。缪尔达尔指出,这些优势不单使发达区域资本的大部分留在发达区域进行再投资(二战后情况表明,发达国家对发展中国家的投资绝对量是增加的,而发达国家投资总量中对发展中国家的投资所占份额的相对量却是下降的),而且不发达区域的资本、劳动、技术等要素,也会受到此种收益差异的吸引,大量地流向发达区域。缪尔达尔称其为"回流效应"(Backwash Effect)。回流效应是区域经济发展不平衡、经济发展差异扩大的根源。它直接导致不同区域的"累积循环"发生。发达区域经济收入水平较高,必然导致储蓄率和市场发育程度均较高,这就意味着下一轮新增投资,既有现实的资本保证,又有现实的投资机会:投入高,产出高,收入会更高,这样循环往复的结果是发达区域的财富不断积累。同样道理,不发达区域由于大量资源要素被发达区域吸引而流失,收入水平低,导致储蓄率和市场发育程度均相对低下。而投入少、产出少又必然使新一轮收入更少,从而使投资条件不断恶化,经济增长不断萎缩。从这个意义上讲,发达区域的经济增长,是以欠发达区域经济萎缩为代价的,在此基础上形成了"地理上的二元经济"(Geographical Dual Economy)结构,区域间收入差异扩大,不平等、不平衡的趋势将继续下去。

二是赫希曼与"联系效应理论"。美国著名发展经济学家艾伯特·赫希曼在其代表作《经济发展战略》(1958)一书中认为,在经济发展过程中,发达区域和欠发达区域的联系,既有对对方有利的影响,也有不利的影响。赫希曼把前者称为"淋下效应"(Trickling—down Effect),后者称为"极化效应"(Polarized—effect)。

淋下效应表现为一定条件下落后区域经济发展可以从与发达区域相互交流中受益,从而加速落后区域的发展。造成这种效应的主要原因:第一,发达区域随自身的进步将会扩大对不发达区域产品尤其是原材料等初级产品的购买量,如果区域产业结构之间形成了投入产出互相衔接的互补型关系,那么发达区域产业的发展必然通过产业关联要求不发达区域产业的相应发展。第二,如果产业结构互补,而不发达区域的资源型初级产业又往往由于投资能力差而缺乏供给弹性,那么发达区域的产业发展就会受到一定的限制,这时发达区域常常会谋求在不发达区域建立自己的原材料等初级产品基地,进行相关性投资和技术转移,这种投资和技术转移随欠发达区域经济发展、资本积累充裕而增加。第三,大批劳动力向发达区域流动,一般会消除原来广泛存在的隐形失业,由此不仅提高了不发达区域的边际劳动生产率,也同时增加了不发达区域的人均收入水平和生活消费水平。第四,产业变迁和转移在动态发展中丧失比较利益,或因过度聚集而效益差的产业,都会逐步向不发达区域转移,加速了不发达区域的经济发展。第五,企业家精神等新社会价值观念的传播会促进不发达区域的开发。

极化效应表现为发达区域借助落后区域提供的各种条件加速发展,从而使落后区域经济发展受到相应的抑制。造成这种效应的主要原因:第一,由于发达区域相对的高收入和更多更好的就业机会,不发达区域的居民会通过移民来改善自己的生活及工作条件,而迁往发达地区的恰恰是那些"关键技术人员、管理者以及更具有企业家精神的青年人",这就使得原来人才紧缺的不发达区域更加缺乏人才,经济创新受到抑制。第二,发达区域制造业由于技术水平和管理水平较高,经过发展已形成规模经济,拥有更高的劳动生产率,这样同一产业的竞争将造成落后区域低效率的制造业衰退。第三,从区域贸易看,由于发达区域往往在高的比较利益的产业上享有优势,具有有利的贸易条件,在区域贸易中具有较强的"讨价还价"能力。在全部贸易中,落后区域在很大程度上成为发达区域的资源及初级产品的提供者,同时也成为发达区域保护性制造业产品的销售市场。第四,发达区域一般拥有更好的投资机会,同时也因不发达区域人才外流而无法有效利用资金,落后区域本来有限的资金积累也会外流。

赫希曼的结论是:"发展是一种不平衡的连锁演变过程,如果没有周密的政府干预,区域差异会不断增长。"[①]

自上而下的土地利用规划路径正是在这些理论的指导下,认为市场

---

① 赫希曼.经济发展战略.经济科学出版社,1991:58

机制会扩大区域发展的差异,不能达到区域协调发展的目的,从而必须是以政府大量干预的形式来安排生产活动。

7.1.2 支撑理论的不足

事实上,区域差异的扩大和缩小,在各个国家的形成、发展、变化是多种多样的。在各国经济发展的实践中,经常可以看到发达区域的衰落和欠发达区域的崛起,这说明在区域差异的变动过程中,除累积因素影响外,还有其他因素影响区域关系的变动。比如在区域发展中,各区域能否把握好因国际国内形势变化带来的机遇,对区域经济发展有重要影响。[1]

因此,这种类型的规划虽然表面上具有强大的权威性,但在实践中除了少数国家较为成功外,大多数由于难以调动地方的主动性,往往缺乏可操作性。

7.2 自下而上的土地利用规划路径

7.2.1 路径基本特征和支撑理论

采用这种土地利用规划路径的国家,由于自由经济意识形态在政治、文化领域的全面渗透,规划的"控制"观念并不受欢迎。市场的盲动性和生产的无政府状态使土地利用规划缺乏稳定的地位,时而被政府当作防止市场失效的工具,时而被视为避免经济危机、政治危机发生的权宜之计。全国性土地利用规划、综合性区域规划在这些国家基本不能真正开展,"土地利用规划"实际上为无数单项的规划、契约或法规所取代,最有代表性的国家就是美国。美国1943年议会就终止了国土资源规划委员会(NRPB)的工作,当时它特别禁止联邦政府中的任何其他机构担当起类似于国土资源规划委员会曾经承担过的土地利用规划,[2]从那以后,再也没有设立像国土资源规划委员会那样的土地利用规划机构。美国国家级的规划管理机构主要职能是通过制定全国或全区的立法和分配国家对

---

[1] 韦伟.中国经济发展中的区域差异与区域协调.安徽人民出版社,1995
[2] 事实上,被人们认为是土地利用规划代表的只有一次,即田纳西河流域规划.见[美]约翰·M.利维著.孙景秋等译.现代城市规划.中国人民大学出版社,2003:309、319

区域建设的财政补助(联邦基金)来干预影响地方,这些立法和财政补助分配主要是用于解决与自然和资源有关的问题,如订立《水资源开发法》解决水资源问题、《联邦资助道路法案》解决州际公路问题等。在美国众多的城镇群体发展地区,许多区域型的问题则是由大量的单一机构来协调,并且私人企业的影响力很强,因此美国对区域物质环境发展和变化的管理能力要比许多欧洲国家薄弱得多,例如美国曾通过《莫尼尔授地法》以吸引各个州建立农业与机械技艺学院,但并未指定具体地点,因此后来美国大部分州都有建在小镇上的州立大学。

支持这种规划的理论主要是市场干预协调论,即相信通过市场机制的自发调节,使资本、劳动等资源要素实现合理流转和配置,达到经济上的均衡,因而主张对区域差异采取自由放任的态度,通过市场的作用可以消除区域差异,实现区域协调发展。

这一思想是以新古典理论为基础的。新古典理论有三点基本假设:一是实行完全自由竞争,二是生产要素充分利用,三是资本和劳动力可以自由流动。这个理论认为,在市场供求关系和资本边际收益递减规律的支配下,发达区域的资本会流向欠发达区域,欠发达区域的劳动则会流向发达区域。资本要素和劳动要素逆向流动的结果,一方面,发达区域的投资者增加了收入,在消费递减的现实经济生活中,收入的增加意味着投资的增加,而发达区域投资的边际收益会递减的预期,迫使发达区域的投资者仍然回到欠发达区域扩大投资。这样,欠发达区域就会享有较高的资本积累率和支撑经济高速增长的宝贵资金。另一方面,欠发达区域的劳动力到发达区域被雇佣,所取得的个人收入除本人生活外,相当大的部分会转化为欠发达区域的消费资金,而消费资金的扩大,也意味着需求的扩大,进而拉动生产扩大和投资的活跃,这样欠发达区域的经济增长具有比发达地区更为有利的因素,迟早会消除与发达区域之间的差异。

另外,1965 年美国著名经济学家威廉姆逊(Williamson)利用英格兰东部长达 110 年的经济统计资料进行实证分析,得出结论:区域经济增长的不平衡度与区域经济发展水平,存在倒"U"型的关系。模型表明,在经济未发展的时点,区域经济的不平衡度相当低。而在经济开始起步的初期阶段,区域差异逐渐扩大,当经济发展进入成熟阶段,全国统一的资本市场形成,发达地区投资收益递减,资本等要素回流到欠发达地区,区域差异将趋于缩小。威廉姆逊倒"U"型模型,为新古典主义提供了依据。

7.2.2 支撑理论的不足

事实上,由于新古典理论的几个假设前提在现实中不完全存在,主要集中在:第一,区域间的劳动和资本流动是区域经济调整过程的一个重要特征,然而事实上劳动和资本流动性较低。比如从劳动力方面看,工人对工资差异的反映往往缓慢,明显滞后于需求。第二,每个区域内要素价格灵活性是确保每个区域生产专业化和充分就业的一个必要条件,然而事实上要素价格不可能具有如此的灵活性。一个区域能专门生产它具有比较利益但不是绝对利益的商品,其原因是它的实际工资比其他区域低得多。如果实际工资不具备灵活性,并且所有区域都处于同一水平上,那么,生产往往集中在劳动生产率较高的地区。由此,劳动力将从劳动生产率低的区域向劳动生产率高的区域迁移以寻找工作,或在缺少迁移的情况下,劳动生产率低的区域将产生失业。第三,假定不存在技术进步因素的作用也是不现实的,事实上技术进步从多方面影响区域差异的存在和变化。技术创新和扩散在空间上是不平衡的。弗里德曼(John Friedmann)指出,创新一般在少数"核心区域"发生,原因在于这些区域经济实力雄厚,可以承受高昂的科技开发费用;物质文化生活水平和工作条件优越,聚集大批科技人员和企业家;由于聚集程度高、人员流动性强、信息量大,发生创新的概率也高。技术的扩散在空间上也是不平衡的,那些交通运输基础好,经济上、技术上吸收创新能力以及产业结构转换能力较强的区域,往往能较多、较快地接受技术创新的扩散。同时受生产周期的影响,越是技术创新的区域,技术越会不断得到创新。所以,欠发达区域与发达区域相比,将很少享受技术进步和规模经济带来的利益,这种恶性循环只有运用区域经济政策手段才能阻止,否则会长期存在。此外,还存在着妨碍市场机制发挥作用的一些因素,并不是自由竞争的所有条件均能得到满足,第三产业部门的快速发展和高度集中也是扩大区域差异的重要原因。

另外,威廉姆逊实证研究结果也存在缺陷。如发展经济学家帕奈克指出,威廉姆逊依据的资料和运用的概念均存在重大缺陷。首先,在威氏进行截面分析的 24 个国家中,只有智利、巴西、哥伦比亚、菲律宾以及印度可以认为是发展中国家,因而其资料缺乏合理性;其次,威氏使用的收入概念在各个国家并非一样,而不一样导致不同国家收入的区域指数可比性差。由于这两方面的局限性,倒"U"型理论还有局限性。不少学者认为,许多国家区域差异变化的历史图式并没有呈现倒"U"型曲线。美国经历了几个区域差异拉大与缩小的历史过程,而且最初出现的区域差异并不是与人均收入的不同动向相联系;澳大利亚区域差异变化,无论是从初始的扩大还是相继的缩小的意义上讲,都不能证明倒"U"型模式;加拿大近两个世纪以来,南北区域差异没有表现出明显的缩小现象。另外,最近几十年来,巴西、意大利、马来西亚及其他一些国家区域差异的确有一定程度的缩小,但这是大量政府干预而非市场力量作用的结果。

因此,这种路径往往只是在那些市场机制比较健全的国家和地区才能实行,而且由于市场机制还存在与生俱来的弊端,如前文第 2 章所探讨的,必然还会造成一些失灵。

也正因为如此,这种由下自上的土地利用规划路径往往效果也并不能尽如人意。

7.3　上下结合、多元调控的土地利用规划路径及天津的实践

市场和政府是国土资源配置的主要手段,但都存在失灵的情况,土地利用规划要提高土地资源配置效率,必须将这两者有机结合起来。因此,目前大部分国家和地区采取的还是将市场和政府两种机制结合的"上下结合、多元调控"的土地利用规划路径。

7.3.1　路径基本特点和应用

上下结合、多元调控是指在土地利用规划中要充分发挥中央政府和地方政府的作用,同时要考虑市场中的其他主体的参与,尊重他们的价值观和他们的需求。

采用这种土地利用规划路径的以英国、德国为代表。这些国家中央政府权力较强,地方政府也有较大的自治权,中央政府通过多种方式鼓励、帮助形成跨城镇的大区领导机构,努力健全各级规划组织,积极促成各级政府编制区域性的规划,有时成立区域性的专门机构来解决区域发展中共同遇到的问题。中央政府对地方规划具有一定的指导权,并且在法律、政策、经济等多方面进行调控,此外往往还通过制定、实施一些综合专项规划,如全国的铁路网规划、机场选址、高速公路网规划等,在很大程度上影响地区的发展,并要求地方的发展规划服从这些全国性的专项规划。

这一路径的土地利用规划常常是以政府为主体,同时吸纳社会其他机构和代表性人物的参与,不过公共参与土地利用规划在各国的实践中是一个渐进的过程。例如英国在二战后的土地利用规划模式为:土地利用规划机构作为中央政府的派出机构,接受地方代表机构的建议,为地方管理和规划的二级系统提供政策观点;许多区域性土地利用规划行动在指定的区域发展机构指导下运作。而在 1980 年之后,英国土地利用规划逐渐成为以合伙制为基础,公共、私有及一些志愿部门都介入其中。到了 90 年代中期,过去统一的政策发展和实施模式被经过修正的更为松散与分散的新模式所取代。在这种新模式下,可以看到一个复杂的由组织机构和其他参与者构成的网络,其中有的是传统土地利用规划的参与者,有些则是新的介入方,在新模式中,区域中诸多团体的行动在一定程度上实现了综合化,参与方的多元化则导致更多利益团体有机会说出他们所关注的事情和坚持自己的权利,确立了崭新的讨论方式和渠道。

德国、比利时等西欧国家还将公众参与纳入了规划程序。比利时的土地利用规划编制程序按规定分为:编制草案、行政协调、公开征询与批准实施四个阶段。其中公开征询阶段将初步批准的土地利用规划修订稿通过广播、电视、出版物、张榜公布、群众集会等形式,广为宣传,并设立专线电话,广泛听取群众意见,意见汇总整理后提交国土整治咨询委员会研究讨论,作为进一步修改定稿的依据。咨询委员会的成员要求具备能反映公众利益、熟悉本区情况、有足够能力对各种意见进行客观评估,其成员一般由各社团产生,另一半在议会及跨区域经济社会团体成员中产生。通过企业及公众的参与,让他们成为土地利用规划的参与制定者及监督实施者,可最大限度调动各方面的积极性,使土地利用规划真正落到实处,并在引导区域可持续发展中发挥越来越大的作用。

除了这几个典型国家外,目前日本、美国等不同路径的国家,其近期的土地利用规划也逐渐体现出了这种多元调控的趋势。例如,日本在编制"五全综"时,强调"官产学"相结合,即政府、企业、科教界的共同参与、共同规划与共同实施。许多府、县的土地利用规划都反复征求府、县民众的意见,充分反映它们的要求。

7.3.2　路径与区域管治理念

这种路径体现出了一种"区域管治"的理念。全球管治协会报告(1995)认为管治是个人与机构、公共与私人治理其公共事务的总和,多种多样互相冲突的利益集团可以走在一起,寻求合作的途径。世界银行(1996)认为,管治是一个国家为了发展在经济和社会资源管理中运用权力的方式。可以说,管治就是通过多个经济体的对话、协调、合作达到最大范围动员资源的统治方式,以补充市场交换和政府自上而下调控的不足,最终达到"双赢"的综合的社会治理方式。

随着社会的发展,信息、科技的发展及社会中各种正式、非正式力量的成长,人们如今所崇尚与追求的最佳管理和控制往往不是集中的,而是具有多元性、分散型、网络性以及多样性。土地利用规划作为对未来时空范围内经济、社会、资源、环境等方面发展协调的总体战略和宏观调控手段,传统的试图完全通过控制数量指标和硬性规定等行政手段来达到目的,带有很强指令性色彩的模式已越来越不适应新时代的要求,区域管治应成为土地利用规划的一个基本理念。

区域管治是一种基于地域国土资源的管治,它是将经济、社会、生态等的可持续发展,自然资源、资本、劳动力、技术、信息、知识等生产要素综合包融在内的整体地域管治概念,涉及多主体的权力协调,其中政府、企业、个人行为对自然资源、资本、劳动力、技术、信息、知识等生产要素控制、分配及流通起着十分关键的影响。在市场经济环境中,土地资源的分配是协调各社会发展单元的相互利益的重要方式,因此其是政府握有的为数不多而行之有效的调控社会整体发展的手段之一,土地利用规划即是其具体实现渠道之一。

从目前看,土地利用规划中要体现的区域管治一个重点就是处理跨行政区划的经济区内的管治。随着经济的发展,特别是 20 世纪 90 年代以来,经济全球化与信息网络、快速交通等技术影响叠加,城市区域空间组织发生了巨大的变化,空间网络化在地理景观上具体表现为诸多城镇密集地区的生成,尤其是在一些以核心城市为辐射点的都市密集区。传统单个核心城市正在演变成都市地区,而这些都市地区又融入了更大的都市密集区域,最终与全球城市体系相连。因此,如何协调这些内部经济联系较为密切的经济区内不同行政区的利益,如何加强这些行政区的联系与合作,成为促进区域发展和区域内资源合理利用的一个重要问题,这也正是高层次土地利用规划的研究内容。而区域管治正是解决这一问题的有效途径,此时管治理念的体现就是在土地利用规划中如何处理区域内不同层级政府(如中央政府与地方政府)之间、同级政府之间、政府与企业、公众等之间的关系。

在处理区域内不同行政区的关系时,目前有一些实践经验是进行了行政区划的调整,即进行兼并或合并等,不过对于这种方式,公共选择理论者与合并倡导者持有不同的观点。公共选择理论者把这种跨行政区的经济区看成一个巨大的公共市场。在那里市民可在竞争的公共商品中进行选择,政府之间的竞争可以降低成本,使政府更加有效,因而反对地方政府、行政区划的合并;而合并的倡导者则认为,合并行政区范围、减少地方政府的数量、实行经济区统一管理,可以按照规模经济的要求更有效地提供服务,从而减少财政不平衡,促进经济发展。应该说这两种观点都有其合理性,进行调整行政区划只是区域管治的一个方法和形式。一个真实有效的区域管治形式要依赖于地区文化传统、政府与非政府机构的相互作用,以及区域内各经济主体超越经济和政治地域束缚的程度。

事实上,西方国家由于受制于政体的影响,行政区划相对稳定且基本难以触动,在处理这些跨行政区的都市区的矛盾中常见的方法有:(1)实行统一管理,在都市区建立一个单一的综合目标型政府;(2)功能转移,即地方当局将一部分事务转让给更高层次的政府,典型的如实行"双层制"的都市区管理;(3)税收转移,使各地力政府的财政在都市区中获得公平的分配;(4)设立专门职能的协调部门;(5)通过松散或相对固定的市政活动来实现相互协调。①

不过伴随着全球化下欧洲一体化进程的加深,欧洲社会各界也开始积极呼吁建立一个强有力的都市区政府,通过自上而下和自下而上的政务沟通途径,组建一个具有法律效力、权威决策地位和对资源具有分配权的都市区集权政府,以监督地方政府实施的各项重大城市发展项目。于是近年来,一些法律和财政地位并举的都市区权威机构开始逐渐出现,并担负起为区域政策整合目标而努力的重要使命。例如,1998 年英国成立了大伦敦管治联盟和大伦敦管理局,将所有在大伦敦都市区内相互影响、关系密切的地方政府整合为一个统一的联盟,上移和集中所有区域公共服务功能,并发布了"管治白皮书"。这一管治设想是鉴于伦敦的重要地位和面临的全球化的严峻局面,大伦敦将建立一个整合的财政体制,以便能在都市区内提供更加完善和公平的公共服务。为了打消各自治市区的顾虑,减少区域整合发展的摩擦,大伦敦管治联盟承诺,都市区管治的税源将主要依靠企业、地方政府和各自愿组织的各类发展基金、企业股份、市政税收和信托基金,而不挤占地方政府的任何税源,从而提高了大伦敦管理局的威信,使之在处理一切公共事物上更加游刃有余。

但是即使在西方国家中,欧洲和美国也存在着巨大的差异。和欧洲建立的诸多综合职能的都市区政府管治体系相比,美国政治文化传统则更倾向于通过各种共同建立的专门机构去处理区域问题、管理大都市,而不是建立都市区政府。

因此,"好的区域管治"实际上是紧密联系于区域地方的政治、经济与文化背景,并不存在唯一的模式,其核心目的是:在地方政府、私营企业、非政府组织等的介入下,既保持各级政府(直至中央政府)的管治能力(尤

---

①　刘君德. 中国行政区划的理论与实践. 华东师范大学出版社,1996

其是在一些关系到国计民生的重大决策方面),又发挥各方力量的主动性,平衡各自利益,其本质是追求市场机制与政府干预的最佳结合。

当前,区域管治理念在土地利用规划中的体现至少要包含以下几个内容:(1)探究全球经济背景下,各级政府所应扮演的角色,以争取发展策略的主动权;(2)研究如何适应经济、社会发展的新特征,使非政府组织(NGO)在公共服务中担任更为重要的角色;(3)重新界定当地有关正式、非正式部门的权力和职能,以及相应产生的许多新权力中心的运作。

7.3.3 天津市本轮规划编制中的"上下结合"路径

在本轮土地利用总体规划编制过程中,为充分发挥各级政府的积极性,提高规划的可操作性,天津市采取"上下结合"的规划路径,市、区县、乡镇三级规划同步开展,分阶段完成。

实行市级、区县级、乡镇级三级规划同时开展分期完成的"三级联动"模式,即在市级规划编制的同时启动区县级规划并对乡镇级规划提出具体要求。市级规划编制为主体,区县和乡镇工作全程为市级规划服务。天津市土地利用总体规划大纲工作阶段启动之初,启动了区县指标落实工作,在市级规划区县和委局调研的同时,区县的现状核查和指标落实也同时进行。这样一方面,市级规划补充了区县现状核查的资料,理清了指标落实的布局,两级规划在资料收集方面实现了"毕其功于一役",提高了区县工作的效率。另一方面,区县现状核实为总的市域范围内的土地利用现状"摸清了家底",为市级规划修编做好了最充分的基础准备工作。指标落实工作又完善了市级规划的布局,在市级规划用地布局指导思想下的指标落实工作,又把规划布局落到实处,两者相辅相成,同步开展,分期完成,互为指导,相互补充。

本轮规划坚持"政府组织、专家领衔、部门合作、公众参与、科学决策"的工作思路,采取"自上而下"与"自下而上"相结合的工作方法,妥善安排规划修编的各项工作。在市级规划编制过程中,各区县同时收集本区县内的社会经济发展情况、社会经济历史发展态势和未来发展趋势,收集本区县内的用地需求,深入分析各乡镇用地实际情况和乡镇的用地实际用地需求,特别是中心镇和重点发展城镇的用地需求,使乡镇级的需求直接反到市级层面。同时,重视和发挥专家的作用,扩大公众参与,增强透明度,提高规划编制水平,突出科学性,增强针对性,体现超前性。

三级联动保证了市级、区县级、乡镇级规划协调,有利于上级规划的指标落实和宏观调控的实现,也有利于下级规划的顺利制定和实施。

这一路径特点如图 7.1 所示。

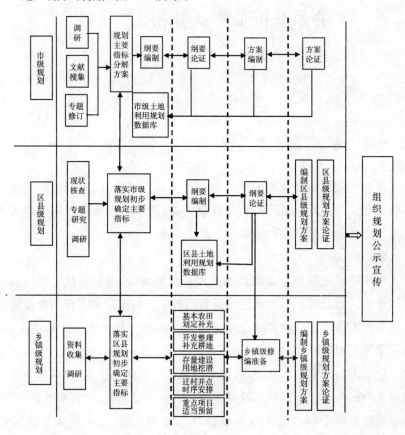

图 7.1　天津市土地利用规划编制中的"上下结合"路径

第8章 我国当前土地利用规划主体关系分析及模式分析

8.1 规划主体类型

土地利用规划涉及方方面面的利害关系。目前,我国土地利用规划的利益相关者主要包括政府和公众两大类,其中中央政府和地方政府在土地利用规划的关系及利益取向上并不完全一致。

8.1.1 政府

城市的迅速发展对基础设施的需求空前增加,因基础设施建设而导致的资金压力凸现。城市政府普遍利用城市土地出让费用作为财政资金的重要和主要来源。通过改变城市土地利用结构和城市土地利用指标,达到增加土地收入的目的。

但过多的经营性土地利用,过大的土地密度和容积率,对城市土地利用的空间机构和长远发展都造成不良影响。可以说,在经济利益驱动下,城市政府偏离了客观公正地代表公共利益的立场,过多考虑了当前的需要。

在我国分税制的背景下,中央政府和地方政府之间的公共服务目的还存在一定的差异,中央政府在土地利用规划中更突出宏观调控、全国土地开发的整体布局、耕地保护、重大项目建设等问题,而地方政府则更侧重自身财政收入的增加,在近几年常常出现地方政府违反中央规划及土地政策的现象,有报道称 80% 违法用地面积的违法主体是地方政府。[①]

8.1.2　公众

公众主要包括农民和城市居民两方。由于土地利用规划涉及城乡边缘区的规划问题,因此农民的切身利益受到影响。

城市居民对土地利用规划也是十分关注和有偏好的。如希望居住地周边有更多能提高生活质量的公共管理和公共服务用地,如教育、卫生等社会公共服务设施用地和公共绿地等,以享受更好的社会服务。一般而言,个体的市民更关注自身的利益,他可能只愿意享受土地利用规划带来的好处,而不愿承担遵守土地利用规划的义务。

8.2　我国土地利用规划主体及其偏好

8.2.1　我国现行财政体制下的政府关系

1. 中央政府与地方政府

自 1994 年进行分税制改革以来,中央政府和地方政府的关系发生了变化。这次改革是新中国建立以来最重要的财政和税制改革之一。为了扭转财政包干制下中央财政收入占全部财政比例持续下降的问题,也为了解决传统税制中一些弊端,如税制过于繁杂,地方任意使用减免税政策,中央决定以税收分享的方式重新调整中央和地方财政收入分成问题。

分税制对于中央政府和地方政府关系的影响主要包括以下几点:

一是中央与地方的事权和支出发生变化。中央财政主要承担国家安全、外交和中央国家机关运转所需的费用,中央直接管理的事业发展支出(如中央一级的公、检、法支出和文化、教育、卫生、科学等事业费支出),中央统管的基本建设投资,中央直属企业的技术改造和新产品试制费、地质勘探费、支农支出等。地方财政主要承担本地区的行政管理费用,公、检、法支出,部分武警经费、民兵事业费,地方统筹的基本建设投资,地方企业

---

①　木佳. 国土资源部部长:80% 违法用地缘于地方政府。http://finance. qq. com/a/ 20070713/000094. htm

的技术改造和新产品试制费、支农支出，城市维护利建设费，地方文化、教育、卫生、科学等事业费支出等。需要指出的是，这些中央和地方的支出划分基本维持了传统的政府间职责格局。

二是中央和地方的财政收入依据税种而不同。财政收入被划分为中央税、地方税和中央与地方共享税。中央固定收入包括关税、消费税、中央企业所得税、中央企业上缴利润，地方金融机构所得税，铁道部门、各银行总行、各保险公司等集中缴纳的收入（包括营业税、所得税、利润和城市建设费）等。地方固定收入包括：营业税、地方企业所得税、地方企业上缴利润、个人所得税、城镇土地使用税、城市维护建设税、房产税、车船使用税、印花税、屠宰税、农牧业税、农业特产税、土地增值税等。中央和地方的共享税包括增值税、资源税和证券交易税，其中增值税中央分享75％，地方25％，证券交易税中央和地方平分。①

三是税收实行分级征管，成立国税局，中央税和共享税由国税局负责征收，共享税中的地方分享部分由国税局直接划入地方金库，地方税由地方税务机构负责征收。这彻底改变了过去所有税收主要由地方征税机构征收的做法。另外，中央税、共享税和地方税的立法权都集中于中央，地方不得任意进行减免税。

分税制改革的一项重要内容是改革过去种类繁多、税率复杂的流转税体制。传统的产品税从3％～60％不等，有21档税率，所得税因企业所有制不而不同。在新的税收体制下，很多传统的税种被取消或合并，如产品税与奖金税就被取消了。许多行业的营业税改为增值税，原来对外资企业征收的工商统一税也改为增值税，并统一规定为17％的税率。不论企业的所有制性质（外商投资企业除外），企业所得税一律定为33％。也有一些新增的税种，如消费税、土地增值税、证券交易税。我国的消费税与西方国家的消费税不同，它只对烟酒、奢侈品征收，而不涵盖零售环

---

① 目前企业所得税、外商投资企业所得税和外国企业所得税除了铁道部、各银行总行及海洋石油企业缴纳的部分归中央之外，其余部分由中央和地方政府按照60％和40％的比例分成；个人所得税除储蓄存款利息所得的个人所得税之外，其余部分的分成比例与企业所得税相同；证券交易印花税收入94％归中央政府，剩下的6％和其他印花税归地方政府。

节的所有商品。分税制改革将消费税划归中央,这使得一些主要依靠烟酒税收收入的省份受到很大的影响,如云南和贵州。

同我国其他的渐进改革相类似,分税制改革试图大规模调整中央和省之间财政收入的分成比例,仍然采取了较为渐进的方式。为了最大限度获得地方政府的支持,中央在新体制下对过去的既得利益格局进行了照顾和维持。这主要表现在两个方面:一是确保各省 1994 年的基本财政收入不低于 1993 年的水平。中央对地方税收返还数额以 1993 年为基期年核定一个基数。具体的税收返还的计算公式是:省的基期的留成收入-该省的基年(即 1993 年)的地方税收收入-0.25×增值税收入。这种方式可确保各省在 1994 年的基本收入不会低于 1993 年的留成收入。二是每年税收收入增量返还。具体地说,中央每年从一个省通过分享比例获得的增值税和消费税的增量部分以 30%的比例返还给这个省。1994 年之后中央每年的转移支付中有很大的比例是履行基数递增返还的承诺。①

尽管分税制改革取得不少突破性的进展,但是它仍然遗留了很多的问题,需要未来的改革进一步克服和纠正。比如仍然把重心放在中央和省区财力分配的调整上,只划分中央和地方的收入,而未系统地调整政府间的财政责任;巨大的基数返还对发达地区有利,而不利于落后地区,加上中央一般性的转移支付规模有限,地区间财政资源的巨大差异性事实上在不断扩大,导致了地区经济发展的差异和个人间收入分配的不平等在加剧。② 分税制只是调整了中央和省区政府之间的财政关系,而省以下的财政体制没有涉及,省以下政府间仍然实行财政包干的制度。

2.地方政府之间

地方政府之间主要是指省及以下政府间的财政关系。

---

① 黄佩华.中国地方财政问题研究.中国检察出版社,1999:28~29
② Tsui(2005)使用中国 1994~2000 年全国 2000 多个县级行政区数据发现,分税制改革之后地区间的财政不平等程度(人均财政支出的差异度)实际上加剧了,发达地区依靠非农部门的增长获得财政收入的较快增长,而落后地区所主要依赖的农业部门增长缓慢,致使税收增长迟滞,这是导致财政不平等的重要原因。另外,该研究还发现,政府间的转移支付并没有有效发挥缩小地区间财政不平等的作用。

我国政府间财政关系的一个基本特征是,在我国行政体制的五级政府(中央、省、地级市、县、乡)之间,相邻两级政府间的财政关系总是由上一级政府全权决定,比如中央决定中央与省级政府的财政分配关系,省决定省政府与地级市的财政关系,依此类推。这种安排赋予了省和省以下政府确定财政关系的机动性,同时也导致各地区之间省以下财政体制的巨大差异性。从一个高度集权的行政体制来看,我国的政府间财政制度的设计权的分配还是具有很大的分权特征的。

在两级政府之间商定预算内收支体制时,上级政府总是拥有核定支出项目、收入基数以及决定分成比例的权力。上级政府所掌握的规则设定权,加上政绩考核的特点,使得我国的行政体制蕴含了一个压力从上向下传递的机制,即所谓的"压力型体制"(荣敬本等,1998)。正像省级政府在面对中央的财政压力时自然会把压力的一部分转嫁给市级政府,市政府在面临省政府的财政压力的时候,又会将这部分压力转移给县财政,市管县的体制正好加强了市对县的财力汲取能力。县政府又如法炮制,将财政压力转嫁给乡镇一级。这就是所谓的"财力上收、事权下放"的现象。在分税制之后,当中央拿走财政收入的大头之后,省级政府的财政吃紧,这种现象变得更为严重。

在分税制下,增值税的75%上缴中央,25%留给地方,制造业所创造的大部分税收将交给中央。相比之下,由城市扩张和土地占用所带来的税收,包括建筑业和房地产业的营业税、所得税及耕地占用税等全部由地方享有,为此地方政府把城市扩张和经营土地变成增加税源最为有效的途径。土地出让的收入和以土地抵押获得的银行贷款,成为城市和其他基础设施投资的主要资金来源。有研究者指出,发达地区政府财政的基本格局是:预算内靠城市扩张带来的产业税收效应、预算外靠土地出让收入,①城市扩张主要依托与土地密切相关的建筑业和房地产业的发展,所

---

① 预算外资金是指不纳入国家预算管理,由各部门、各地区、各单位根据国家法律、法规和规章自收自支、自行支配的财政性资金,包括地方财政部门掌握的预算外资金(如企业的折旧基金)、行政事业单位的收费收入以及企业掌握的各项专用基金,如更新改造基金、大修理基金、职工福利基金、生产发展基金等。它相当于地方可以自由支配的"小金库"。

以发达地区的政府财政本质上就是"土地财政"。[①] 根据这项实地调查研究,绍兴、金华和义乌在 2001~2003 年间,土地直接税收及由城市扩张带来的间接税收就占地方预算内收入的 40％,而土地出让金净收入占到预算外收入的 60％左右。几项加总,从土地上产生的相关收入就占到地方财政收入的一半以上。

与土地相关的收费成为地方政府各部门增加收入的重要途径。这些部门的收费大体分为三类:一是土地部门的收费,如耕地开垦费、管理费、房屋拆费;二是财政部门的收费,如土地使用费、土地租金;三是其他部门收费,如农业、扶持、水利、交通、邮电、文物、人防、林业等部门。与土地相关的收入很可观,但是高度分散,透明度低,操作不规范。针对房地产业名目繁多的收费情况,原建设部曾经做过一项调查,发现在各个城市中涉及房地产的收费中有 80~200 项不等,其中有合理的收费,但大部分属于乱收费的范畴。国际上一般的情况是,住宅的建设成本中 72％是建筑和安装,地价、利润及其他只占 28％;而我国住宅建设成本占 42％,地价、税费和其他占到 58％。我国推行的是土地批租制,根据土地的不同用途,批租的期限从 40 年至 70 年不等。以北京为例,北京市出让土地需要购买者支付包括政府土地收益(地价款)和拆迁补偿费在内的总地价款,其中政府土地收益包括向土地管理部门缴纳的土地出让金、基础设施配套建设费和资源费。大部分有关的税费,用地者须一次性支付。这为地方政府募集资金提供了巨大的空间。各级地方政府(以市县为主)往往以经营城市为名肆意出让国有土地,竭泽而渔。城市政府乱占耕地,越权批地,少数城市已经到了无地可卖地步。而出让收益流失严重,滋生了各种腐败行为。

8.2.2 我国现行国土资源管理体制的特点

自 2006 年起,国家对省以下土地部门实行垂直管理,将省以下的土地审批权限、国土部门的人事权限统一集中到省级国土部门。在原有国土资源分级管理体制下,土地规划、土地审批、土地出让金收取等权力实

---

① 刘守英,蒋省三.土地融资与财政和金融风险:来自东部一个发达地区的个案.中国土地科学,2005(10)

际上属于地方政府。据国土资源部披露,目前全国 80% 的违法用地是地方政府府行为。2003 年上半年,全国各类土地违法行为超过 10 万起,涉及土地面积 39133 公顷。中国几乎每次土地管理大的变动都与圈地浪潮和房地产膨胀相关。20 世纪 90 年代初,中国实行土地有偿使用制度改革其实是一次大规模放权。之后,城市土地的各项权力实际上等于界定给了地方政府。按照原有的土地管理规定,省、市、县每级政府都有自己的批地限额。

　　土地管理垂直到省,意味着将市、县、乡的土地审批权力悉数上收。原来由地方政府任命的土地部门负责人,现在变成了省级土地部门垂直任命,这一系列权力调整主要在于制止过去长时间以来市、县、乡各级的擅自审批、越权审批的乱批土地行为。虽然以前中央一直对用地实行宏观调控,但真正的操作权却在县、乡一级政府手里。它们可以修改土地规划,甚至把基本农田修改为建设用地。而修改后的规划只要报请省里批准就可以了,有的甚至委托地市审批。之所以造成这种状况,不是地方国土资源部门管理的缺位,而是因为地方国土资源部门职能太弱、管理权太分散,最后不得不充当了领导意志的执行者。

　　不过这种国土资源的垂直管理,以及 1998 年开始的工商行政管理机构的垂直管理和 2004 年开始的统计局指数调查队的垂直管理等垂直化改革绩效还需深入观察,垂直管理并不能完全摆脱地方干扰。尽管垂直管理后部门的人、财、物不受制于地方,地方政府对垂直部门的影响或多或少地存在,比如当地部门在土地、水电、职工子女入学等方面也必须依赖当地政府,由于当地部门的人员主要来自当地,传统的关系网络也会发挥作用。垂直部门在地方实施监管,也必须得到地方政府相关部门的配合和支持,如公安、司法,从而受到一定的牵制。虽然垂直管理部门在人、财、物上不依赖于地方政府,但如果与地方利益冲突太大,地方政府还可以动用司法、公安、审计、监察部门的力量“骚扰”垂直部门的领导和工作人员,比如检查违法乱纪行为等。这些潜在的威胁手段将制约垂直部门在地方的行为。

　　更重要的是,在当前的官员晋升制度下,地方政府仍以地方经济发展为第一要务,积极对外招商,调动地方一切资源(包括土地审批、工商、税务、银行、司法、公安、环保、安全生产)为企业提供实质性的支持,事实上这是一种以"块块"为单位横向整合许多属于条条管理的资源的方式。而一系列垂直化收权等于大大限制了地方政府横向整合资源的能力,这势必导致当前主要的官员激励方式与垂直化收权之间的潜在冲突。

8.2.3　主体偏好

1.中央政府和地方政府的偏好

在我国多层级、多地区的政府间关系中,中央政府和地方政府有着不同的利益诉求,中央更关心宏观经济的走势,全局的利益平衡和社会福利的状况,而地方政府更关心辖区内的财政资源的多少、经济发展的状况和公众的福利情况,而对宏观经济形势和别的地区的公众福利的关心程度比较低。两者面临的各式各样的约束条件也很不一样。例如对于改革开放经常遇到的意识形态方面的约束,地方政府所面临的意识形态的压力比中央政府面临的要小得多。当年关于改革"姓社姓资"的讨论,更多是在中央层面上进行,而地方政府参与较少。又如在经济资源方面,地方政府手中拥有的财政、金融和企业资源不如中央政府。中央政府控制货币发行,也可以发行国债,直接控制中国最为重要的大型国有企业,而地方政府不能控制银行,地方政府直接举债目前仍然是不允许的。在竞争约束方面,就全国性公共产品的供给(如国防)而言,中央政府如同一个完全的垄断者,与提供地方性公共产品的地方政府之间则处于相互竞争的关系,在经济增长、政府财源和吸引外资等诸多方面展开激烈竞争。在信息方面,地方政府拥有更多的私人局部信息,比如辖区企业和居民的偏好,尤其是在执行中央政策方面,关于政策执行的方向、力度和效果更多控制在地方政府手中,并不可避免地夹杂着地方政府自己的利益,中央政府要具体监督非常困难。还有一个值得强调的差异:地方政府更可能被当地的企业和精英"利益捕获",而"捕获"中央政府则要相对困难一些。①

---

① Bardhan,Pranab and Dilip Mookherjee. 2000. "Decentralization and Decentralization of Infrastructure Delivery in Deverloping Countried". working Paper, University of California at Berkeley.

在土地利用规划中,中央政府作为国家利益的实现者和维护者,重视土地利用整体收益最大化,它不存在追求当期利益最大化的政绩目标导向,而是肩负着国家稳定的责任。因此,中央政府强调耕地保护是土地利用规划的核心任务,不仅追求土地资源的整体收益最大化,而且注重土地利用规划制度中指标分配的公平。

对于地方政府而言,在我国分税制下,中央与地方财政分家致使地方政府具有了自身利益,其不同于国家利益。地方政府具有双重利益的特殊属性,不仅是公共利益的代表,具有公利性的典型特征,而且也是自身利益的维护者,从而必然具有自利性的利益驱动。因此,在公共利益与自身利益出现冲突的时候,作为一定行政辖区内土地资源利用的实际控制者,地方政府则是追求土地资源局部收益或贡献最大化的利益主体和代理人,在规划中常表现为尽力降低所承担的耕地保护责任,从而实现所在区域内局部现期经济收益的最大化。

对于地方政府之间,两者的合作,如跨区域公共设施的建设、产业分工等,在土地利用规划上均有体现,但往往较难实现,除了利益的竞争之外(如下节分析的),成本的考虑也是影响地方政府偏好的重要因素。这些成本包括以下几种:(1)搜寻成本——有合作意向的政府,为寻找自己最佳合作伙伴而花费的成本,例如为收集尽可能多的信息所花费的人力、物力、财力,包括购买电脑上网查询因特网信息、订阅或购买报纸杂志、考察合作对象所花费的费用等;(2)谈判成本——政府合作谈判双方,花费在谈判过程中的人力、物力、财力,例如谈判信息的收集、谈判策略的研究、谈判过程的时间成本;(3)合同成本——签署合同的开支,例如合同拟订、打印所需要的开支;(4)履行成本——为了履行合同中的事项,必须建立相应的机构,配备人员,以及运转这些组织机构所需要的费用;(5)监督成本——包括建立监督体系、反馈机制、仲裁机制及处罚机制等一系列制度与机构。

依据我国现行财政制度,经费分担一般实行财政包干制度,地方政府间合作方为了实现自身利益最大化,追求以最少的投入获取最大产出,总是尽量减少自己的成本。此外,现今有不少地方政府财政经费不足,尚有许多财源须依赖中央补助或转移支付,因此在处理地方政府间合作跨区域事务上自然会有经费分担的争议。

2.公众的偏好

公众在土地利用中可分为土地投资者和普通居民两大类。尽管这两类都是土地的使用者,但是土地投资者在地区事务中一般具有较大的影响力和良好的关系,容易就自身的利益与政府达成一致,属于强势用地者。而以普通居民为代表的弱势用地者,对自身的利益诉求具有模糊性和短期性,且在规划决策中基本没有话语权,容易形成被动接受的局面。

8.3　规划主体的博弈关系

土地利用规划是一项各利益集团综合平衡的社会活动过程,其实质是以土地资源配置为客体的经济利益与社会责任再分配过程,所以不同利益主体间的利益博弈是影响土地利用规划编制和执行效果的重要因素。

8.3.1　中央政府与地方政府之间

1.耕地保护方面

针对中央政府强调耕地保护的问题,地方政府常常会形成以下策略:(1)在基本农田保护区划定时,"划远不划近,划劣不划优";(2)在耕地占补平衡中,占用了优质的耕地,却以质量较低的耕地作为补充;(3)在土地整理指标中,用林地和草场作为新增耕地的重要来源;(4)实行异地代保,但为了保留发展的机会,却越保越少;(5)近几年在示范小城镇城乡建设用地挂钩建设中,为了尽量凑够指标归还,常常选择质量较差的土地进行复垦。

2.建设用地指标分配方面

建设用地规划也是中央与地方政府博弈的焦点,其中主要表现在建设用地指标分配上。其中,地方政府偏好以地方 GDP 和固定资产投资等对建设用地总需求量指标分配,因其会使得地方政府多争取建设用地指标,可实现自身利益最大化。同时,自我国实行土地有偿使用制度以来,土地收益已成为财政收入的重要组成部分。根据财政部制定的《国有土地使用权有偿出让收入管理暂行实施办法》规定："土地出让主管部门可从其所获土地使用权出让收入中提出土地出让业务费，一般不超过出让收入的 2％。土地使用权出让收入扣除土地出让业务费后，全部上交财政。上交财政部分，取得土地收入地方财政部分先留下 20％作为土地开发建设费用，上交中央财政 40％，60％留地方财政部门。"

这种建设用地出让资金分配办法事实上激励地方政府形成了一种"谁用地越多、谁收入就越多"的用地机制，客观上鼓励了地方政府通过一切手段争取更多建设用地指标。体现在规划上的博弈特点就是：作为规划审批主体，中央政府关注宏观经济运行状况，注重全国经济发展稳定；而地方政府作为规划编制主体，从地区发展角度出发，希望建设用地指标越大越好，从而保证地区经济快速发展，实现地区内社会福利整体最大化。

3.监督的博弈模型分析

中央和地方政府之间的冲突主要表现在地方政府是否完全遵守已经过中央政府批准的土地利用规划。而能否发现这种违规，需要中央政府去监督地方政府的规划执行情况。下面通过一个博弈模型分析两者其中的行为。

(1)模型基本特征

中央监督地方遵守规划的行为，两者之间构造成"监督博弈"模型。其支付矩阵如表 8.1 所示。

表 8.1　中央监督地方模型的支付矩阵

		地　方	
		守　规	违　规
中央	检查	A－J，－a	A+C－J，－a－C
	不检查	A，－a	－S，0

假设中央对地方的规划监督检查成本为 J。把遵循规划的地方政府

称为守规地方政府,a 表示守规地方政府的成本(不考虑地方政府的收益),地方政府守规时,中央获益为 A。因此,如果地方守规,中央监督检查的收益为 A—J。如果地方出现违规行为,不能达到中央的要求,对社会的损害为 S。如果中央监管机构查出地方违规行为将责令其改正并对地方处以数额为 C 的罚款(可能是以其他形式,为研究方便,统一折成罚款这一经济惩罚形式)。所以,如果地方违规被检查出来,改正后地方的支付是 a+C,否则为 0(不考虑违规所花费的直接成本)。

对中央而言,检查出违规责令其改正后,从而同样获得收益 A 及罚款 C,其总收益为 A+C—J;当违规时监管机构也没有进行有效监管,其损失为 S,即为社会损害。从模型中可以看出,中央与地方的博弈不存在纯策略纳什均衡,任何一个策略组合都有一个博弈方可以通过单独改变策略而得到更好的收益。

用 p 代表中央监督机构检查的概率,q 为地方守规出让土地的概率,求解这个博弈的混合战略纳什均衡。

给定 q,对中央监督机构而言,其预期收益有:

$$q(A-J)+(1-q)(A+C-J)=qA+(-q)(-S)$$

解得:

$$p=\frac{a}{(a+C)}$$

因此,混合策略纳什均衡为:

$$q=1-\frac{J}{(A+S+C)}\cdot p=\frac{a}{(a+C)}$$

可以看出,中央监督机构检查的概率以及地方守规的概率取决于该守规行为给中央带来的收益 A、社会损害大小 S、监管成本 J 和地方违规的处罚力度 C。

(2)模型分析

基于上述均衡,对模型作进一步分析,可以得到以下结论:

①在均衡状态下,地方守规的概率 q 对 J 偏导,得:

$$(\frac{q}{J})'=-\frac{1}{A+S+C}<0$$

可见 J 越大,则 q 越小,即如果需要中央加大成本来进行监管,地方守规的概率就越小。

如前文分析中,地方政府为追求自身收益最大,往往会突破规划,努力扩大建设用地范围,减少耕地保护数量。其直接收益就是增加土地出让面积。

出让土地已成为地方政府一项重要的财政收入,有些地方出让土地占财政的 40%～60%,有些地方甚至超过其他财政之和。以武汉为例,2004 年城市公开拍卖土地 3772.88 亩,比去年同期增长 72.96%,实现交易金额 97.163 亿元,比去年同期增长 137%。当年地方财政收入为 129.21 亿元,土地出让占财政收入比高达 60.9%。2009 年沿海地区某市土地出让金收入达 1200 亿元,是地方财政收入 520.79 亿元的 2.3 倍。[①]这种财政一般是预算外财政,其支出没有严格的监管。

可见,这种高利润的收入越大,地方采取违规行为的可能性也就越大,表示中央需要拨付更多的钱来进行监管,这就意味着中央监管机构需要加大检查力度、提高检查能力。

②根据混合策略纳什均衡,分别对地方守规的概率 q 求 A 和 C 的偏导,有:

$$\left(\frac{q}{A}\right)' = -\frac{J}{(A+S+C)^2} > 0, \left(\frac{q}{S}\right)' = -\frac{J}{(A+S+C)^2} > 0$$

如果中央从地方政府守规中收益越大,即 A 越大,或者地方违规造成的社会损害越大,即 S 越大,q 越大,即地方守规的概率越大。如当前基于耕地安全保障、区域统筹发展、城市扩展中农民安置问题涉及的社会稳定等方面的考虑,中央监督的重点具有区域差异,侧重于问题突出省市的规划监察。

③由混合策略纳什均衡(q, p)分别对 C 求偏导,可得:

$$\left(\frac{q}{C}\right)' = -\frac{J}{(A+S+C)^2} > 0, \left(\frac{p}{C}\right)' = -\frac{1}{(a+C)^2} < 0$$

---

① 中共中央宣传部理论局.七个怎么看.学习出版社/人民出版社,2010:73

可见,如果 C 减小,q 将减小,p 就越大,表示中央的处罚力度降低,对地方的威慑力就越小,地方违规的可能性大大增加,此时中央的检查概率必须大大提高。当 C 增大,q 将增大,p 就减小,即可以降低检查的必要性,同时提高地方守规的概率。可以理解为如果 C 增大,可以节约中央用于检查的人力、物力,提高社会的福利。

④根据混合策略纳什均衡,中央的检查的概率对地方的守规成本 a 求导,得:

$$\left(\frac{p}{a}\right)' = -\frac{C}{(a+C)^2} > 0$$

可以看出,如果 a 越大,p 也就越大,即地方的守规成本越高,越需要中央的检查。由于土地资源的有限性和我们的守住 18 亿亩农田的国策以及对农村土地流转的严格控制,造成土地价格越来越高,地方通过突破规划限制而获利的动力越来越大,即守规的机会成本变大(违规可以获得更大的利益),所以需要中央加大检查的概率。

8.3.2　地方政府内部

地方政府内部关系包括上下级关系(如省与市、市与县、县与乡镇)和同级政府之间,其中上下级政府的博弈关系与上文所研究的中央政府与地方政府类似,此处重点探讨同级政府之间的博弈关系。

同级政府之间的博弈主要表现在区域合作不积极以及利用土地招商引资中的相互压低土地价格。尽管这两个表现不直接与土地利用规划相关,但会通过指标分解,特别是新增建设用地指标的要求反馈到土地利用规划中。

我们以工业用地供应中的地方政府博弈为例。尽管目前规定工业用地也必须以招拍挂的竞争方式进行,但许多地方通过以减免相应税费,降低出让底价或相关补贴等形式仍试图以较低的价格吸引投资者。这样竞争者之间存在一种非合作博弈关系。博弈过程中竞争者之间都有两种策略选择—降价和不降价。目前政府作为工业用地的供应者,以及工业用地价格和交易规则的制定者对于工业用地价格的确定具有决定性的作用。假设在一次竞争中,A、B 两市宜出让的土地质量无明显差异。在降价前两市地块出让的所获收益分别为 R_A、R_B。如果 A 市认为可通过降价获得该笔投资（它所带来的收益远大于因价格降低带来的损失）使收益增加，于是率先降价以争取项目投资；对 B 市而言，若采取不降价策略就会损失所有收益；若也同样采取降价策略，会使两市政府都因土地价格下降遭受损失，设 A、B 降价所付出的成本均为 R_0，这样就形成了博弈支付矩阵（如表 8.2 所示）。可见，博弈的纳什均衡为双方都选择降价策略，对A、B 两政府来说都小于降价前的收益。

表 8.2　A、B 政府的博弈支付矩阵

		A 政府	
		降价	不降价
B 政府	降价	$(R_A-R_1) \cdot 50\%, (R_B-R_1) \cdot 50\%$	$0, R_B-R_1$
	不降价	$R_A-R_1, 0$	R_A, R_B

注：如果都降价，双方的吸引投资概率为 50%，即预期收益为 $(R_A-R_1) \cdot 50\%$ 和 $(R_B-R_1) \cdot 50\%$。

8.3.3　政府与公众

由于中央政府的立足点是基于全社会角度下的资源配置优化和社会公平，而且作为中央政府编制的全国土地利用规划具有宏观性、战略性的特点，因此政府与公众之间的博弈主要表现在地方政府与公众之间。

由于公众可分为土地投资者和普通居民两类，因此博弈也主要表现为地方政府与这两类主体之间。

1.地方政府与土地投资者的博弈

在土地利用规划中，土地区位是政府与土地投资者利益博弈的焦点。政府作为土地利用的管理者，土地的可持续利用客观上要求政府从宏观和微观的双重角度出发实现出让地块收益的最大化，同时不造成对生态环境大的危害，从而使土地用途分区尽量成片；而土地投资者作为土地的使用者，则会从利润最大化的角度出发，选择最方便、最易实现利润最大化的区位。因此，在规划修编过程中，如何合理地进行土地利用布局，将成为两者间博弈的焦点。其次,收益最大化是市场经济最根本的原则。在土地利用过程中,政府拥有出让和出租土地使用权的权力,为土地供给方;土地投资者作为土地需求方,是通过支付尽可能低的土地出让金等费用,获取最佳区位、最有发展潜力的土地的使用权,这也是二者利益博弈的焦点。

2.地方政府与普通居民之间

从微观角度看,土地利用规划将直接影响规划所涉及的每个居民、利益集团等的具体利益,以及其生活、生产和未来的发展。因此,规划更应充分考虑普通居民的切身利益,把决策权在一定程度上交给他们,采用公众参与的方式使他们表达自己的意见,经过充分协商达成共识,实现利益均衡。

地方政府与普通居民之间的博弈主要表现为土地利用规划引起的居民利益损失和补偿的平衡问题,以及土地利用规划决策中政府主导过程中的公众作用问题。

对于利益损失及补偿问题,由于政府与普通居民的权力地位本身不平等,同时普通居民缺少利益诉求的代表和健全的诉求渠道,加之有时政府工作重心的错位,往往会使公众的利益受到侵害。目前主要表现在以下方面:一是建设占用农地中的政府与农村居民的博弈,我国《土地管理法》中尽管明确规定了占用农地对农民的补偿机制和方法,但随着社会经济的快速发展,现行的补偿方式已经明显落后,土地补偿费用和安置补助费用无法保证失地农民的生活质量不下降,更加无法保证失地农民后续的生活和工作。安置方式、补偿方式和标准问题一直以来都是政府与公众彼此博弈的焦点。二是在我国,政府代表着公众行使对土地的处置权,由政府直接管理和利用土地,其对土地的权力具有直接性、现实性;而由于缺乏利益诉求代表和诉求渠道的普通居民对土地管理的权力是间接的、虚拟的。而随着公众法律意识的逐步加强,政府与普通居民之间的权益博弈也会逐渐增加。

对于土地利用规划决策中的公众角色和作用问题,由于土地用途确定的依据主要有公共社会利益(主要包括公众生活水平、生态环境建设等)和经济社会发展(以经济发展为首要),基于这两者选择上的差异必然会引发政府与普通居民发展意愿的博弈。但由于我国公众参与法律地位的不明确和地方政府的强势,许多地方的土地规划修编过程中尽管设立公众参与的程序,但实际公众的声音和建议,特别是与政府主导观点相左的意见得不到体现。

土地利用规划决策中公众与政府的博弈可通过下面一个简单模型反映。

模型背景:某一企业在一地区内未来的土地利用中试图进行一项开发活动,但可能对该地区的长远发展带来危害(比如企业低效用地造成土地非农化的非理性扩大、开发生态用地造成水土流失、占用湿地造成动植物栖息地被破坏等)。在土地利用规划决策过程中,公众可能发现项目对未来的不良影响,并要求政府对该企业进行制裁,补偿公众的损失(主要包括环境、生态或其他方面进行补偿或治理)。地方政府对企业的行为和带来的后果进行辨别,有支持和不支持公众的两种策略。博弈参与人为公众和政府,公众的目标是实现当期和长远福利的最大化,而政府考虑的情况较多,比如税收、经济总量、就业等。政府的成本和收益来自三个方面:税收、与公众的关系和政府配合公众参与的成本。假设企业项目总收益为 R,政府的税率为 t,给公众和整个社会带来损失 W;公众参与规划决策的成本为 Q(Q＜W,否则公众不需要参与决策);政府同意公众开展参与活动的成本为 E;当政府支持公众提出的建议时,获得公众对政府声誉好评价,收益为 G;当政府不支持公众提出的建议时,获得公众对政府声誉坏评价－G。

政府与公众博弈的收益支付矩阵可如表 8.3 所示。

表 8.3 政府与公众的收益支付矩阵

		公众	
		参与决策	不参与决策
政府	支持公众	t(R-W)+G-E,-Q	t(R-W)-E,0
	不支持公众	t(R-G),-W-Q	tR,-W

即：

当政府支持公众,且公众参与决策,两者的支付为$(t(R-W)+G-E,-Q)$

当政府支持公众,但公众不参与决策,两者的支付为$(t(R-W)E,0)$;

当政府不支持公众,但公众仍参与决策,两者的支付为$(t(R-G),-WQ)$;

当政府不支持公众,且公众不参与决策,两者的支付为$(tR,-W)$。

可以分析:从公众的方面考虑,当政府支持公众时,公众的最佳策略是不参与决策;当政府不支持公众时,公众的最佳策略依旧是不参与决策,似乎不参与决策才是公众的最佳选择。从政府方面考虑,当公众不参与决策时,即政府是否支持公众不影响到政府与公众之间的关系,那么政府的最佳策略是不支持公众。但这样两者获得的收益$(tR,-W)$为此博弈唯一的纳什均衡。但我们可以看出当政府支持公众,且公众参与规划时的支付为$(t(R-W)+G-E,-Q)$,在一定条件下政府和公众的收益都好于$(tR,-W)$,其中,因为$-Q-W$,因此(政府支持公众,公众参与规划)策略是否由于(政府不支持公众,公众不参与规划)主要取决于$t(R-W)+G-E$与tR的大小,如果前者优,则需要$G>Tw+E$,即公众的好评远大于政府支持公众参与的成本,这说明如果要使规划中公众作用提升,必须将公众对政府的评价在政府绩效中的权重加大。

第9章 土地规划和相关规划的差异
      与协调

9.1 土地利用规划的法律地位与相关规划衔接的现状

9.1.1 我国现行法律的有关规定

我国现行法律体现了土地利用总体规划的龙头地位。

土地利用总体规划的法律依据是 1986 年 6 月 25 日第六届全国人大常委员会第十六次会议通过,根据 1988 年 12 月 29 日第七届全国人大常务委会第五次会议第一次修正,1998 年 8 月 29 日第九届全国人大常务委员会第四次会议修订,根据 2004 年 8 月 28 日第十届全国人大常务委员会第十一次会议第二次修正的《中华人民共和国土地管理法》(简称《土地管理法》),《土地管理法》第二十二条规定,城市总体规划、村庄和集镇规划,应当与土地利用总体规划相衔接。而且在规划范围上,《土地管理法》第四条规定,国家编制土地利用总体规划,规定土地用途,将土地分为农用地、建设用地和未利用地。这说明土地利用总体规划范围是相应行政级别辖区内全部土地资源,是从整体上把握区域内全部土地资源的合理利用、开发和整治。

可见,无论是从规划衔接上,还是规划范围上,土地利用总体规划都应在我国规划体系中发挥龙头作用。

9.1.2　与相关规划衔接中存在的问题

事实上,在规划实施规程中,土地利用规划常常与其他规划存在衔接上的问题,甚至出现矛盾,一个重要的原因就在于不同政府部门对构建我国规划体系都有着自己的意见和设想。

国家发展与改革委员会于 2005 年 9 月提出《国民经济和社会发展规划编制条例》(草案),该条例中规定国民经济和社会发展总体规划具有统领地位,按对象和功能,分为总体规划、专项规划和区域规划,其他部门规划(如土地利用总体规划、城市总体规划等)均属专项规划,并提出由规划咨询委员会对规划之间进行衔接和论证,使经济社会发展各个领域的规划、城市规划、土地利用规划在区域规划与地区规划中融为一体。

2007 年 10 月 28 日第十届全国人民代表大会常务委员会第三十次会议通过,于 2008 年 1 月 1 日开始实施的《中华人民共和国城乡规划法》提出城乡规划,包括城镇体系规划、城市规划、镇规划、乡规划和村庄规划。城市总体规划、镇总体规划以及乡规划和村庄规划的编制,应当依据国民经济和社会发展规划,并与土地利用总体规划相衔接。城乡土地利用和各项建设必须符合城乡规划,服从规划管理。没有城乡规划部门提出的规划条件,国有土地使用权不得出让。而国土资源部门依据《土地管理法》,强调土地利用总体规划是土地利用领域中统筹社会、经济、环境过程的基本规划,其他各项规划均应当符合土地利用总体规划,用地规模与布局应当与土地利用总体规划相衔接,土地利用总体规划是综合性规划和空间规划。

在这种背景下,规划之间的协调问题屡屡出现,特别是作为空间规划体系的土地利用总体规划和城市总体规划矛盾尤为突出。

9.2　土地规划与城市规划的差异与协调

《中华人民共和国城乡规划法》第二条指出,城市规划可分为总体规划和详细规划。对于某些大城市或特大城市,在总体规划之后还需有分区规划。城市总体规划的任务是:确定城市的性质、发展目标和发展规模；划定城市规划区范围；拟定城市主要建设标准和定额指标；总体布置城市建设用地布局、功能分区、综合交通体系、河湖和绿地系统；编制各项专业规划、近期建设规划。分区规划仍属总体规划范畴，是对总体规划的进一步深化，更偏重于战略性。城市详细规划包括：规划地段各项建设的具体用地范围、建筑密度和高度等控制指标、总平面布置、工程管线综合规划和竖向规划等。在城市规划中，用地规划是一项重要内容。土地利用规划按规划的性质可分为土地利用总体规划、土地利用专项规划和土地利用规划设计。

在土地利用实践中容易产生冲突的是土地利用总体规划与城市总体规划之间的差异与衔接。

城市总体规划是指为了实现一定时期内城市的经济和社会发展目标，确定城市性质、规模和发展方向，合理利用城市土地，协调城市空间布局和各项建设的综合部署和具体安排。① 土地利用总体规划是依据国民经济和社会发展计划、国土整治和环境保护的要求、土地供给功能及各项建设对土地的需求，对一定时期内、一定行政区域范围的土地开发、利用和保护所制定的目标和计划，是对区域内的土地利用进行的总体战略部署。城市土地利用规划与城市总体规划之间既有联系，又有区别。

9.2.1 两者的差异

1. 规划内容

土地利用总体规划的内容是根据土地条件和经济社会发展需要确定土地利用目标和任务，在研究分析土地利用现状和变化的基础上，综合平衡各业用地需求，保证整个辖区经济社会的发展。城市总体规划是以建设为中心，展开城市各项建设的总体规划；而土地利用总体规划是以土地利用为中心，优化土地利用结构，促进各业健康发展。二者的关系是规划与建设、土地供给与土地需求的关系。在土地利用总体规划要求的建设用地前提下，统筹安排城市各项建设是城市规划的主要内容。②

---

① 李德华. 城市规划原理. 北京：中国建筑工业出版社，2001：28
② 胡艳华. 土地利用总体规划与城市总体规划协调研究. 广东工业大学硕士论文，2006：12

2. 规划任务

土地利用总体规划的任务是辖区土地的开发利用、整治与保护。城市总体规划的任务是确定城市性质、功能、规模和发展方向。二者的关系是城市总体规划在土地利用总体规划的有关指标指导下,根据人口、环境等因素,合理确定城市规模和发展方向。

3. 规划时限

根据《土地管理法》,土地利用总体规划的规划期限由国务院确定。具体由国家土地行政主管部门正式发文,对全国各级土地利用总体规划的规划期及规划基期数据做出明确的规定。新的土地利用总体规划编制规程要求县级土地利用总体规划的期限同国民经济和社会发展长期规划的期限相适应,一般为 10～15 年,近期规划一般为 5 年。而城市规划,其规划期限一般由编制规划的政府部门根据城市的发展条件、发展趋势等自行确定,规划期限确定的随意性较大,城市规划的期限一般为 20 年,而且起始年差异很大,规划期限不同,制定的规划目标则不一致。结果出现两种规划在期限上的差异,使规划的可操作性降低。

4. 规划对象

二者虽然都是以土地作为主要规划对象,但城市规划的对象是在城市土地使用组合基础上的城市空间形态,其范围主要是城市建设用地,即城市规划区。而土地利用总体规划的对象是以保持人地平衡为目的土地资源分配、国民经济部门与土地使用单位的土地利用规模和土地利用空间布局,其范围是城市整个行政区划中的土地,包括农村用地和城市建设用地及其未利用土地。二者的关系是局部与整体的关系。

5. 规划手段

土地利用总体规划以供给制约和引导需求为基本原则,以控制城市用地作为控制耕地减少的主要手段。土地利用总体规划偏重于保护性和制约性。城市总体规划对城市国民经济各行业的发展用地作统筹安排,通过对区域经济发展条件的分析和对城市发展性质、方向、人口与用地规模的研究,从适应城市经济和社会的发展、满足人民生活质量日益提高的需要,着重对城市各类生产和生活用地进行科学、合理的空间布局,以求获得最佳的城市运行效率。城市总体规划偏重于发展性。

6.规划编制和工作路线

土地利用总体规划的编制一般采取从总体到局部、从上到下逐级进行的方法,而城市规划采用的是从上到下与从下到上相结合的工作路线。土地利用总体规划的编制强调土地尤其是耕地的保护,耕地占用和保护指标的分配采取自上而下层层下达的方式,不得突破,带有很强的计划性。城市规划侧重城市的建设和发展,规划编制一般从各行业用地需求的角度进行各种土地利用的时空安排。由于工作思路和路线不同,往往造成两种规划在建设用地指标方面互不一致的情况,一般是土地利用总体规划的分配计划指标要比城市规划的需求预测指标偏小。

7.规划管理

两种规划工作分属不同的部门管理。当前,我国许多城市的土地利用管理由两个不同的部门负责,国土资源部门管理土地利用总体规划,建设规划部门负责城市用地规划。虽然国务院对两个部门的职责作了分工,但在实际工作中,许多方面又存在着职能交叉。两个部门各自从自己部门的利益出发,在用地功能布局、用地规模等关系重大的原则性问题上缺乏交流、信任和支持,使两种规划出现相互不一致、脱节甚至冲突的情况,给实际工作带来不利影响。

9.2.2 两者的联系

首先,它们都是管理城市的手段,其管理目的的本质都是为了促进城市全面发展和和谐发展。其次,它们都是综合性和长期性的规划,土地利用总体规划全面考虑土地资源的合理配置问题,而城市总体规划涉及城市的社会、经济、环境和技术发展等各项要素,需要对城市的各项要素进行统筹安排。而且两个规划时段都不少于 10 年,都有长期性。最后,它们都具有较强的政策性。

9.2.3 两者的协调

1.正确认识土地利用总体规划对城市规划的指导作用

根据我国土地利用现状特点和土地资源的实际情况,城市规划必须正确对待和解决土地的供求关系——供给引导和制约需求。土地利用总体规划是较城市规划更全面、更具体的对行政区域内的全部土地进行分析和研究后编制的,因此土地利用总体规划应对城市规划起指导作用,决定城市规划的城市用地规模;另一方面,城市规划对土地利用总体规划所确定的规模起验核和反馈作用,补充和完善土地利用总体规划的控制指标。这样,两者才能相互衔接和协调,真正发挥规划的指导作用。

2.协调人口和用地的统计口径,使两者相一致

城市人口的本意是指居住城市之中,享受城市基础设施和公共服务设施的人口,即城市驻地范围内的人口,具体应包括城市及其周围工业区的非农业人口,城市周围的农村人口和城市内居住 1 年以上的暂住人口。城市人口的预测应以城市体系规划和城市规划的预测为主,土地利用总体规划可以对城市规划预测的人口规模进行验证,若两者差距较大,应找出原因,加以协调。现行的土地利用总体规划的用地数据是以行政区划(如区、县)为范围进行统计的,而城市规划以规划区作为统计各类用地的范围。用地统计范围的不一致,造成两者中同类用地量的不同和不可比性。因此,两者必须以统一的口径统计各类用地。

建议城市用地统计应当以城镇地籍调查数据为准。城镇地籍调查内容包括城市用地分类、建筑密度和建筑容积率的调查等方面应当考虑城市规划和建设部门的需求。建议城市总体规划充分利用城镇地籍调查资料和城市土地定级估价资料。这也是两规协调的结合处。

9.3 土地规划与区域规划的差异与协调

区域规划是指一定区域范围内,对整个国民经济建设进行总体的战略部署,确定区域经济发展方向和地域生产类型,对工业、农业、交通运输业、电力、水利、城市建设等进行全面规划,合理布局。区域规划是编制土地利用规划的基本依据和重要基础。

值得注意的是,国土规划就是全国性的区域规划,正如吕克白先生所言:"国土规划的通俗说法就是区域规划,它的目的和作用都是发挥地区

优势。"①胡序威先生亦认为,"国土规划与区域规划没有什么本质上的差别,只是在地域范围和类型上前者比后者更广泛多样一些。在实际工作中,两个名词概念可以相互通用"。② 魏宏森先生认为,"国土规划的性质内容和方法与区域规划基本相同……国家由不同的区域组成,全国各个地区的区域规划可组成全国性的国土规划,国土规划既可以是全国性的,也可以是区域性的,后者实质上就是区域规划,但它比区域规划更具有战略性"。③

因此,全国性土地利用总体规划必须以我国国土规划为基础,地方性的土地利用总体规划必须以区域规划为基础。

9.4 土地规划与国民经济和社会经济发展规划的差异与协调

土地利用总体规划作为长期规划,其规划期一般为 15～20 年,是国家和地区长期发展战略在土地供应数量和空间布局的具体体现,需要以国家和地区的长远发展战略为依据;国民经济和社会发展五年计划(规划)是中长期规划,是在国家和地区长远发展战略和长期规划指导下的实施性行动方案。土地利用总体规划侧重于用地总量供应、空间布局、国土整治、重大基础设施布局、土地利用;国民经济与社会发展计划(规划)侧重于宏观经济、产业经济、社会发展和人民生活。土地利用规划是约束性和指导性相结合,具有导向性,规划的空间范围越小,规划的强制性越强;经济社会发展计划(规划)为指导性计划,是预测性的,在很大程度上是不具有约束力的。

9.5 土地规划和产业规划的差异与协调

目前,产业规划尚没有一个准确的定义,从规划对象看,产业规划可

---

① 吕克白.国土规划文稿.中国计划出版社,1990:277
② 胡序威.国土规划的性质和理论方法问题.地理学与国土研究,1986(2)
③ 魏宏森.发展战略与区域规划.重庆出版社,1988:100

针对三次产业而进行,也可细分为专业性较强的产业规划如物流业、房地产业、旅游业规划等。从研究内容上看,主要研究产业发展的条件与环境条件,分析产业的市场竞争力,确定产业发展的目标,提出实现目标的途径与措施。总之,产业规划就是对产业发展布局和产业结构调整进行的整体布置和规划。

产业规划的基本程序、内容及基本结构如表 9.1 所示。

表 9.1　产业规划的基本程序、内容及基础理论分析

程序	基本内容	基础理论
现状分析	将产业阶段和产业结构作为主要分析内容,并以"三二一"结构及向其演变的进程作为产业状态的评判标准	产业结构理论、发展阶段理论
发展条件	分析全球或区域产业梯度转移、上级或周边城市产业外迁	全球化、梯度推移、增长极、区位论
总体战略	稳定产业结构升级、中心服务能力提升、区域协作、产业组织集群化、生产方式高技术化和生态化等总体战略,根据一定标准选择主导或优势产业	产业关联发展、中心地、劳动地域分工、比较优势、产业集群、主导产业理论
产业布局	基于产业布局现状和集聚、规模效应,提出"点、轴、圈、片"等总体架构	中心地、增长极、点—轴开发理论、古典区位论

资料来源:孙明芳、王红扬,《产业规划的理论困境及其突破》,《河南科学》,2006年第 1 期。

产业规划的一般方法是:首先,进行经济发展阶段和产业结构分析,以明确当前产业问题和预测未来发展方向。其次,根据全球、区域或周边城市产业转移、区域政策和本地产业特征等,分析产业发展面临的机遇、挑战及优劣势。再次,针对现状和发展条件,提出产业发展的总体战略,如结构升级、集群化、高技术化、区域协调分工等,并按一定标准确定优势(或主导)产业及其战略。最后,根据现状产业分布和"发展连片、企业进园"等原则,确定"点、轴、带、圈、片、区"的总体布局,或提出优势产业布局意向,明确各区产业类型及规模。

土地利用规划与产业规划具有较大差异。

一是编制的必要性。正如前文所指出的,土地利用总体规划有五级,而且是必须编制的。产业规划的编制一般没有强制性。一般而言,有两

种性质的地区需要开展产业规划。一种是具有比较突出的国民经济部门的地区,如工业比较集中的地区、建设大型水电站的地区、重大的矿区、农业专业化地区等;另一种是按行政区划或经济区划全面考虑国民经济各部门综合发展的产业,省以下地区或相当于地区范围大小的省以下经济区与城市产业的规划较为普遍,然后是区县、省区或相当于县区、省区范围大小的经济区与城市产业。

二是规划的内容。产业规划侧重经济发展的结构、规模、速度等问题,布局上强调具体产业的空间位置,如何实现居民物质文化生活的需求。而土地利用规划在用地类型上有自己的分类标准,如目前主要分为12大类,并不完全反映具体产业,因此在具体产业选址上比较笼统。

两者的协调主要表现在产业规划必须服从土地利用总体规划,如不能在规划为农用地的地块上进行非农产业的规划,同时土地利用规划中对土地未来的用途设定必须充分考虑规划区域经济发展的特点和产业发展的趋势,必须要促进规划区域的产业结构优化升级。

综合而言,除了产业规划是非法定编制的,土地利用规划与其他相关规划的关系如图 9.1 所示。其中,国土规划、区域规划、土地利用规划可归为空间规划体系。

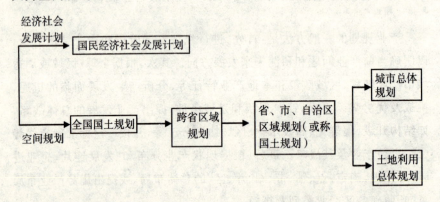

图 9.1 土地利用规划与相关规划的关系

9.6　本轮天津市土地利用总体规划与城市规划的协调

本轮土地利用规划编制过程中,天津市特别注重了土地利用总体规划与城市规划的协调,大大提高了规划的可操作性。

9.6.1　两规衔接的主要方面

1. 规划的基本指导思想要衔接

避免把保护耕地或城市经济社会发展等单一的目标作为规划目标,应该坚持可持续发展战略,统筹城乡发展,正确处理好经济发展、人口增长、城镇化水平提高、资源合理开发利用和保护生态环境之间的关系,使两个规划在指导思想上相一致。

2. 规划目标要衔接

城市总体规划除土地使用规划内容外,还包括了城镇体系规划、城市经济社会及城市空间结构发展战略等内容,这应成为土地利用规划的指导,为土地利用规划确定区域土地利用结构提供宏观依据。土地利用总体规划应为城市的发展提供充足的发展空间,以促进城市与区域经济的发展。城市规划应树立耕地保护意识,尤其是保护基本农田。城市总体规划与土地利用总体规划应相互协调和相互制约,遵循共同的发展目标和原则,合理利用和珍惜每一寸土地,切实保护耕地,保护生态环境,维持生态平衡,促进城乡协调发展。

3. 用地分类要衔接

两者的用地分类不同、含义不同、口径不同是导致土地利用总体规划与城市总体规划之间缺乏衔接和协调的重要原因之一,因此两者在建设用地分类上的衔接十分必要。由于城市总体规划的用地分类更加具体,土地利用总体规划要充分考虑城镇建设用地发展的现实状况和分类特点,与之衔接。土地利用总体规划中建设用地包含了城镇建设用地和城镇建设用地以外的农村居民点、工矿、交通运输等其他建设用地,其内涵要大于城市总体规划中的城镇建设用地。城镇建设用地是城市建设活动高度聚集、经济社会效益最大、布局最集中的土地,是建设用地的重要组成部分,是其中的核心内容。尽管建设用地与城镇建设用地之间在分类上存在较大差异,实际上两者之间存在一定的联系。建设用地中的城市用地和建制镇用地的全部以及相当一部分独立工矿用地、特殊用地和交通运输用地都是城镇建设用地。并且建设用地中的城市用地和建制镇用地已不是单纯的城市居民点,其中含有大量的二、三产业用地,而独立工矿用地中也并非是独立的工矿用地,包含了大量的与居民点集中分布的公共设施用地、工业用地及其他用地类型,城市用地、建制镇用地与独立工矿用地之间已经很难严格界定,在分布上犬牙交错。

鉴于上述原因,为保障土地利用总体规划与城市总体规划的衔接,土地利用总体规划的建设用地分类中应把城镇建设用地单独作为一类,城镇建设用地以外的建设用地按照原分类进行划分。见表9.2和表9.3。

表9.2 土地利用规划与城市规划用地分类的关系

土地利用总体规划		城市总体规划
居民点及工矿用地	城市用地	包含在城市建设用地中
	建制镇用地	包含在城市建设用地中
	农村居民点	不含在城市建设用地中
	独立工矿	大部分集中分布的包含在城市建设用地中
	特殊用地	与城市建设用地集中分布的包含在城市建设用地中
交通运输用地		与城市建设用地集中分布的包含在城市建设用地中
水利设施用地		与城市建设用地集中分布的包含在城市建设用地中

表9.3 衔接后的建设用地分类

建设用地	城镇建设用地	
	城镇建设用地以外的建设用地	交通运输用地
		特殊用地
		水利设施用地
		市政设施用地
		农村居民点用地
		独立工矿用地

4. 建设用地标准要衔接

城市总体规划中对城镇建设用地标准做了明确的规定,是控制城镇建设用地规模的有效手段。与之相比,土地利用总体规划在建设用地标准上缺乏统一的规定,用地标准的衔接也是两规衔接的重要方面。城市总体规划中根据人口规模和人均城镇建设用地标准确定了城镇建设用地规模,有关部门对农村居民点用地标准也有规定,为 120～150 平方米/人。土地利用总体规划参照执行这些标准,保障建设用地标准的衔接。

9.6.2　两规衔接的具体内容

1. 规划基本指导思想的一致

两规都强调共同的理论指导,即突出以邓小平理论和"三个代表"重要思想;都强调滨海新区的开放与开发;城市总体规划强调"突出天津市的发展特色和比较优势,加强与环渤海地区的协调与合作,注重与东北亚地区的经济联系"。土地利用总体规划强调"统筹兼顾,突出重点",保障滨海新区率先发展的用地需求。

城市总体规划强调坚持可持续发展,建设节约型社会。土地利用总体规划突出正确处理发展与保护、局部与整体、当前与长远的关系,切实转变土地利用方式和管理方式,落实最严格的土地管理制度,建设资源节约和环境友好型社会,全面促进社会的可持续发展。两者在总的指导思想上是高度一致的。

2. 规划目标的一致

天津市城市总体规划确定的城市性质为:天津市是环渤海地区的经济中心,要逐步建设成为国际港口城市、北方经济中心和生态城市。

天津市土地利用总体规划提出的区域发展定位对土地利用的总体要求为合理扩展城镇用地、优先保障交通等基础设施用地、重点满足滨海新区产业用地需求、积极推进农村居民点整理、严格保护生态用地,保障了城市定位的实现。

3. 城镇用地规模和人口一致

城市总体规划确定的城镇用地总规模为 1450 平方公里,确定的依据为规划期的人口数和人均城镇建设用地规模。依据全国土地利用总体规划纲要下发给天津市的用地指标,其中城镇工矿用地(城市、建制镇和独立工矿用地)总规模为 1750 平方公里,为便于充分与城市总体规划衔接,针对 1450 平方公里的城镇用地,本轮规划进行过程中,市国土管理部门与市规划建设部门进行了多轮协调,以确定规划城镇用地的布局及各区县的城镇用地规模。

依据人口规模确定规划城镇建设用地总规模是城市规划的一个重要思路,在城镇规模协调一致的基础上,规划期人口的规模两规必然协调一致,即规划期末,市域总人口采用 1350 万人,城镇人口为 1210 万人,城镇化率为 90%。

4. 土地利用战略空间格局与城市市域空间结构一致

城市总体规划确定的市域空间布局总体结构为"一轴两带三区":"一轴"是"武清新城一中心城区一滨海新区核心区"构成的城市发展主轴;"两带"是"宁河、汉沽新城一滨海新区核心区一大港新城"构成的东部滨海发展带和"蓟县新城一宝坻新城一中心城区一静海新城"构成的西部城镇发展带;"三区"是指北部蓟县山地生态环境建设和保护区、中部"七里海一大黄堡洼"湿地生态环境建设和保护区、南部"团泊洼水库一北大港水库"湿地等三个生态环境建设和保护区。

城市总体规划确定的城市空间布局确定了城市的发展格局、生态格局,为未来城市发展确定了大的方向和原则。以城市规划为重要基础,天津空间发展战略研究重新确定了天津市空间发展战略格局,即"两城、两港、三轴、两带、六板块"。为了在城市发展用地上给予相应保障,满足城市发展的用地需求,促进城市结构的形成,土地利用总体规划确定了相应的空间战略格局。土地利用总体战略为"两城优化调整,滨海重点发展,西部协同发展,南北适度拓展,北端生态保育"。保证了城市发展用地,并在用地上给予城市规模必要的引导,做到了两规的衔接。

参考文献

1. Alan W. Evans. 城市经济学. 上海远东出版社,1992

2. Alberto Garrido. An Economic Appraisal of the Spanish National Hydrological Plan[J]. Water Resources Development,2003,19(3)

3. Andreas Faludi. The European Spatial Development Perspective. American planning association 2001 national planning conference.

4. Bart Wissink. 在社会变革中的荷兰空间规划——参与的政治学[J]. 国外城市规划,2002(2)

5. Bezdek. Pattern Recognition With Fuzzy Objective Function Algorithms [M]. New York: Plenum Press,1981

6. Brown L. R.,Building a Sustainable Society[M]. New York: Norton W. W.,1981

7. C. Paris. Critical Reading in Planning Theory [M]. Pergaman, 1982

8. Costanza R., D'Arge R., De Groot R., et al. The Value of the World's Ecosystem Services and Natural Capital [J]. Nature. 1997, 387

9. Danae K. Stevens,Paul F. Donald. Territory Distribution and Foraging Patterns of Cirl Buntings (Emberiza Cirlus) Breeding in the UK[D]. Biological Conservation 107 ,2002

10. Dave Shaw. 战略规划:大都市地区有效治理的方向盘[J]. 国外

城市规划,2001(5)

11. Diamond J. T,Wright J R. Efficient land allocation [J]. Journal of Urban Planning and Development,1989,151 (2)

12. Dicken P. Global Shift. The Internationalization of Economic Activity[M]. Paul Chapman Lit, 1998,3

13. Dokmeci V. A Multiobjective Model for Regional Planning of Health Facilities[J]. Environment and Planning. A,1979,11(5): 517—525

14. Eastman J. R. ,Jin W. ,Kyem P. A. K. and Toledano J. RasterProcedures for Multi—Criteria/ Multi —Objective Decisions [J]. Photogrammetric Engineering & Remote Sensing,1995:61(5):539—547

15. F. A. O. Feslm. An International Framework for Evaluating Sustainable Land Management[J],World Soil Resources Reports,1993 (73)

16. Faris J. M. , Beever L. B. , Brown M. Geography Information System (GIS) and Urban Land — use Allocation Model (U — LAM) Techniques for Existing and Projected Land use Data[J]. Washington: Transportation Research Board,2000

17. Forman R. T. T. Ecologically Sustainable Landscape:the Role of Spatial Configuration[M]. New York: Springer Verlag,1990

18. Gilbert K. C. , Holmes D. D. , Rosenthal R. E. A Multiobjective Discrete Optimization Model for Land Allocation [J]. Management Science, 1985, 31(12): 1509—1522

19. Giulio Senes, Alessandro Toccolini. Sustainable Land Use Planning in Protected Rural Areas in Italy [J]. Landscape and Urban Planning, 1998, 42(51):107—117

20. Government of the Republic of Korea. The Fourth Comprehensive National Territorial Plan in Korea (2000 — 2020). http://www. krihs. re. kr

21. Harry Ward Richardson. Regional Growth Theory[M]. London:Macmillan,1973

22. H.范里安.微观经济学:现代观点.上海三联书店,1994

23. Heals S. A. Science. Technology and Future[J]. Sustainability Future,1995,27(1)

24. INCN, UNEP, WWF. Caring for the Earth—A Strategy for Sustainable Living[M]. Switzerland,1991

25. Isto Maarttola ,Pertti Saariluoma. Error Risks and Contradictory Decision Desires in Urban Planning[J]. Design Studies , 2002,23 (5)

26. James. G. Spath. The Environment [M]. The Greening of Technology,1987

27. Jan Spiker, A. Wolleswinkel. Multiple Land Use Planning Methodolges—Comparative Study Between Netherdants and USA[M]. ISOMUL. Wageningen,1996

28. Ji—chung yang. The Comprehensive and Territorial Planning [M]. Summaries of Research Report ,2002

29. John Glasson, Jim Gosling. Sea and Regional Planning——Overcoming the Institutional Constraints. Some Lessons From the EU [J]. European Environment Eur. 2001(11)

30. Kim D. S. , Chung H. W. Spatial Diffusion Modeling of New Residential Area for Land —use Planning of Rural Villages [J]. Journal of Urban Planning and Development,2005,131 (3):181—194

31. Konak A. , Bartolacci M. R. Designing Survivable Resilient Networks: A Stochastic Hybrid Genetic Algorithm Approach [J]. Omega, 2007, 35(6): 645—658

32. L. Recatala, J. R. Ive. Land—use Planning in the Valencian Mediterranean Region: Using LUPIS to Generate Issue Relevant Plans [J]. Journal of Environmental Management ,2000, 59

33. M. Camhis. Planning Theory & Philosophy [M]. Tavistock, 1979

34. Marjan C. Hidding, Andre T. J. Teunissen. Beyond Fragmentation: New Concepts for Urban - Rural Development [J]. Landscape and Urban Planning , 2002, 58

35. Markusen A. Sticky Places in Slippery Space: A Typology of Industrial Districts [J]. Economic Geography, 1996, 72

36. Moffatt I. The Evolution of the Sustainable Development Concept: A perspective from Australia [J]. Austral Geography Study, 1992, 30(1)

37. Myrdal G. Economic Theory and Underdeveloped Regions[M]. London: Duckworth, 1957

38. Newman. Changing Patterns of Regional Governance in the EU[J]. Urban Studies, 2000, 37(5,6): 895—909

39. Nicholas N. Patricios. International Handbook on Land Use planning[M]. Greenwood Press, 1986

40. P. O. Pederson. Innovation Diffusion Within and Between National Urban Systems[J]. Geographical Analysis, 1970(2): 203—254

41. R. L. Morrill. Waves of Spatial Diffusion[J]. Journal of Regional Science, 1968(8): 1—18

42. Robert D. Yaro , Tony Hiss. A Region at Risk [M]. Island Press, 1996

43. Robert Freestone. Urban Planning in a Changing World[M]. The Twentieth Century Experience, E&FN Spon, 2000

44. S. J. Mandelbaum. Exploration in Planning Theory [M]. Rutgers, 1996

45. Todaro, M. P. A Model of Labor Migration and Urban Unemployment in Less Developed Countries [J]. American Economic Review, 1969, 69

46. Todaro,M. P. Economic Development [M]. London：Longman，5，1994

47. Vernon R. International Investment and International Trade in the Profit Life Cycle[J]. Quarterly Journal of Economics,1966，80

48. Viscusi，Vernon，Harrington. Economics of Regulation and Antitrust[M]. The MIT Press，1995

49. Wallis. Regions in Action：Crafting Regional Governance under the Change of Global Competitiveness [J]. National Civic Review,1996，85（2）

50. WCED. Our Common Future [M]，Oxford：Oxford University Press,1987

51. Willem Korthals Altes. 经济力量与荷兰战略规划[J]. 国外城市规划,2004(2)

52. 艾建国. 中国城市土地制度经济问题研究. 华中师范大学出版社,2001

53. 白晨曦,傅崇兰. 京津冀北地区小城镇发展研究[J]. 北京规划建设,2002(1)

54. 白银亮. 公共管理发展回顾[J]. 哈尔滨工业大学学报(社会科学版),2003(2)

55. 柏蔚元. 环境与城市规划——经济学的启示[J]. 国外城市规划,1994(4).

56. 鲍海君,徐保根. 生态导向的土地整治区空间优化与规划设计模式——以嘉兴市七星镇为例[J]. 经济地理,2009,29 (11)：1903～1906

57. 鲍宗豪. 公共管理导论. 上海三联书店,2002

58. 蔡孝箴. 城市经济学. 南开大学出版社,1998

59. 曹小娟,曾光明,张硕辅等. 基于 RS 和 GIS 的长沙市生态功能分区[J]. 应用生态学报,2006,17(7)

60. 查尔斯·沃尔夫. 市场或政府：权衡两种不完善的选择——兰德公司的一项研究. 中国发展出版社,1994

61. 陈百明.中国土地利用与生态特征区划.北京:气象出版社,2003

62. 陈百明.基于区域制定土地可持续利用指标体系的分区方案[J].地理科学进展,2001,20(3):247～253

63. 陈传康.区域综合开发的理论与案例.科学出版社,2000

64. 陈华林,罗云米,王远会,何叶.城郊型观光果园规划设计探讨[J].南方农业(园林花卉版),2010(5)

65. 陈丽.土地利用规划理论方法与实证研究[D].山西农业大学硕士学位论文,2004

66. 陈丽华.论市场经济条件下的政府失灵和体制创新[J].理论学习月刊,1998(10)

67. 陈清泰.借鉴创新,建设一流公共管理学院[J].清华大学学报(哲学社会科学版),2001(2)

68. 陈太先,魏方,潘信中.台湾土地问题研究.广东省地图出版社,1995

69. 陈雯.我国区域规划的编制与实施的若干问题[J].长江流域资源与环境,2000(2)

70. 陈秀山,张可云.区域经济理论.商务印书馆,2003

71. 陈友华,赵民.城市规划概论.上海科学技术文献出版社,2000

72. 陈元龙等."十一五"交通发展亟待解决的七个重大问题[J].综合运输,2004(11)

73. 陈振明.从公共行政学、新公共行政学到公共管理学[J].政治学研究,1999(1)

74. 陈振明.公共管理学.中国人民大学出版社,2001

75. 程烨,王静,孟繁华等.土地用途分区管制研究.地质出版社,2003

76. 仇保兴.论五个统筹与城镇体系规划[J].城市规划,2004(1)

77. 仇保兴.战略规划要注重城市经济研究[J].城市规划,2003(1)

78. 崔功豪,魏清泉,陈宗兴.区域分析与规划.高等教育出版社,1999

79. 崔卫国,刘学虎. 区际经济学. 经济科学出版社,2004

80. 大卫·李嘉图,郭大力等译. 政治经济学及赋税原理. 商务印书馆,1962

81. 代波等. 发改委酝酿市县规划体制改革条例年底将出台[EB/OL]. http://finance.sina.com.cn/g/20040807/1257932499.shtml

82. 丁宏术. 经济转型时期政府失灵及对策[J]. 经济体制改革,2002(6)

83. 董祚继. 土地利用规划管理手册. 中国大地出版社,2002

84. 董祚继. 中国现代土地利用规划——理论、方法与实践. 中国大地出版社,2008

85. 杜宁睿. 荷兰城市空间组织与规划实践评析[J]. 国外城市规划,2000(2)

86. 杜平,张庆杰,汪阳红等. 新时期国土规划的新构想[J]. 宏观经济管理,2002(11)

87. 凡勃伦,蔡受百译. 有闲阶级论. 商务印书馆,1964

88. 方斌,丁毅,谢君智. 规划利益平衡的博弈分析——以县级土地利用总体规划为例[J]. 中国国土资源经济,2008(3)

89. 方创琳,石培华,余丹林. 区域可持续发展与区域发展规划[J]. 地理科学进展,1997(3)

90. 方创琳. 国外区域发展规划的全新审视及对中国的借鉴[J]. 地理研究,1999(1)

91. 方创琳. 区域发展规划论. 科学出版社,2000

92. 方澜,于涛方,钱欣. 战后西方城市规划理论的流变[J]. 城市问题,2002(1)

93. 方先知. 美国国土资源管理的经验与启示[J]. 湖南地质,2002(2)

94. 费孝通,钱伟长,冯之浚. 地区发展战略与规划研究. 中国展望出版社,1988

95. 冯丹. 赤壁市土地用途分区实例研究[J]. 知识经济,2010(2)

96. 冯兴元. 解决区域发展不平衡问题——欧盟和德国的经验[J]. 中国农村经济,1996(6)

97. 冯之浚等. 区域经济发展战略研究. 经济科学出版社,2002

98. 付强,付红,王立坤. 基于加速遗传算法的投影寻踪模型在水质评价中的应用研究[J]. 地理科学,2003,23(2)

99. 傅崇兰等. 小城镇论. 山西经济出版社,2003

100. 盖文启,王缉慈. 全球化浪潮中的区域发展问题[J]. 北京大学学报(哲学社会科学版),2000(6)

101. 高洪深. 区域经济学. 中国人民大学出版社,2002

102. 高建伟,李海伟. 土地征收中公共利益的经济学分析[J]. 中国土地科学,2009(5)

103. 高文杰. 城市圈层论[J]. 城市规划汇刊,2002(3)

104. 顾爱华. 公共管理. 东北大学出版社,2002

105. 顾朝林,张勤. 新时期城镇体系规划理论与方法[J]. 城市规划汇刊,1997(2)

106. 顾林生. 国外国土规划的特点和新动向[J]. 世界地理研究,2003(1)

107. 顾永清. 可持续发展与动态规划[J]. 城市规划汇刊,1999(4)

108. 郭鸿懋等. 城市空间经济学. 经济科学出版社,2002

109. 国家发改委. 关于做好 2004 年"十一五"规划工作的有关要求[J]. 水利规划与设计,2004(3)增

110. (日)国土厅,国家计划委员会国土综合开发司译. 日本第四次全国综合开发计划. 中国计划出版社,1989

111. 韩书成,濮励杰. 土地利用分区内容及与其他区划的关系[J]. 国土资源科技管理,2008,25(6)

112. 郝寿义,安虎森. 区域经济学. 经济科学出版社,1999

113. 何兴华. 可持续发展论的内在矛盾以及规划理论的困惑[J]. 城市规划,1997(3)

114. 胡静. 基于利益主体的土地利用规划决策机构研究[D]. 华中农

业大学博士学位论文,2010,6

115. 胡俊.重构城市规划基础理论体系初探[J].城市规划汇刊,1994(3)

116. 胡书东.地区经济发展差距的变动与成因[J].北京大学中国经济研究中心学刊,1999(2)

117. 胡涛.中国的可持续发展研究——从概念到行动.中国环境科学出版社,1995

118. 胡序威.区域与城市研究.科学出版社,1998

119. 胡序威.有关城市化与城镇体系规划的若干思考[J].城市规划,2000(1)

120. 黄郭城.土地利用规划中耕地保护任务分配的博弈分析[D].浙江大学硕士学位论文,2006

121. 黄序.法国的城市化与城乡一体化及启迪——巴黎大区考察记[J].城市问题,1997(5)

122. 黄耀志,蔡世雄,姜建涛.基于生态优先理念的工业园区用地生态规划研究——以贵阳市沙文生态科技产业园为例[J].资源开发与市场,2009,25(11)

123. 金太军.政府失灵与政府经济职能重塑[J].经济体制改革,1998(2)

124. 金相郁.韩国国土规划的特征及对中国的借鉴意义[J].城市规划汇刊,2003(4)

125. 敬东,谢杰雄.交易成本理论对城市及区域规划的影响[J].城市研究,1999(3)

126. 科斯等,刘守英等译.财产权利与制度变迁.上海三联书店,1994

127. 冷中笑,格丽玛,努尔巴依.GIS支持下的艾比湖流域功能分区的研究[J].南水北调与水利科技,2006,4(1)

128. 李灿,罗海波,王思砚,芮延龙,吴琳娜,张秋琴.县级土地利用规划中的利益博弈探讨[J].贵州农业科学,2009(3)

129. 李成,李开宇.21世纪国土规划的理论探讨[J].人文地理,2003 (4)

130. 李成,王波.关于新一轮国土规划性质及其理论体系建设的思考[J].经济地理,2003(3)

131. 李德华.城市规划原理.中国建筑工业出版社,2001

132. 李辉文.现代比较优势理论的动态性质[J].经济评论,2004(1)

133. 李娟,陈世发.基于点—轴理论的渝怀铁路产业带建设分析[J].沈阳师范大学学报(自然科学版),2009,27(2)

134. 李娟文,王启仿.区域经济发展阶段理论与我国区域经济发展阶段现状分析[J].经济地理,2000(4)

135. 李强,杨开忠,张鲸.西方现代城市规划模式变迁[J].城市问题,2004(3)

136. 李善同.西部大开发与地区协调发展.商务出版社,2003

137. 李善同等.规划体制:市场经济建设的重要环节[EB/OL].人民网,http://www.people.com.cn/GB/jingji/1045/1995228.html

138. 李小建等.经济地理学.高等教育出版社,1999

139. 李新玉,曹清华,杜舰.新时期国土规划的重要性及其特点[J].地理与地理信息科学,2003(2)

140. 李雪梅.我国土地用途管制制度研究[D].中国地质大学硕士学位论文,2008

141. 李子清.现代公共部门管理理论的创新与实践.人民出版社,2001

142. 梁小民.微观经济学.中国社会科学出版社,1996

143. 林毅夫.发展战略与经济发展.北京大学出版社,2004

144. 刘杰.我国土地用途管制制度绩效研究[D].乌鲁木齐:新疆农业大学,2007

145. 刘明君.经济发展理论与政策.经济科学出版社,2004

146. 刘韶军.城市用地布局的区位分析方法[J].经济论坛,2008 (16)

147. 刘树臣. 地质科学在土地利用规划中的作用[J]. 中国地质, 1998,258 (11)

148. 刘云霞,陈爽,姚士谋等. 南京市域土地利用变化对生态环境影响的圈层结构分析[J]. 南京林业大学学报(自然科学版),2008,32(2)

149. 卢丽萍. 无公害果园的建立与管理[J]. 现代农业,2010(11)

150. 陆大道. 中国区域发展的理论与实践. 科学出版社,2003

151. 吕飞. 论"三峡旅游经济圈"构建中的"点一轴"式开发[J]. 重庆职业技术学院学报,2006,15(6)

152. 吕贻峰等. 国土资源学. 中国地质大学出版社,2001

153. 罗夫永,原新,柯娟丽. 生态环境脆弱区域土地利用优化模式研究——以新疆阜康市为例[J]. 社会科学辑刊,2008(1)

154. 罗文光. 基于 GIS 技术的福建省耕地资源价值评价及其分区[D]. 福建农林大学硕士学位论文,2006

155. 罗小龙等. 管治理念与中国城市规划的公众参与[J]. 城市规划汇刊,2001(2)

156. 马金锋. 基于 GIS 的土地用途管制分区研究[D]. 吉林大学硕士学位论文,2004

157. 马克思,恩格斯. 马克思恩格斯全集. 人民出版社,1973

158. 门洪亮,李舒. 资本流动对区域经济发展差距的影响分析[J]. 南开经济研究,2004(2)

159. 孟繁盈,房旭珍,曹子剑等. 土地利用规划中土地利用空间结构和布局研究进展[J]. 国土与自然资源研究,2009(4)

160. 孟旭光. 我国国土资源安全面临的挑战及对策[J]. 中国人口·资源与环境,2002(1)

161. 牛慧恩. 国土规划、区域规划、城市规划——论三者关系及其协调发展[J]. 城市规划,2004(11)

162. 诺斯,杭行译. 制度、制度变迁与经济绩效. 上海三联书店,1994

163. 潘文灿,郝寿义. 陈玉堂主编. 新时期国土规划探索——天津、深圳国土规划理论与实践. 中国大地出版社,2003

164. 潘文灿.国土资源规划与可持续发展[J].资源·产业,2002(6)

165. 潘文灿.日本韩国的国土规划[J],中国地质矿产经济.2003(8)

166. 潘岳.可持续发展缓解社会不公绿色 GDP 应成经济指标[N].新京报,2004—10—28

167. 齐伟,曲衍波,刘洪义等.区域代表性景观格局指数筛选与土地利用分区[J].中国土地科学,2009,23(1)

168. 钱学森,王寿云.系统思想和系统工程.中国科协出版社,1980

169. 桑玉成等.政府角色——关于市场经济条件下政府作为与不作为的探讨.上海社会科学院出版社,2000

170. 申玉铭,毛汉英.国外国土开发整治与规划的经验及启示[J].世界地理研究,2004(2)

171. 沈玉芳.论国外区域发展与规划的实践[J].世界地理研究,1996(1)

172. 施源.日本国土规划实践及对我国的借鉴意义[J].城市规划汇刊,2003(1)

173. 石英,程锋.基于遗传算法的乡级土地利用规划空间布局方案研究[J].江西农业大学学报,2008,2(30)

174. 世界资源研究所、联合国环境规划署、联合国开发计划署.世界资源报告 1992~1993.中国环境科学出版社,1993

175. 斯蒂格利茨.政府为什么干预经济.中国物质出版社,1998

176. 宋璇涛.寻求区域经济非均衡协调发展.中共中央党校出版社,2001

177. 孙久文.区域经济规划.商务印书馆,2004

178. 孙娟,崔功豪.国外区域规划发展与动态[J].城市规划汇刊,2002(138)

179. 孙娟,顾朝林.市场经济条件下的城市体系发展[J].城市规划汇刊,2001(5)

180. 孙荣.行政学原理.复旦大学出版社,2001

181. 孙伟,严长青,陈江龙等.基于自然生态约束的滨湖城市土地利

用分区——以无锡市区为例[J].资源科学,2008,30(6)

182. 孙卫东,阎军印等.区域国土资源与社会经济可持续发展的系统研究.中国财政经济出版社,2002

183. 孙耀君.西方管理思想史.山西人民出版社,1998

184. 唐子来,张雯.欧盟及其成员国的空间发展规划现状和未来[J].国外城市规划,2001(1)

185. 天津市蓟县人民政府.天津市蓟县新城总体规划——规划纲要[Z].2007

186. 汪丁丁.近年来经济发展理论的简述与思考[J].经济研究,1994(7)

187. 汪一鸣,文云朝等.国土规划理论方法的几点新认识[J].宁夏大学学报(自然科学版),1999(3)

188. 王缉慈.创新的空间——企业集群与区域发展.北京大学出版社,2001

189. 王静.关于我国县级土地用途管制分区类型的建议[J].中国土地科学,2001,13(4)

190. 王凯.从西方规划理论看我国规划理论建设之不足[J].城市规划,2003(6)

191. 王乐夫.公共管理.东北大学出版社,2002

192. 王磊.城市产业结构调整与城市空间结构演化——以武汉市为例[J].城市规划汇刊,2001(3)

193. 王梦奎.中国的全面可持续发展.人民出版社,2004

194. 王万茂,韩桐魁.土地利用规划学.中国农业出版社,2002

195. 王万茂.苏联土地利用规划的理论与方法[J].地域研究与开发,1990,9(1)

196. 王万茂.土地利用规划学.中国大地出版社,1996

197. 王文革.土地使用者之间的利益博弈衡平[J].江汉论坛,2005,(10)

198. 王小鲁,樊纲.中国地区差距的变动趋势和影响因素[J].经济

研究,2004(1)

199. 王小鲁,夏小林.优化城市规模 推动经济成长[J].经济研究,1999(9)

200. 王新生,姜友华.模拟退火算法用于产生城市土地空间布局方案[J].地理研究,2004,23(6)

201. 王秀兰.土地利用/土地覆盖变化中的人口因素分析[J].资源科学,2000,22(3)

202. 王雅娟,张尚武.空间战略规划:在实践中寻求超越[J].城市规划汇刊,2003(1)

203. 王一鸣.长江三角洲区域经济整合的体制和机制问题[J].宏观经济研究,2004(3)

204. 王正兴.试论交互式土地利用规划[J].资源科学,1998,20(5)

205. 王忠民,任保平等.可持续发展理论的经济学反思[J].西北大学学报(哲学社会科学版),2002(3)

206. 卫晋晋,徐琳瑜.城市生态承载力的几种主要评价方法[J].环境科学与管理,2008,33(9):133～137

207. 魏后凯.荷兰国土规划的经验与教训[J].经济学动态,1994(8)

208. 温家宝.牢固树立和认真落实科学发展观[EB/OL].http://www.sina.com.cn,2004-02-29

209. 文贯中.市场机制、政府定位和法治——对市场失灵和政府失灵的匡正之法的回顾与展望[J].经济社会体制比较,2002(1)

210. 吴传钧.国土整治和区域开发[J].地理学与国土研究,1994(3)

211. 吴次芳,潘文灿等.国土规划的理论与方法.科学出版社,2003

212. 吴殿廷.区域分析与规划高级教程.高等教育出版社,2004

213. 吴凯.基于地质条件的喀斯特区农业土地利用分区——以清镇市为例[D].贵州大学硕士学位论文,2009

214. 吴良镛.京津冀地区城乡空间发展规划研究.清华大学出版社,2002

215. 吴良镛.芒福德的学术思想及其对人居环境学建设的启示[J].

城市规划,1996(1)

216. 吴未,黄贤金.土地利用规划中公众利益的价值取向[J].中国土地科学,2005,19(1):17~22

217. 吴启焰,朱喜钢.城市空间结构研究的回顾与展望[J].地理学与国土研究,2001(2)

218. 吴旬.土地价格、地方政府竞争与政府失灵[J].中国土地科学,2004(4)

219. 吴肇基.行政学.中国戏剧出版社,2001

220. 吴志强.论进入21世纪时中国城市规划体系的建设[J].城市规划汇刊,2000(1)

221. 伍美琴,吴缚龙著,彭寒梅译.西方规划理论对中国的启示[J].国外城市规划,1994(4)

222. 武廷海.大型基础设施建设对区域形态的影响研究述评[J].城市规划,2002(4)

223. 夏小林,王小鲁.中国的城市化进程分析——兼评"城市化方针"[J].改革,2000(2)

224. 谢霏雰,孙兴.基于GIS技术的土地适宜性评价在控制性详细规划中的应用——以吉水县城西片区控制性详细规划为例[J].江苏建筑,2009(2)

225. 徐高福.千岛湖区经济林现状与发展规划[J].中南林业调查规划,2000,19(4)

226. 徐建春,郑宇飞,蒋明利.国外国土规划的源流与特点[J].中国土地,2002(7)

227. 严金明.中国土地利用规划理论方法战略.经济管理出版社,2001

228. 阎小培,方远平.全球化时代城镇体系规划理论与模式探新[J].城市规划,2002(6)

229. 杨博,梅钊.历史 生态 城市发展——凤阳县行政中心选址及新区规划设计浅析[J].小城镇建设,2010(3)

230. 杨君昌.论经济转轨时期的政府失灵[J].财经研究,1998(11)

231. 杨开忠.论区域发展战略[J].地理研究,1994(3)

232. 杨开忠.迈向空间一体化.四川人民出版社,1993

233. 杨树佳,郑新奇,王爱萍等.耕地保护与基本农田布局方法研究——以济南市为例[J].水土保持研究,2007,14 (2)

234. 杨伟民.规划体制改革的理论探索.中国物价出版社,2003

235. 杨小凯,张永生.新兴古典经济学和超边际分析.中国人民大学出版社,2000

236. 姚士谋等.区域与城市发展论.中国科学技术大学出版社,2004

237. 叶南客,李芸.战略与目标——城市管理系统与操作新论.东南大学出版社,2000

238. 尹奇,赵永楷,陈大宏.土地利用规划的博弈分析[J].安徽农业科学,2007,(16)

239. 余德贵,吴群,赵亚莉.土地利用主体功能分区方法与应用[J].农业系统科学与综合研究,2008,24(2)

240. 袁枫朝,严金明,燕新程.管理视角下我国土地用途管制缺陷及对策[J].广西社会科学,2008(11)

241. 约翰·M. 利维.现代城市规划.中国人民大学出版社,2002

242. 曾永昌.论土地市场的政府垄断J].社会科学研究,2000(4)

243. 翟峰.关于推进城镇体系规划的理论思考[J].国土经济,2001(6)

244. 詹姆斯·A.道等.发展经济学的革命.上海人民出版社,2000

245. 张兵.敢问路在何方——战略规划的产生、发展与未来[J].城市规划,2002(6)

246. 张成福.公共管理学.中国人民大学出版社,2001

247. 张惠远,王仰麟.土地资源利用的景观生态优化方法[J].地学前缘,2000(7)(增刊)

248. 张建平,李忠智."圈层模式"和"生态堨"——黄土高原残堨沟壑区农业发展道路探索[J].农业现代化研究,1993,14(3)

249. 张京祥,崔功豪.新时期县域规划的基本理念[J].城市规划,2000(9)

250. 张京祥,黄春晓.管治理念及中国大都市区管理模式的重构[J].南京大学学报(社科版),2001(5)

251. 张京祥,芮富宏,崔功豪.国外区域规划的编制与实施管理[J].国外城市规划,2000(2)

252. 张京祥,吴启焰.论新时期区域规划的编制与实施[J].经济地理,2001(5)

253. 张京祥,吴启焰.试论新时期区域规划的编制与实施[J].经济地理,2001(9)

254. 张京祥,庄林德.管治及城市与区域管治[J].城市规划,2000(6)

255. 张京祥.城市规划基础理论研究[J].人文地理,1995(1)

256. 张京祥.西方城镇群体空间研究之评述[J].国外城市规划,1999(1)

257. 张京祥等.从行政区兼并到区域管治[J].城市规划,2004(5)

258. 张可云.区域大战与区域经济关系.民主与建设出版社,2001

259. 张坤民.可持续发展论.中国环境科学出版社,1997

260. 张松.21世纪日本国土规划的动向及启示[D].城市规划,2002(12)

261. 张庭伟.从"向权力讲授真理"到"参与决策权力"——当前美国规划理论界的一个动向:"联络性规划"[D].城市规划,1999(6)

262. 张庭伟.迈入新世纪:建设有中国特色的现代规划理论[J].城市规划,2000(1)

263. 张庭伟.中国规划走向世界[D].城市规划月刊,1997(1)

264. 张微微,侯立白,刘喜波.兴城市土地利用分区研究[J].湖北农业科学,2010,49(3):563~566

265. 张文静.城市生态学基本概念与研究进展浅析[J].科技创业月刊,2009(11):135~136

266. 张文忠.经济区位论[M].科学出版社,2000

267. 章岩.从区域角度研究城市的发展——以深圳市城市规划的发展为例[D].城市研究,1998(5)

268. 赵民,陶小马.城市发展和城市规划的经济学原理[M].高等教育出版社,2001

269. 赵苑达.城市化与区域经济协调发展[M].中国社会科学出版社,2003

270. 赵媛.区域发展理论与当代经济地理学的发展[J].人文地理,1998(3)

271. 甄峰.信息时代区域发展战略及其规划探讨[J].城市规划汇刊,2001(6)

272. 中国 MPA 编写组.中国 MPA.北京:中国人民大学出版社,2001:153~156

273. 中国自然资源研究会.国土资源开发和区域发展研究[R].人民教育出版社,1987

274. 中华人民共和国国务院办公厅.国发[2008]33 号.关于印发全国土地利用总体规划纲要(2006~2020 年)的通知.北京:中国法制出版社,2008:10~6

275. 钟契夫,许光建.中长期发展规划的基础理论和方法[M].中国计划出版社,2002

276. 钟学斌,喻光明,刘成武等.基于 GIS 的县域土地利用优化配置研究[J].地理与地理信息科学,2010,26(1):54~58

277. 周卫.市场失灵与规划调控[J].城市规划汇刊,2000(2)

278. 朱德举.土地科学导论[M].北京:中国农业科技出版社,1995

279. 朱菲娜.调整好城乡关系:构建和谐社会之关键[EB/OL].中国农村研究网,http://www.ccrs.org.cn,2005-3-9

280. 朱磊.城乡一体化理论及规划实践[J].经济地理,2000(3)

281. 朱智文.走向区域经济协调发展的战略选择[J].开发研究,1996(5)

282. 邹军,陈小卉.城镇体系空间规划再认识——以江苏为例[J].规划研究,2001(1)

283. 邹士鑫.县级土地利用分区研究——以重庆市巫山县为例[D].西南大学硕士学位论文,2010